朝向公共生活的反思与阐释

政治现象学丛书

张凤阳 王海洲 主编

Honor
A Phenomenology

Robert L. Oprisko

[美] 罗伯特·欧皮斯柯　著

曹亮亮　译

荣誉
一种现象学分析

江苏人民出版社

图书在版编目（CIP）数据

荣誉：一种现象学分析 /（美）罗伯特·欧皮斯柯
著；曹亮亮译. -- 南京：江苏人民出版社，2024.12
（政治现象学丛书）
书名原文：Honor：A Phenomenology
ISBN 978 - 7 - 214 - 27444 - 1

Ⅰ. ①荣… Ⅱ. ①罗… ②曹… Ⅲ. ①荣誉—研究
Ⅳ. ①B82

中国版本图书馆 CIP 数据核字（2022）第 156945 号

书　　　名	荣誉：一种现象学分析
作　　　者	［美］罗伯特·欧皮斯柯
译　　　者	曹亮亮
责 任 编 辑	曾　偲
特 约 编 辑	王暮涵
装 帧 设 计	言外工作室·林夏
责 任 监 制	王　娟
出 版 发 行	江苏人民出版社
地　　　址	南京市湖南路 1 号 A 楼，邮编：210009
照　　　排	江苏凤凰制版有限公司
印　　　刷	南京爱德印刷有限公司
开　　　本	890 毫米×1240 毫米　1/32
印　　　张	9　插页 5
字　　　数	202 千字
版　　　次	2024 年 12 月第 1 版
印　　　次	2024 年 12 月第 1 次印刷
标 准 书 号	ISBN 978 - 7 - 214 - 27444 - 1
定　　　价	58.00 元（精装）

（江苏人民出版社图书凡印装错误可向承印厂调换）

政治现象学丛书
总　序

　　现象学传统的滥觞可溯至康德和黑格尔两大哲学巨擘，他们的"一般现象学"和"精神现象学"为探寻澄清事物本质之道提供了重要理论资源。但是，现象学成为一场哲学运动，是与胡塞尔的名字联系在一起的。百余年来，现象学的影响力已传至哲学之外，以其特殊的方法论助力诸多学科杜弊清源、开疆拓土，其中人文和社会科学领域内的葳蕤者有"语言现象学""现象学美学""现象学心理学""历史现象学"和"现象学社会学"，等等。与这些学科交叉的硕果相比，"政治现象学"长久以来一直"含苞待放"。胡塞尔在初创时期就敏锐地意识到，建立"一门关于人和人的共同体的理性科学"是现象学的未来任务；德国现象学学会前主席黑尔德（Klaus Held）也强调，设立"一门相应的政治世界及其构造的现象学"乃众望所归。这种来自现象学大师的意见并未有效催生出政治现象学之花，也许有两个主要原因：在主观方面，无论是现象学哲学家还是政治学家，或因忙于各自学科的主流任务而无暇旁顾，或因学科之间差异巨大而临渊兴叹；在客观方面，"政治"无疑是迄今为止人类世界中最难测度的现象类型，对以"澄清"为目标的现象学来说是一个过于复杂的对象。但是，晚近出现的一些新情况，为政治现象学的蓬勃发展提供了有利契机。

近年来，在现象学哲学家集中关注政治生活中的伦理状况同时，政治学家们也致力于广泛而深入地反思政治学科的建设。实际上，亚里士多德早在两千多年前就曾指出："我们如果对任何事物，对政治或其他各问题，追溯其原始而明白其发生的端绪，我们就可获得最明朗的认识。"这不仅是一种具有政治现象学特征的"技术"，更是一种具有政治现象学意味的"思维"。不过，生长了两千多年的政治学之树，在 20 世纪以来迅速分化出了政治科学和政治哲学两大枝干，时至今日俱是枝繁叶茂、遮天蔽日，但也各指青天、罕相闻问。两者在知识体系、理论、方法乃至逻辑上日积月累，各自形成了若干特殊的偏好和设定，以至于有政治学者将其戏称为"政治算术"和"政治几何"。从某种偏好出发意味着未能直面现象之本质，而诸多设定的堆集则可能会造成概念的冗余和重负。以回到生活世界为旨归的现象学或能为开拓政治学研究的新路提供一些启示。由此，政治现象学的基本追求就可简单归结为两点：一是"补缺"，它在一定程度上接受"朝向实事本身"的现象学原则，以尽可能恰切地把握对象的种种属性；二是"减负"，它借用和改造"悬搁""还原"等现象学方法，归置和验证存在于对象内外的种种定见。

　　政治现象学处理的对象与现象学大相径庭，因此必须对现象学方法论进行一定程度的择取和改造。现象学主要研究人类经验如何在意识中得以呈现，面对的是意识构建的方式和状态；而政治现象学旨在描述、分析和解释人类的政治行为，面对的是丰富、生动的公共生活，要对之进行现象学式的悬搁和还原，难度非常之高。政治现象学方法的构建，除灵活借鉴现象学方法论的精髓和充分尊重政治学研究对象的特性之外，还需考虑到其在政治学领域内的可操作性——对于很多政治学者来说，现象学精深博大、晦涩难懂，似非学科交叉的良伴。但一些现象学家的意见帮助我们打消了这种顾虑，例如索科拉夫斯基（Robert Sokolowski）就认为，在使用现象学术语时不必拘泥于经典现象学家们的思考，也不要将这些术语束缚在僵死的文本中。恩布里（Lester Embree）从另一个角度指出，自称为现象学家的人应该记住"反思性分析"这一方法才是现象学之根，不要被所谓的"文献学"和"辩论癖"这两种"假冒物"所拖累。实际上，胡塞尔和海德格尔等现代现象学奠基者也曾多次强调，现象学在根本上是一门用于澄清和揭示事物之本质的"方法"。有鉴于此，我们认为，在政治现象学方法的构建中，应在三方面深虑远议。一是如何将"悬搁""还原"和"本质直观"等现象学方法运用于政治学研究，以增强对公共生活的描述精度；二是如何将现象学的意向性与政治学的实践感紧密结合，以提升对公共生活的质感体验；三是如何将公共生活中的对象置于"周围世界"进行"情境式"查探，以把握其意义建构的内容和方式。

"政治现象学"（political phenomenology）有两副面孔：一是现象学哲学领域中对于政治生活之伦理和逻辑的思考，2016年以来西方哲学界在此方面的研究有勃发之势，我们择要编入"政治现象学译丛"中予以介绍。二是政治学领域中借助现象学方法论对政治理论和实践展开的研究，本丛书的作者们便是在此道路上以不同的程度或方式运用现象学的思维、方法或理论等，对公共生活中的各种具象或抽象的对象展开研究。这些研究从某种意义上来说都是"未竟"的成果，指向了更为广阔的空间。这种永在其途的研究态势也合乎现象学方法的根本要求，恰如梅洛-庞蒂所言："现象学的未完成状态和它的步履蹒跚并不是失败的标志，这种情况是不可避免的，因为现象学的任务是揭示世界的秘密和理性的秘密。"的确，政治生活变得越来越复杂，政治学科自身也不断发展壮大，在这种"浮云遮望眼"之下，政治现象学或有可能是一种"明目剂"。当然，我们的探索离不开广大学界同仁和读者诸君的批评和支持——这也是政治现象学发展中不可或缺的要素之一。

张凤阳　王海洲

2022年秋于南京大学仙林校区圣达楼

目　录

致　谢

　　本书的写作源于一种爱恨交织的激情。正是这种激情使得本书得以最终出版。写作过程中，我时而感到力不从心，时而又为之欢欣鼓舞。如果不是因为那些激励我的人，就不会有本书的问世。如果要忠于这份书稿的内容，我必须向他们表达敬意。

　　首先，我要感谢迈克尔·温斯坦（Michael Weinstein）教授的指导。他是我真正的精神导师，是一个真正的朋友和同事。我还要感谢罗·贝雷斯（Lou Beres）教授建议我将《伊利亚特》（*Iliad*）作为贯穿本书实质性章节的主线。我必须强调贝勒尼斯·卡罗尔（Berenice Carroll）教授作为我在普渡大学的支柱的重要性——你让我变得更加坚强。我还要感谢安东尼奥·梅嫩德斯（Antonio Menendez）教授在巴特勒大学对我的帮助，特别是在教学与研究方面的坚定支持。

　　在过往的学术经历中，我有幸遇到了帮助我取得成就的优秀同事，特别是维多利亚·罗斯（Victoria Rose）、乔希·卡普兰（Josh Caplan）和阿维拉尔·帕塔克（Aviral Pathak）。对本书的写作有贡献的人（无论他们是否知道）还包括：亚历克斯·波尔基（Alex Polky）、大卫·布莱克菲尔德（David Blackfield）、大卫·范·阿尔德尔（David Van Arsdell）、马尼什·古普塔（Manish Gupta）和史蒂夫·普罗瑟罗（Steve Prothero）——我们的谈话经历表明，好的哲学可以诞生于享用上好雪茄的走廊漫谈之中。

没有家人就没有现在的我。如果没有那么一群碍于法律而不能丢弃我的人，本书就不可能完成。感谢我的姑姑梅林达·贝利斯（Melinda Belles）。在我达到最佳状态之前，她对我的期望不亚于我的最佳状态——谢谢您的激励，谢谢您的精益求精。感谢凯西（Kathy）和格雷格·马龙（Greg Mallon），你们是世上最伟大的父母。我能猜想到当我将一个 26 岁的女孩带到你们这里时（从天而降）你们的惊讶程度，仅仅是因为你们搬到了西拉斐特。谢谢你们一直陪在我身边，无私地支持我，并安慰莫林（Maureen）她是多么"幸运"。我还要向瓦尔（Wahl）、普罗瑟罗（Prothero）、米克洛泽克（Miklozek）、克维达尔（Kvidahl）、古普塔（Gupta）、卡特罗齐（Catallozzi）、弗兰克（Frank）和费希尔（Fischer）家族表达我的感恩之情。

对于我的妻子莫林，正如温斯坦教授所说，你是我亲密的战友。我爱你！感谢詹姆斯夫妇和玛丽安妮·扬恩（Maryanne Yann）——以及拉（Ra）、凯特（Kate）、凯特琳（Katelynn）、吉米（Jimmy）和帕蒂（Patty）——接纳我成为扬恩大家庭的一员，同时也感恩莫林加入欧皮斯柯家族。第一本书出版后，我保证还会有其他著作问世。

如果没有本书编辑娜塔莉亚·莫滕森（Natalja Mortensen）和她的助手达西·布洛克（Darcy Bullock）的执着、奉献、理解、灵活和令人惊叹的出色专业能力，本书是不会存在的。非常感谢你们对我的信任和帮助，使我实现梦想。我相信这是我们美好友谊和学术伙伴关系的开端。

最后，我必须感谢那些支撑我不断写作的学术机构。我要感谢普渡大学的政治学系，妇女研究项目，组织、领导力与监管系和研究员项目。我还要感谢约翰·霍普金斯大学青年人才中心和巴特勒大学国际研究项目。

本书所有插图由佩吉·拉根（Paige Ragan）绘制。

第一部分 | **荣 誉 概 述**

第1章 导论

> 人类通常不关心更深层次的自我……因为意识是……代替现实的符号，或者说意识只有通过符号才能感知现实。[1]

引言（IN MEDIAS RES）

荣誉（Honor）是一个多重现象（multi-phenomenal）的概念类型。当他者（Other）把价值植入个体时，荣誉构建了一个等级化的社会体系。要研究荣誉，我们必须研究包括价值、德性（virtue）和法律在内的所有社会科学。荣誉是一个深奥微妙（subtle）的概念，其影响力远超我们惯常的理解。当荣誉被提升到一个完全包容性的抽象层次时，就会将个体凝聚在一起，进而形成社会。同样地，荣誉也会将社会撕裂。荣誉为我们提供了一个可以观察和解释政治的新视角，但它在学院派内部正在被加速削弱。

近年来有关荣誉研究的文献表明，社会科学正试图用其他一些概念来取代荣誉。荣誉作为一个概念的演变已经给它自身灌输了政治不正确的特质，展现了一些不那么讨喜的品格，并延续了不平等。为什么社会科学对荣誉有如此多的批评？驱逐荣誉作为

1　Michael A. Weinstein, *Meaning and Appreciation : Time and Modern Political Life*, Google E-book edition（West Lafayette，IN：Purdue University Press，1978），31. 温斯坦转述亨利·柏格森（Henri Bergson）的话。

一个批判性研究概念存在不会产生一个政治上正确的全球社会环境，不会消除人性中更基本的品质，也不会消除不平等。即便有些人选择忽略，荣誉仍然是一种社会事实（social fact）。

现在的问题是："荣誉是否足够有趣，值得一次全面的学术考察？"通过思考什么是荣誉，我们开始重视这个概念，并在更大的语境下评估它。与其他概念相比，我们应该如何评价荣誉？它属于理论性的专论吗？此外，我们通过判断荣誉将它客观化并据此宣称对它的支配权；我们仅仅通过质疑荣誉有多少社会价值来赋予其社会价值。我们需要判断是否应该让荣誉归位。

也许我们不应该做出这样的判断。荣誉唤起了大量意象（images），只有极少数能适用于 21 世纪初的美国社会。荣誉这个概念意味着血液中夹杂着非理性：男人杀死妻子以防止家庭蒙羞；骑士杀死巨龙来赢得足够的荣耀以便迎娶公主；一千艘希腊船驶往特洛伊（并在那里待了十年），是为了带回一个与翩翩少年私奔的妻子。然而，如果说荣誉是一种社会事实，那么它一定就在我们身边。当没有巨龙需要杀戮，没有公主需要解救，日常生活中的普通荣誉还重要吗？难道我们只剩下血仇（blood feuds）或利己主义的疯狂吗？这将取决于人们选择考察荣誉的方法。有时候这种考察是理解目标的关键。

"荣誉"迷失了方向。研究荣誉的主要方法论难题在于这个概念所包含的事物过多。正是因为它指向很多事物，所以荣誉作为一个概念的价值相对来说就会逐渐丧失。当我们谈及荣誉时，会交替使用多个概念，从而模糊了概念之间的差异。一旦将相关但分立的概念聚拢在一起时，关于荣誉的学术话语就会陷入荒谬。我们关于荣誉的研究会因在处理普遍性的荣誉问题时缺乏特殊性而被弱化。许多荣誉研究关注的是个体荣誉文化的特殊性，而不是展示荣誉在整个文化、社会、民族和群体中表现的程序性发展趋势。[1]

因此，本书的研究始于对大量事物的中间地带的讨论。有关荣誉的研究文献十分广泛且相互联系，这意味着整体性的荣誉研究也必须是广泛而相互联系的。我希望本书在做到这一点的同时，还能满足达尔（Dahl）的要求——理论应该全面而简约。[2] 我将荣誉概念化为一类相关的过程，这些过程通过将价值铭刻在个体和群体身上来构建社会现实。对个体而言，这些过程既是内在的又是外在的。

荣誉是双方或多方之间的行动，尤其存在于个体与群体之间。然而，个体可以同时加入多个群体或拥有多个群体的成员资格。他或她是基于这些群体中的关系身份感到荣幸和被赞扬。他或她的各个身份之间可以是互不关联的，也可以是相互嵌套的，例如一个人既是印第安纳州印第安纳波利斯市的市民，也是美国的公民。所有这些都是准确的，但是每个身份的重要性取决于研究过程中的分析层次。荣誉构建了社会（包括政治），并解释了从个体到群体、国家和国际体系的法团化机构（corporatized agency）。为了对荣誉的过程有一个全面的理解，我们必须直接或间接地审视这些分析单元。首先，至少在荣誉获得者（the honoree）和荣誉代理人（the honoring-agent）双方之间存在一

1　W. L. Sessions, *Honor for Us: A Philosophical Analysis, interpretation and Defense* (Continuum Intl Pub Group, 2010), 8–9; John Rawls, *A Theory of Justice*, Kindle edition (Cambridge, MA: Belknap, 1971), 5.

2　Robert A. Dahl, *Polyarchy: Participation and Opposition* (New Haven, CT: Yale University Press, 1971).

种关系。几乎可以肯定的是，这些当事人所属的团体是作为荣誉过程的见证者参与进来的。有一种行为代表荣誉获得者要么存在和拥有，要么有所作为。荣誉代理人认为，该行为的价值达到了群体指定的公共符号（public notation），即卓越（exceptionality）的阈值。荣誉的授予是他者对其中一方价值的铭刻。荣誉过程是连续性的；它设置了新的优先级，还需要对其进行维护。

荣誉是一个群体赋予个体价值的过程，代表着个体与群体自我约束的手段，它包含了对至高无上的主权（sovereignty）的假设与剥夺。通过授予行为，荣誉代理人声称对个体拥有主权，将荣誉授予例外情况（exceptionalism），因为例外情况通常指向卓越。个体剥夺了他或她自己的个人主权，以便根据代表神圣的规则和仪式获得并维护社会价值，将各方维系在一起。但这不总是一个令人满意且不受挑战的过程。

只要授予对个体而言是一种价值，那么个体便会依据群体以特定方式变得例外或优秀，并被视为例外或优秀。这种评价对于特定群体的成员来说是真实的。更恰当地说，群体中的个体成员接受特定的价值指称（value-designation）作为事实。群体的主权特征通过将价值铭刻在个体身上体现出来，而不管个体的意愿如何。群体内的其他成员接受和传播这一价值，使得这一社会价值成为现实，而不管个体是否希望被如此指称。个体可以在特定的社会领域抵制荣誉机构的指称或主权权威。多方（包括个体和群体）中的每一方都可以声称拥有主权。在重叠的领域，主权者的主张是多重的，并且受到挑战，这是社会生活中真正的争论点。

因此，荣誉是一个通过价值媒介改变社会现实的过程。这一过程不仅影响到荣誉代理人或荣誉获得者，而且影响到荣誉代理人主权范围内的其他个体成员。荣誉必须由荣誉代理人负责，由荣誉代理人授予，并由其他人遵守，以使荣誉生效。[1] 价值的使用很重要，因为价值包括绝对形式、相对形式和理想形式。对行为和品质的积极评价通常被认为是"好的"，可以增加荣誉。对行为和品质的负面评价可能被认为是"不好的"，会降低荣誉或增加羞耻[2]。一个特定的品质或行为接近理想的程度就是它的卓越（excellence）。

荣誉的过程是连续性的；它是社会建构现实的方式，因为荣誉是主权者赋予价值并被群体接受的手段。荣誉通过维持和修正社会现状来创造、破坏和改变规范。荣誉的情形可能在时间、空间和内容上是有限的，但个体的荣誉是在不断被修正和解释的。由于荣誉是个体和群体社会价值的真实表现，只有通过价值体系的修正或与群体的政治斗争才能避免荣誉。[3] 将行为指称为"好"或"优秀"并不会改变特征或行为本身，只会改变所述特征和行为的价值。正因为如此，可以准确地说，荣誉是一种永恒的、普遍的现象，它代表了价值哲学的全部社会事实。

本书的主要目标是提供现有文献中缺乏的概念精准度。因此，本研究将基于不同的关系过程来定义荣誉概念，首先将从个

1　Hans Speier, "Honor and Social Structure," in *Social Order and the Risks of War : Papers on Political Sociology* (Cornwall, NY: George W. Stewart, Publisher, Inc., 1952), 37.

2　羞耻是一个不同于不名誉(dishonor)的概念(见附录)，第5章对此有详细的论述。

3　这里有两种方式需要注意。一种是当群体取消一个人的成员资格时，这个人将被开除，主要表现为流放和丧失国家制度中的公民身份；还有一种方式是，当一个人寻求维护自己的主权，拒绝群体所要求的社会价值，他或她就会被视为一个反叛者(rebel)。

体与群体之间的交往过程（外在荣誉）和个体内心中的交流过程
（内在荣誉）之间的程序性划分开始。本书并没有因使用"荣誉"
这个概念和描述性修饰语而陷入困境，而是使用了关键术语，这
些术语大多是功能上相互关联的概念，并且已经在文献中得到了
检验。以下是构成外在荣誉的核心概念：

1. **声望**（Prestige）是一种荣誉的过程，通过这个过程，当
事人因其卓越的品质、特征和行动获得社会价值，这些品质、特
征和行动被他或她所属的或他或她是其中一员的团体视为"好
的"。声望提高了个体相对于群体中其他人的等级地位。

2. **羞耻**（Shame）是与声望相对应的过程。通过这个过程，
当事人因其卓越的品质、特征和行动获得社会价值，但这些品
质、特征和行动被团体认为是"不好的"。羞耻降低了一个人相
对于群体中其他人的等级地位。

3. **面子**（Face）是一种荣誉的过程，通过这个过程，当事人
在一个特定的荣誉团体中保持他或她与荣誉相匹敌的地位。面子
是具有相同社会地位的人之间存在的荣誉过程，非常脆弱。面子
涉及获得有价值的社会身份。保全面子指的是一方抵制特定身份
的丧失，或者抵制对等团体中较低或价值较低的地位，从而有效
地抵消对等地位。

4. **尊重**（Esteem）是一种荣誉的过程，通过这种过程，个体
或群体因在荣誉体系中表现出色而被个体或群体赋予社会价值，即
使这不是双方共享的体系。任何一方都不需要接受对方的价值体系
或遵守对方的荣誉准则。尊重仅仅是承认他者被认为是有社会价值
的，并在一个已知的（尽管是外来的）荣誉体系中获得了荣誉。

5. **隶属荣誉**（Affiliated honor）是一个迂回的（circuitous）

过程，通过这个过程，个体成员及其团体从他们的相互交往中获得社会价值。团体的成员资格是一种身份，根据团体声誉的价值给予个体荣誉。与此相一致的是，团体的声誉价值是基于其成员的总价值和他们的平均贡献。通过隶属荣誉获得社会价值是一把双刃剑；当事人可能从成员资格中获得声望和荣誉，但也可能丧失荣誉或被羞辱。

6. 荣耀（Glory）是名声（fame）与荣誉的结合。这种荣誉的过程在时间和空间上相互呼应。荣耀拥有一种神圣的品质，它提升了一个社会的典范，使之成为某一特定品质或行为的卓越典范。荣耀体现在神话和传说中。

荣誉也是内在的，它包括人们的自我反思评价，不仅仅是关于他们所处的地位，而是基于他们评价生活世界中的他人的立场。荣誉有两个主要的内在过程：

1. 荣誉感（Honorableness）是个体将荣誉作为自己的一种有价值的品质的过程。随着个体依恋感的增加，荣誉感的深度也会增加。个体的荣誉感范围在不存在到绝对存在之间。荣誉感衡量人们对自己的社会价值的承诺程度。

2. 尊严（Dignity）是人们赋予自己社会价值的过程。他们通过建立个体荣誉规范来实现这一过程，对他们来说，该规范是具有绝对约束力和不可协商性的，因为它们即是典范。个体尊严是对外部评价权威的直接挑战。

荣誉的外在与内在过程之间的紧张关系为无政府状态和世界秩序之间的调整提供了动力。荣誉导致了社会制度与政治领导层的连续性和变化。当反叛者觉得价值体系没有得到充分重视时，他们就会出现，挑战价值体系。革命者会在试图挑战现有领导层、主导价值时出现。

荣誉的起源

数千年来，社会科学领域的理论家一直致力于荣誉或与荣誉相似的事物的研究。包括敬畏（aidos）和卓越（arête）在内的古希腊德性（virtues）研究主要关注应该受到社会重视的对象和其出于何种原因、以何种方式受到重视。德性代表了道德哲学家所确定的个人在社会交往中"应该"朝着"善"的方向取得的成就。[1] 这是价值体系的哲学投射。

亚里士多德在定义"最高的善"（chief good）时，考察了荣誉与德性的关系：

> 那些有品位的人和热爱活动的人把荣誉等同于幸福，因为荣誉可以说是政治生活的目的。然而，对于我们所追求的善来说，荣誉显得太肤浅，因为荣誉取决于授予者而不取决于接受者，而我们的直觉是，善是一个人的属己的、不易被拿走的东西。此外，人们追求荣誉似乎是（Sidenote：1096a）为确证自己的优点，至少是，他们寻求从有智慧的人和认识他们的人那里得到荣誉，并且是因德性而得到荣誉。这就表明，德性在活动家看来是比荣誉更大的善，甚至还可以假定它比荣誉更加是政治生活的目的。然而，甚至德性这样一个目的也

---

1 Alasdaire C. MacIntyre, *After Virtue : A Study in Moral Theory*（University of Notre Dame Press, 2007), 148；Aristotle, "Nichomachean Ethics," in *Introduction to Aristotle*, ed. Richard McKeon（New York, NY: Random House, 1947), 300.

不完善。因为一个人在睡着时也可以有德性，一个人甚至可以有德性而一辈子都不去运用它。而且，有德性的人甚至还可能最操劳，而没有人会把这样一个有德性的人说成是幸福的，除非是要坚持一种反论。[1]

亚里士多德认为，荣誉有多重属性。荣誉必须是积极和被授予的，这意味着被授予者自己并不拥有它。荣誉仅仅是一种德性和善，尽管并非全部的德性和善。荣誉也是"勇者抵抗恐惧并采取与勇气相符的行动的动机"[2]。荣誉包括骄傲与谦逊、抱负与庸碌之间的中庸之道。

亚里士多德以降，荣誉在概念上继续发展。纵观人类历史，哲学家、政治家和利益集团试图根据他们希望制度化的规范和他们寻求推广的卓越垄断荣誉的含义。荣誉概念界定的争斗扭曲了学术界对荣誉作为一种社会过程的理解，这一社会过程可以在没有规范归属（normative ascription）或意识形态提升的情况下进行检验。荣誉概念的推断如此之多，以至于没有多大意义；现有研究赋予荣誉概念的价值太过模糊，以至于我们无法深化对荣誉的理解。[3] 因此，社会科学中荣誉研究的种种问题，正是本书试图解决的问题。

1　Aristotle，"Nichomachean Ethics，"Book I，C‐5.

2　Ibid.，Book V，A‐7.

3　话语理论(discourse theory)认为，赋予一个词语的价值成为这个词语所依附的事物的内在社会价值。作为一个概念和一个价值投射过程，这对于荣誉来说非常重要。有关话语理论的更多分析，可以参见 Michel Foucault，*The Archaeology of Knowledge*（New York，NY：Vintage Books，2010），31‐39。

荣誉的现代根基

荣誉作为社会科学的一个重要研究领域，最近的研究可以追溯到人类学，代表作是佩里斯蒂亚尼（Peristiany）和皮特-里弗斯（Pitt-Rivers）主编的著作。他们在文化人类学方面的文集《荣誉与羞耻：地中海的价值观与人类学中的荣誉和恩典》（*Honor and Shame：Values of the Mediterranean and Honor and Grace in Anthropology*）的出版，确立了其荣誉研究最权威专家的地位。他们对地中海地区的荣誉进行了人类学研究并由此产生了重要的影响，这些实地考察试图阐明特定荣誉群体中特定的荣誉体系。人类学荣誉研究的浪潮可以追溯到 20 世纪 60 年代，但它并不能代表对荣誉的一般概念的研究起源。

本书对当前荣誉研究起源的追溯，不是追溯到佩里斯蒂亚尼，而是追溯到更早一点的汉斯·斯贝尔（Hans Speier）。虽然斯贝尔没有引起传统荣誉概念研究的重视，但我相信对他的排斥不利于荣誉的学术研究。为了证明斯贝尔的理论是荣誉研究的基础，我对他的著作给予了更大的关注。

斯贝尔的文集提出了一个缜密和令人信服的论点——荣誉是社会规划的一种政治工具。[1] 斯贝尔将荣誉解释为社会控制的工具，这种解释强化了福柯式的生命权力（biopower）。斯贝尔断言，社会规划"与人类行为有关，即与动机和结果明显复杂、范

---

1 Hans Speier, *Social Order and the Risks of War：Essays in Political Sociology*，ed. Harold D. Lasswell and Saul K. Padover，Library of Policy Sciences（Cornwall，NY：George W. Stewart，1952）.

围普遍的事物有关"[1]。它有一个具有政治价值的目标。[2] 斯贝尔将社会规划与物质现实以及个人能力结合起来，形成了一个计划所依赖的整体系统。除非紧急情况，否则该规划不需要得到民众或者至少一部分民众的合作。社会规划是一种系统定义自由和控制的手段。[3]

斯贝尔指出，内部和外部压力的结合形成了群体的边界。他的分析与齐美尔（Simmel）对冲突的评价相一致，即冲突既是一种整合的力量，也是一种分裂的力量。[4] 斯贝尔认为，

> 结构上的压力降低了其内部张力。这意味着内部异议将会减少；看起来很重要的群体内部的利益冲突，将获得新的价值哲学意义，因为它们是参照威胁每个人的危害被提炼出来的。在施加压力之前就存在的同意、团结和所有其他共同纽带，将会重新焕发活力并变得更加强大。[5]

团结是通过形成一个"我们"的身份赢得的，这个"我们"必须关心拥有不同的、外来的、异己的和额外的利益的"他们"。这个群体是心理现实的一种表现，是基于存在集体这一"流行观念"而贬低自己的个体的联合。[6]

---

[1] Hans Speier, "Freedom and Social Planning," in *Social Order and the Risks of War* (Cornwall, NY: George W. Stewart, Publisher, Inc., 1952), 4.

[2] Ibid., 5.

[3] Ibid., 6 - 7.

[4] Georg Simmel, *Conflict and the Web of Group-Affiliations*, trans. Kurt H. Wolff and Reinhard Bendix (New York, NY: The Free Press, 1964).

[5] Speier, "Freedom and Social Planning," 8 - 9.

[6] Ibid., 10.

群体价值观的改变会扰乱团结并产生阻力。斯贝尔断言，主权者必须以计划教育为一种手段，对生活的基本习俗施加严格的控制。因此，社会规划是主权权威创造、改变和摧毁群体价值的一种手段。斯贝尔说得更为具体："为了理解激进计划的重要含义，必须考虑对社会尊重或声望的控制。"用于控制个人行为的社会激励"属于荣誉的总范畴"[1]。他接受荣誉制度下的积极和消极激励，因为在围绕社会价值观形成普遍意志的过程中，需要同时使用"胡萝卜"和"大棒"。

"无论其具体内容是什么，荣誉都是社会控制的一种基本形式。"[2] "在西方文明中……荣誉现象被误解，被认为是懦弱贵族的荒谬和人为的声望。"[3] 荣誉由社会差别创造，同时也在创造社会差别。它存在于每一个人身上，但是根据社会价值的形式对其进行社会分层。"在所有的社会关系中……尊称也扮演着限定和划分等级的角色。"[4] 公众通过荣誉制度接受价值哲学的社会控制的关键在于价值的不平等分配。斯贝尔发现，社会荣誉存在于从耶稣会僧侣到贵族政体、君主政体、民主政体和军队等多个社会群体中；他还发现，启蒙运动后西方社会的自由化并没有像曼德维尔（Mandeville）所说的那样根除了荣誉，而是将财富视为获得荣誉和社会区分（social distinction）的手段。[5]

斯贝尔将社会分层视为社会阶层形成和互动的一种方式。他试图将社会分层作为一种普遍现象来考察，并坚持认为，一个群

1　Speier，"Freedom and Social Planning，"15.

2　Ibid.，17.

3　Ibid.

4　Ibid.，16 – 17.

5　Ibid.，17.

体存在的任何形式的分化都是该群体（或许还有其他群体）所特有的，但它既不是永恒的，也不是普遍的。等级制度是社会阶层的一个"鲜明特征"，通过承认和接受社会地位的优势或劣势而形成。[1] 社会分层是一个群体的职能职权（functional authority）与满足社会需求相结合的结果。职能职权"依赖于社会和技术变革，是社会冲突和斗争的对象"。[2] 社会需求的满足表明"阶级是基于其成员对被认为有用的东西的贡献……阶级不是基于社会功效的角度，而是根据特定社会结构特有的价值尺度"。[3] 将这些社会分层理论结合起来会导致一种冲突，即根据小群体的特殊贡献来确定大群体所重视的东西。小群体的卓越之处竞相成为大群体的主要卓越之处。即使其卓越之处的效用不是功能性的，只要受到社会的重视，便足以创造一个统治阶级。

价值是社会等级、优势和劣势的基础。斯贝尔明确指出，"探寻特定社会阶层与政治机构正常运作之间的关系是一个古老而正统的政治学课题"[4]。这种探索不应被看作对一个孤立阶级的研究，而应该被看作对一个阶级相互关联的体系的考察。[5] 此外，"社会分层必须根据过程而不是处境加以考察"[6]。斯贝尔认为，个体和群体内部的社会不安全感（social insecurity）代表了安全感的主要差异。[7] 对此，他补充说，特定程度的不安全感并非由

1　Speier，"Social Stratification，" 20.

2　Ibid.，22.

3　Ibid.，23.

4　Speier，"Democracy and the Social Insecurity Level，" 28.

5　Ibid.，27 - 29.

6　Ibid.，29.

7　Ibid.，28. 斯贝尔将社会不安全感定义为"对利益的追求最终导致政治稳定并表现为党派暴力的社会条件水平"。

地位的客观变化所形成，而是由感知所形成。有一种社会现实与物质现实相关，但不等于物质现实。[1]

个体在社会中获得地位并在其中流动的过程就是荣誉。"一个人的荣誉既不源于他的个性，也不依附于他的行为，而是取决于其他有权授予其荣誉并愿意满足其意愿的人。"[2] 荣誉是公开的或者在某个群体的范围内是公开的。斯贝尔将朋友的感激和荣誉区分为私人和公共过程。他为此制定了三种荣誉程序：

1. 赐予荣誉（传统上由主权者授予）；
2. 接受荣誉（代表个体或分支群体）；
3. 观摩荣誉（群体中的其他成员）。[3]

荣誉的赐予与期望联系在一起，这个期望就是荣誉接受者要"按照构成荣誉准则的某些规则来生活，这些规则包含明确的禁令和义务"。[4] 赐予荣誉是权威机构对将成为接受者的公民或团体成员在某一行动（已做或正在做）中的杰出表现进行宣布。赐予荣誉的行为是一个过程，通过这个过程，价值被附加到接受者身上，以换取接受者接受他/她现在所代表的美德的典范地位。如果授予者是至高无上的（因为只有他［她］能决定谁足够好而被认定是卓越或杰出的），那么接受者就是一个"好臣民"或"好公民"。赐予荣誉是实施价值哲学的社会契约的过程，是个体与团体之间的长期博弈，而博弈是将他们维系在一起的纽带。契约的前提条件是有人为某个 X 讨价还价，并以此交换另一个 Y。在

---

1 本书将在第 3 章中更详细地讨论多重并存现实（multiple concurrent realities）的观点。

2 Speier, "Honor and Social Structure," 36.

3 Ibid., 37.

4 Ibid., 42.

荣誉中，群体赋予个体社会价值，以此交换典范行为（根据授予群体而定）。这些过程通过个体将他/她在团体中的角色作为一种身份进行整合以将关系正式化，并授予该身份特权。而这些特权反过来被群体捍卫，并且被群体中的其他人看作他/她所应得的。荣誉强化了群体及其成员之间的关系认同。

荣誉为个体之间的内部竞争提供了一种机制，最终必将有益于整个群体。

> 荣誉划定了界限；它约束生活。由于它的等级性质，荣誉不仅决定了禁忌的范围，而且在允许的范围内建立了一个卓越的等级……因此，荣誉在生活中建立了一种基于隐含的义务和禁令的特定秩序。[1]

荣誉在社会中确立了"好"与"坏"的价值观。这些价值观与特定的行为和特征相关联，但它们也被用作社会控制的工具，并将这些价值观铭刻在个体身上，以促进或抑制特定的行为。这样做导致个体被评价为"好"或"坏"，并可能导致群体的怨恨或个体的反叛。[2]

虽然是一种社会现象，荣誉却显著地影响着个体以及他们所代表和内化的价值。斯贝尔考察了个体对被他视为"个人荣誉"

1　Speier, "Honor and Social Structure," 43.

2　Albert Camus, *The Rebel : An Essay on Man in Revolt* [L'homme Revolte], trans. Anthony Bower（New York, NY: Vintage International, 1991）; Friedrich Nietzsche, *On the Genealogy of Morals and Ecce Homo*, trans. Walter Kaufmann（New York, NY: Vintage Books, 1989）; Max Scheler, *Ressentiment*, ed. Andrew Tallon, Marquette Studies in Philosophy（Milwaukee, WI: Marquette University Press, 2007）. 这些著作者都是开始研究抵制主权意志对自我施加负面评价的极佳资料。这是本书第 12 章得出的结论。

（personal honor）[1] 的价值体系的内化。作为独立的个体，个人荣誉对接受者来说是绝对的。它是社会荣誉的一种形式，因为它定义了优秀，明确了义务，并对行为和与他人的互动设置了禁忌。斯贝尔对个人荣誉的理解是独特的，尽管个人荣誉是社会性的，但在定义价值和卓越时，融合和物化了个人能动性（agency），这就是权威的改造（the reclamation of sovereignty）。

个体的个人荣誉是绝对的，独立于他人的意见。[2] 斯贝尔建议个体接受个人荣誉的假设，因为传统的荣誉结构存在个人问题。他解释说，可能有多个群体对同一个人拥有主权，他们的荣誉准则要求具体的行动或克制。因此，一个人可能因为一次行动，在一个群体中获得荣誉，而在另一个群体中获得羞耻。来自主权重叠群体的竞争性价值体系可能会将个体置于生存危机之中，在这种情况下，他/她除了违背荣誉别无选择，并因其成员身份而成为背信弃义者。[3]

斯贝尔为整个社会科学的荣誉研究奠定了坚实的基础，并为荣誉概念的现象学分析提供了基础。他提出了几个需要我们认真思考的创新观点。荣誉是一个将个人与他人以及群体联系起来的过程。荣誉是一个多维的复合体，位于时间和空间之中。[4] 荣誉是价值哲学的，是将价值强加给当事人，并作为典范以规范其行为。

佩里斯蒂亚尼把荣誉和羞耻的重要性塑造成一种二元性，并

---

1 Speier，"Honor and Social Structure," 43 – 44.

2 Ibid.，44.

3 Ibid.，44 – 45.

4 Speier，"Freedom and Social Planning"；Speier，"Social Stratification"；Speier，"Democracy and the Social Insecurity Level"；Speier，"Honor and Social Structure".

将二者结合在一起，产生了一个价值哲学的生命世界（axiological life-world）：

> 荣誉和羞耻是评价的两个方面。评价意味着在由类型学理想控制的公认的价值层次中进行选择的可能性。二者的共同理想不仅为评估、交流和预测提供了基础，而且提供了一种通用的价值语言。[1]

荣誉和羞耻是两种普遍通用的形式。通过这两种形式，个体在一个群体中受到重视并保持其成员身份。对群体的认同形成了社会身份，这种身份"在大多数情况下，提供了区分我们（the Us）和他们（the They）之间分裂和对立所必需的二元性"。[2] 佩里斯蒂亚尼用施米特式（Schmittian）的语言表明，对荣誉团体的认同是一个政治过程。

皮特-里弗斯区分了光荣（honorable）和荣誉。荣誉不仅是"一个人在自己眼里的价值，也是他/她在社会中的价值。荣誉是他/她对自身价值的估计，对骄傲的宣称（claim），但也是对这一宣称的承认，他/她的卓越得到了社会的认可，他有骄傲的**权利**"。[3] 尽管没有区分荣誉和个人荣誉以及外源和内生的变体，皮特-里弗斯所理解的荣誉与斯贝尔的定义却很好地融合在了一起。此外，这种融合还为荣誉建立了另一种二元性。这种趋势还将继

---

1 John George Peristiany，"Honour and Shame in a Cypriot Highland Village，" in *Honor and Shame：The Values of Mediterranean Society*，cd. John George Peristiany (Chicago，IL：University of Chicago Press，1966)，173.

2 Ibid.

3 Julian Pitt-Rivers，"Honour and Social Status," in *Honor and Shame：The Values of Mediterranean Society*，ed. John George Perisriany (Chicago，IL：University of Chicago Press，1966)，21.

续下去，表明荣誉是平衡紧张关系的根源。

个体宣称自己拥有一种特殊的"社会身份"，这种身份会带来地位，并且通常会因为拥有这种身份而受到群体的某种待遇。[1]然而，这种声称本身是不够的。声称者必须"在自己的评估中被接受"并被团体"授予声誉"（granted reputation），以获得与期望身份相关的荣誉。[2] 皮特-里弗斯所说的认同过程发生在政治主权（political sovereignty）领域：

> 每一种政治主权都表现出体现其所统治社会的道德价值观的自命不凡（pretention），即"命令什么是对的，禁止什么是错的"；因此，它声称有权授予"荣誉"。它还坚称，被赐予荣誉的人是光荣的。[3]

皮特-里弗斯阐述了他的荣誉循环过程（cyclical process of honor）：

> 荣誉的情感激励了荣誉行为，行为得到认可并建立声誉，声誉最终通过赐予荣誉而变得神圣。可感受到的荣誉（honour felt）成为荣誉，声称的荣誉成为可兑现的荣誉。[4]

荣誉是相对的。"个体在不同群体眼中的价值是不同的。"[5]对荣誉的宣称是个体对在群体中卓越表现的呼吁。通过这种方式，

---

1 Julian Pitt-Rivers，"Honour and Social Status," in *Honor and Shame : The Values of Mediterranean Society*，ed. John George Perisriany（Chicago，IL：University of Chicago Press，1966），22.

2 Ibid.

3 Ibid.，22.

4 Ibid.

5 Ibid.，23.

个体可以通过基于行为的主张来积极地引导荣誉系统。互惠行为
（reciprocal action）是群体代表（无论好坏）给予个体的价值区分。
社会过程认为，群体是"荣誉的源泉"，或者说是对个人价值事务
的主权者。[1] 群体的主权来自公众舆论，尽管荣誉问题只把自我、
国王（主权者）和上帝三者视为荣誉问题的仲裁者。[2]

在皮特-里弗斯称之为"荣誉的啄食优序理论"（pecking-or-
der theory of honour）的个人宣称的优先性与团体价值体系的维
护（这种价值体系通常被认为与德性或良好公民身份相关联）之
间出现了另一种二元性。[3] 亚里士多德就认为，和德性一样，荣
誉也是好公民的标准。皮特-里弗斯建议个体把自己放在荣誉系
统中，因为他们可以被引导，尽管并非所有的荣誉都授予了有
德性的人。公共荣誉与物质财富之间，以及物质财富与政治权
力之间都有着密切的关系。皮特-里弗斯在其著作中对荣誉研究
做了如下总结：

> 因此，荣誉研究（transactions of honour）服务于
> 如下目的：不仅在心理层面提供了社会理想与其在个人
> 行为中的再生产之间的联系——荣誉使人们承诺按照他
> 们该做的去行事……但是，在社会层面，在理想秩序与
> 世俗秩序之间，荣誉确认权力的现实，并使神圣的优先
> 秩序与其相对应。因此，由于其双重性，荣誉做到了哲

1　Julian Pitt-Rivers, "Honour and Social Status," in *Honor and Shame : The Values of Mediterranean Society*, ed. John George Perisriany（Chicago, IL: University of Chicago Press, 1966）, 23.

2　Ibid., 23, 30.

3　Ibid., 36.

学家做不到的事情：从**是**（is）中获得**应该**（ought）；
任何**是**都成为**正当**（right），**事实**（de facto）就是**法律**
（de jure），胜利者被授予荣誉，发战争财的人被赐予爵
位，暴君成为君主，恶霸成为首领。[1]

荣誉是社会契约的黏合剂，是一种比暴力垄断更有效的社会控制
手段。因为暴力从来没有被完全垄断过，荣誉制度提供了一个十
分诱人的"胡萝卜"（a substantial carrot）：社会价值和超越物质
限制的有意义的生活。

荣誉概念的发展

吉尔默（Gilmore）的概念分析进一步统一了荣誉和羞耻：
"荣誉和羞耻是同等的道德价值，代表着个体与'群体'的原始
融合。它们分别反映了公众对个人的尊重和对舆论的敏感，而荣
誉又依赖舆论。"[2] 荣誉和羞耻是绝对价值，反映了相对于特定群
体的积极和消极的个人价值水平。它们的获取是绝对的，只能通
过一种旨在消除自我特定负面评价的行为来减少。吉尔默认为，
荣誉和羞耻代表着一个完整的社会事实，因为它们调节着群体内

1　Julian Pitt-Rivers，"Honour and Social Status，" in *Honor and Shame：The Values of Mediterranean Society*，ed. John George Perisriany（Chicago，IL：University of Chicago Press，1966），38. 皮特-里弗斯所表达的是一种形而上学的创造。这种形而上学是由一个群体所建立的单一的权威。像任何价值体系一样,这种解释是由每一个本体论与形而上学相一致的群体成员来引领和解释的。荣誉似乎是一种投射和施加价值的方式。

2　David D. Gilmore，"The Shame of Dishonor，" in *Honor and Shame and the Unity of the Mediterranean*，ed. David D. Gilmore（Arlington，VA：American Anthropological Association，1987），3.

部和群体之间的关系。[1]

吉尔默还关注皮特-里弗斯对荣誉的二元性研究，并提出了另外一种二元性——"优先的荣誉"（honor of precedence）与"荣誉-德性"（honor-virtue）。他认为前者是占主导地位的社会阶层的工具，最终通过侵略和暴力实现，而后者是滋生"被动顺从"的诚实。[2] 他认为这两种荣誉构成了荣誉的概念："像竞争与合作一样，诚实（或好客）和荣誉不是相互竞争的价值观。相反，它们是相容的，而且必然是相互关联的：正如一枚硬币的两面。"[3]

吉尔默否认文化是分裂的，并且必须在内疚文化和羞耻文化之间分裂。在他看来，荣誉-德性是永恒和普遍的。[4] 他同意荣誉必须得到维护，并认为荣誉是一种内外斗争的平衡，通过这种平衡，个人的身份得以形成。[5] 他建议，未来的研究应该"结合唯物主义的象征性方法"，即"双系统方法"，通过以荣誉/羞耻为中心的价值体系，在文化规范的产生中给予个人和群体同等的重视。[6] 荣誉不再仅仅由中央权威强加，而是在群体和成员之间形成对话。

---

1 David D. Gilmore, "The Shame of Dishonor," in *Honor and Shame and the Unity of the Mediterranean*, ed. David D. Gilmore（Arlington, VA: American Anthropological Association, 1987), 5. 吉尔默详细说明了性别内部和性别之间的关系，但是性别只不过是一种区分群体的价值，所以我认可他的论点所得出的最终结论。

2 Ibid. citing Perisriany, "Honour and Shame in a Cypriot Highland Village," 189-190.

3 Gilmore, "The Shame of Dishonor," 16.

4 Ibid., 6.

5 Ibid., 9.

6 Ibid., 17.

吉尔默区分了**羞耻**和**不名誉**（dishonor）。羞耻是负面评价的积极积累，它"非常强烈地传达了贬损（diminishment）的概念……处于被动的地位……因此在概念上受制于……侵犯"。[1] 另一方面，不名誉是声望的丧失，也是"社会身份"的丧失。[2] 他警告说，就地中海文化群体使用他们自己的概念（如古希腊语的 *filotimo*）而言，羞耻和荣誉可能没有不可分割的联系，这些概念可能强调其中一个而不是两者都强调。这表明荣誉的普遍特征可能不仅在特定的时间、地点和文化中表现出来，而且这一过程必须用所研究文化的语言概念而不是以种族为中心的价值投射来理解。[3]

伯杰（Berger）区分了荣誉与尊严，认为前者已经衰落，而后者在社会中的地位和重要性不断上升。伯杰追溯了荣誉的发展历史，声称荣誉是等级制的、贵族制的和由社会所定义的，并被进步主义的进程所冲淡。[4] 荣誉是"将存在与某些原型行为模式联系起来的尝试"。[5] 另一方面，尊严与不可剥夺的人权相一致。伯杰给出了一个准定义："相对于荣誉，尊严总是与脱离了所有社会强加的规则和规范的内在人性联系在一起。不管他/她在社会中的地位如何，尊严属于自我本身，

---

1 Gilmore，"The Shame of Dishonor，" 10.

2 Ibid.，11.

3 David D. Gilmore，*Honor and Shame and the Unity of the Mediterranean*（American Anthropological Association，1987），122 - 123.

4 Peter Berger，"On the Obsolescence of the Concept of Honor，" in *Revisions : Changing Perspectives in Moral Philosophy*，ed. Stanley Hauerwas and Alasdair Macintyre（Notre Dame，IN : Notre Dame University Press，1983），174 - 175.

5 Ibid.，174.

属于个体。"[1] 二元性的趋势仍在继续。虽然荣誉和尊严都是
"沟通自我与社会的桥梁"，但它们都出自其中一个来源。荣誉是
外在的，尊严是内在的。[2]

荣誉是与一个群体更紧密交流的过程，而尊严是远离的
过程：

> 在一个荣誉的世界，个体是装饰在其盾徽（es-
> cutcheon）上的社会象征。骑士的真实自我在他骑马去
> 战斗时得到了充分的展现；相比之下，和女子躺在床上
> 的裸体男子代表了一个不太真实的自我。而在一个尊严
> 的世界……支配人际互动的社会象征是一种伪装。[3]

荣誉与尊严形成了一对价值，这对价值又形成了三种现实：个体
在其中行事和互动的物质世界，个体解释自己存在的本体论现
实，以及形而上学支配成员资格、成员资格授予身份、社会身份
形成存在的社会现实。[4] 身份通过生活经验改变了个人的现实。
伯杰把对荣誉与尊严的现象学研究作为构建现实社会和本体论的
概念基础。[5]

弗兰克·亨德森·斯图尔特（Frank Henderson Stewart）认
为，荣誉的多重含义是对道德主权争论的结果："几个世纪以来，

1　Peter Berger，"On the Obsolescence of the Concept of Honor," in *Revisions：Changing Perspectives in Moral Philosophy*, ed. Stanley Hauerwas and Alasdair Macintyre（Notre Dame，IN：Notre Dame University Press，1983），176.

2　Ibid.，176.

3　Ibid.，177.

4　Ibid.

5　Ibid.，178.

人们普遍认为荣誉既是重要的，也是可取的，人们不断尝试用这个词来表达一套特定的价值观。"[1] 他认为荣誉是一种权利；个人荣誉是一种受尊重的权利。[2] 具体而言，斯图尔特说："我建议我们把荣誉视为一种权利，大体上说，被视为具有某种价值的权利。我通常称之为一种受尊重的权利，但这只是权宜之计（*pis aller*）。作为一种权利的荣誉并非在所有情况下都相同，我无法给出一个准确的一般性描述。"[3] 他认为，荣誉不应该与"道德价值、声望、自重（self-respect）以及理论家提出的其他大多数概念相混淆"[4]。他进而否认荣誉需要像皮特-里弗斯建议的那样与情绪联系在一起。

斯图尔特采用并延续了皮特-里弗斯研究荣誉的两分法。他引用利普曼（Liepmann）对荣誉的划分，将荣誉分为客体化荣誉（"世界相信我的品质和相应的价值"）与主体化荣誉（"我相信我的品质和相应的价值"）。[5] 这种划分似乎是优先荣誉（honor-of-precedence）循环中的一种必要划分，在这种循环中，个人可以声称获得荣誉，但只有在社会授予他/她身份以及相应的权利和责任之后，他/她才能获得荣誉。

除了法学家对荣誉作为一种权利的审查，斯图尔特所阐述的突破性的划分是将荣誉分为垂直（vertical）与横向（horizontal）两种形式。他将这种划分描述为：

1　Frank Henderson Stewart，*Honor*（Chicago，IL：University of Chicago Press，1994），31.

2　Ibid.，21，54.

3　Ibid.，21.

4　Ibid.，33.

5　Ibid.，16.

尽管一个人因拥有横向荣誉而享有的尊重可能会丧失，但这种尊重不会增加（因为如果一个人有权获得比其他人更多的尊重，这种权利就不再是应得的平等尊重）；这也是它有时被称为"负面荣誉"的原因。横向荣誉可能与垂直（或正面）荣誉形成鲜明对比，垂直（或正面）荣誉是指上级享有的获得特殊尊重的权利，无论是因为他们的能力、级别、对社区的服务、性别、亲属关系、职务还是其他任何因素。[1]

垂直荣誉最突出的形式是阶级、等级或种姓的区别，这是一个连续统一体中位置的公开指称（overt designations），系统上下都有相应的权利和义务。

横向荣誉（包括个人荣誉）是一个更难理解的概念。它代表一个具有特定行为标准的群体的包容性，该行为标准提供了该群体内部和与外部的区别。个人不能获得更多的横向荣誉。横向荣誉是斯图尔特花费最多时间的概念；他的重点是维护的重要性和失去它时的安全性问题。[2]

莎伦·克劳斯（Sharon Krause）将荣誉与自由以及能动性联

---

1 Frank Henderson Stewart, *Honor* (Chicago, IL: University of Chicago Press, 1994), 21, 59.

2 Gilmore, *Honor and Shame and the Unity of the Mediterranean*; John George Peristiany, "Honour and Shame: The Values of Mediterranean Society," ed. Julian Pitt-Rivers and Ernest Gellner, *The Nature of Human Society* (Chicago, IL: University of Chicago Press, 1966); John George Perisriany and Julian Pitt-Rivers, *Honor and Grace in Anthropology*, ed. Jack Goody et al., vol. 76, *Cambridge Studies in Social and Cultural Anthropology* (Cambridge, UK: Cambridge University Press, 2005). 我们没有理由在这些论文集中引用特定的作品，因为女性贞操（female chastity）及其对荣誉的影响是贯穿上述文献的。

系在一起："荣誉不是人为强加的社会角色和地位的体现，而是个人行为和性格的体现。"[1] 正如她在书中写的那样，最大的恶（summum malum）是多数的暴政。[2] 她认为荣誉是激励个体能动性（individual agency）的源泉，是抵制腐败团体（尤其是政治团体）的手段。[3] 她认为，主权政治团体试图削弱对个人能动性的感知，以维持个人对价值体系定义团体的依赖。[4] 温顺的个人最有利于群体利益。[5]

荣誉有一种特殊的力量，可以作为个人与团体之间的媒介。克劳斯认为：

> 荣誉超越了自私自利动机对人类行为的自然限制。因此，它可以激发更危险、更困难的行动，甚至是有生命危险的行动。荣誉比对他人的利他义务更可靠，比私利更勇敢。这种品质的结合使得荣誉成为个人能动性的强大来源，尤其是在行动风险很高、利益不确定的情况下。[6]

克劳斯阐明了自由主义哲学传统中反叛的必要性，这是一种通过少数人的意志来保证多元化的手段，即使少数人是由一个孤独无伴的人来代表。她的发现得到了普罗佐洛夫（Prozorov）的赞

---

1 Sharon R. Krause，*Liberalism with Honor*（Cambridge，MA：Harvard University Press，2002），181.

2 Ibid.，ix.

3 Ibid.

4 Ibid.，x – xi.

5 Michel Foucault，*Discipline and Punish*，trans. Alan Sheridan，Vintage ed.（New York，NY：Random House，1995），135 – 169.

6 Krause，*Liberalism with Honor*，xi.

同。[1] 她引入迈克尔·沃尔泽（Michael Walzer）和阿列克西·德·托克维尔（Alexis de Tocqueville）来强调亚团体（sub-groups）作为集体身份的重要性，"为了共同的目标结合在一起"。[2] 克劳斯认为，个人野心导致挑战现状的集体行动。[3]

克劳斯对荣誉做了进一步的深入分析。正如她所说的那样，荣誉存在于人性之中。她觉得"荣誉的英雄品质"不是由某个社会阶层所拥有的，而是体现在"少数几个人身上，他们在压力下会不顾风险，挺身而出，捍卫自己的原则和自由"[4]。克劳斯认为，个体将荣誉内化到不同的层次，而所有的个体都有一个极限，在这个极限之后，他们将重新与自己团体的领袖建立政治关系。

克劳斯明确地将荣誉分为三类：公共荣誉（public honors）、荣誉规范（codes of honor）和品质（quality of character）。简言之，公共荣誉是给予好公民的商品，它增加了斯图尔特所说的垂直荣誉；荣誉规范定义了个人的成员资格要求，以认同他们属于拥有横向荣誉的特定排他性群体；品质反映了一个人将荣誉自我内化的水平，并把它称为**内在尊严**（intrinsic dignity）。[5] 前两类是荣誉激励个人贬低自我，并作为他/她所属团体的原动力（agent）。品质是荣誉激励个人减少物质自我，并充当事实自我的内省估值的原动力，而不管他/她所关联的群体通过价值投射强加给他/她的法律上的自我。

---

1 Sergei Prozorov, *Foucault, Freedom, and Sovereignty*（Burlington, VT: Ashgate, 2007）.

2 Krause, *Liberalism with Honor*, 183.

3 这一观点将在本书第 12 章中详细阐述。

4 Krause, *Liberalism with Honor*, xii.

5 Ibid., 2,16.

　　克劳斯还提出了反对社会评价形式是荣誉形式的观点，但这些观点源于她对自由主义哲学传统文献的依赖。然而，自由主义哲学传统忽略了我们所考察的一些关键文本。她将荣誉视为内在尊严和存在的自我。她认为荣誉是一个多重现象的过程，并且将荣誉与行为和动机水平联系在一起，包括绝对动机和对毁灭（annihilation）的接受。

　　介绍完克劳斯的荣誉作为多元能动性（pluralist agency）手段的研究，我们转向列奥·布劳迪（Leo Braudy）对男子气概（masculinity）的分析，其中荣誉受到特殊对待。他将荣誉视为"个体与其所属的社会团体间最持久的文化调解者"。[1] 荣誉不仅是个人与社会之间的调解者，还调解了肉体生存欲望与"光荣牺牲"之间的斗争。[2] 布劳迪认为，荣誉可以通过唤起对社会群体的社会义务来驯服弗洛伊德的死亡驱力（death drive），比如家庭可以等同于社会意识的超我（superego）。[3]

　　在提及修昔底德将伯罗奔尼撒战争的原因归结为"恐惧、利益和荣誉"时，布劳迪把荣誉作为差别不安全感（differential insecurity）的主要价值。[4] 现实主义视角下的国际关系理论通常将权力、利益和威胁（会让人产生恐惧）作为差别不安全感的主要价值，而现实主义传统则将《伯罗奔尼撒战争史》作为其

1　Leo Braudy，*From Chivalry to Terrorism：War and the Changing Nature of Masculinity*，Vintage Books edition（New York，NY：Random House，2005），49.

2　Ibid.

3　Sigmund Freud，*Civilization and Its Discontents*，trans. James Strachey（New York，NY：W. W. Norton & Company，2005）.

4　Braudy，*From Chivalry to Terrorism：War and the Changing Nature of Masculinity*，49.

起源。[1] 这种观点可能导致对国际关系的重新审视，并可能通过荣誉关系将现实主义与社会建构结合起来。[2] 荣誉代表个人的感受和利益，但仅是团体的利益。布劳迪呼应了荣誉的等级性质和社会平等者之间存在的独特形式的荣誉，斯图尔特称之为横向荣誉。

布劳迪研究了由皮特-里弗斯提出的优先权（precedence）的作用，发现将优先权纳入法律是一个相对较新的社会现实。在他看来，

> 荣誉的领域……远远超出了法律的范畴。随着作为控制和改变社会行为方法的法律和先例的逐渐发展，以及对血统和家庭连续性的强调，个人荣誉开始弱化或不得不寻求一些其他的证成。[3]

荣誉问题形成于法律规范之中，依靠优先权来维持社会关系的连续性和可预测性。法律成为一种社会控制形式，通过在个人纠纷中建立正式的先例，同时宣称对荣誉领域的主权。布劳迪同意皮特-里弗斯的观点，即国家有兴趣成为唯一的"荣誉源泉"（fount

1 Annette Freyberg-Inan, *What Moves Man : The Realist Theory of International Relations and Its Judgment of Human Nature* (Albany, NY: State University of New York Press, 2004); Randall L. Schweller, *Deadly Imbalances : Tripolarity and Hitler's Strategy of World Conquest* (New York, NY: Columbia University Press, 1998); Stephen M. Walt, *The Origins of Alliances*, ed. Robert J. Art Robert Jervis, and Stephen M. Walt, *Cornell Studies in Security Affairs* (Ithaca, NY: Cornell University Press, 1987); Kenneth Waltz, "Anarchic Orders and Balances of Power," in *Neorealism and Its Critics*, ed. Robert O. Keohane (New York, NY: Columbia University Press, 1986).

2 Robert Lee Oprisko, "Axiological Realism: The Human Desire to Lead Follow, and Rebel," in *Midwest Political Science Association* (Chicago, IL, 2010).

3 Braudy, *From Chivalry to Terrorism : War and the Changing Nature of Masculinity*, 51.

of honour）。

布劳迪相信国家最终不会成功。荣誉是如此令人信服的力量，以至于它的绝对内在化最终通过自杀或其他形式的自我否定得到证实。[1] 肉体的自我不如社会对自我的认知重要，而通过定义自我并赋予其意义的成员资格，价值被认为是神圣的。[2] 荣誉的政治本质反映在话语中。"我们的价值观，真理和自然的价值观"与"他们的价值观——无知的扭曲"是不同的。[3] 布劳迪最终同意克劳斯的观点，即荣誉通过定义"个体与社会身份"在价值哲学上创造了政治关系。[4]

对荣誉的一个有趣的补充来自布伦南（Brennan）和佩迪特（Pettit）对**尊重**的社会经济学分析。他们的概念来源于利科（Ricoeur）的陈述，人性有三个主要动机：对财产的渴望、对权力的渴望和对三位一体（the triad）——声望、地位和尊重的渴望。[5] 三位学者将尊重称为"第三种欲望"，并从概念上将其定义为：

> "尊重"（esteem）这个词与其拉丁语词根"estir-nare"一样，既可以表示评价（estimate），也可以表示积极评价，而它的反义词"不尊重"（disesteem）和其

---

1 Braudy，*From Chivalry to Terrorism：War and the Changing Nature of Masculinity*，52.

2 Ibid.，54.

3 Ibid.，53.

4 Ibid.

5 Geoffrey Brennan and Philip Pettit，*The Economy of Esteem：An Essay on Civil and Political Society*，Kindle edition（New York，NY：Oxford University Press，2005），57 - 60.

> 拉丁语词根"disesteemare"一样，只能用来表示消极
> 评价。我们在本书的主题阐释中采用的是中立评价意义
> 上的尊重：当然它也可能有以消极或积极的形式出现的
> 意义。[1]

他们认为，声望与地位都已经被伦理学家考察过，但是还缺乏对
尊重的理论研究。这与许多认为荣誉被低估的想法一致，当然这
种观点是有争议的。

他们试图表明，尊重形成了一种社会经济结构，在这种社会
经济结构中，个人被激励去提供和要求尊重，以便被认为是一个
值得被评价的人。他们解释说，"我会认可那个人——只要我认
为他们属于那些受到评价的人的范畴，无论是积极的还是消极的
评价，我都会给予他们尊重或支持；我会让他或她发挥重要
作用。"[2]

当尊重与作为一个普遍概念的荣誉地位相对应时，就出现了
概念上的问题。因为三位作者都承认他们使用的尊重在概念上可
以与赞许（appoval）互换。[3] 作为概念的尊重可以是消极的，抑
或积极或消极地用于表述评价性态度倾向（an evaluative attitu-
dinal disposition）。[4] 布伦南和佩迪特似乎陷入了一种荣誉的概念
谜团，这种概念与我们以前讨论过的任何概念都不一致，并且与

1　Geoffrey Brennan and Philip Pettit，*The Economy of Esteem：An Essay on Civil and Political Society*，Kindle edition（New York，NY：Oxford University Press，2005），219－220.

2　Ibid.，299－300.

3　Ibid.

4　Ibid.，229.

斯贝尔给出的定义有很大不同。对他们来说，尊重不一定是群体的一部分，但一个人拥有的称号值得深入思考。

　　布伦南和佩迪特还提出了另一个有趣的观点，那就是自愿和非自愿团体的识别和成员资格。[1] 身份既是有意寻找的，也是外部强加的。他们考察了联盟（association）的深度和个人从联盟中获得的价值：

> 当某一特定类别的人——也许是由性别、种族、语言群体或民族定义的——因其属于该类别而受到尊重或排斥时，就会产生非自愿的联盟。在极端情况下，他们的尊重完全由成员决定；在不太极端的情况下，他们的尊重仅仅是受到影响。正如我们可能说的那样，个人在一般社群的眼中出于尊重的目的而关联在一起；不管他们愿不愿意，都是如此。他们成为一个非自愿联盟的成员。[2]

这也增加了荣誉作为形成身份的一种手段的细微差别，并符合成员资格和附属关系的双重过程。更重要的是，我们注意到有些人完全会因为他们与群体的社会联系而被尊重。[3]

　　布伦南和佩迪特提出的部分论点强调了放松经济监管的负面性，但由于 2008 年全球金融危机，这一论点似乎存在缺陷，原因是贪婪的金融部门和经济学家从中受到了激励，转而支持

1　Geoffrey Brennan and Philip Pettit, *The Economy of Esteem : An Essay on Civil and Political Society*, Kindle edition（New York, NY: Oxford University Press, 2005）, chapters 11 – 12.
2　Ibid., 2895 – 2898.
3　本书第 8 章将详细介绍这方面的荣誉。

放松市场监管（包括衍生品、担保债务凭证和信用违约互换）。[1] 荣誉的经济模式可能会让学界很好地理解在一个纯粹自私的环境中成为优秀的安·兰德（Ayn Rand）意味着什么，但它缺乏道德权威。他们认为，荣誉的经济模式将遵循"看不见的手"建立自己的行为准则，但一个不受监管的市场在任何意义上都是一种道德的善（a moral good）——这一点并没有达成共识。

詹姆斯·鲍曼（James Bowman）强调荣誉的公共性，并将其分为文化的和自反的（reflexive）两个部分。鲍曼的文化荣誉最适合作为荣誉群体及其统一规范的结合体的文献，无论所述规范在群体中是显性还是隐性。[2] 他再次强调了将一个特定的概念化归功于荣誉的难度：

> 我们现在没有词汇可以替代"荣誉"，只有含混的同义词——骄傲（pride）、自尊（self-respect）、虚荣心（amour propre）、声誉（reputation）、尊严（dignity）、声望（prestige）、信誉（credibility）等——并没有确切的等义词。这是因为近义词都是指个人的感受，或者是指个人相对于某些模糊定义的公众的感受，即对一般人的感受。但正如我们所看到的那样，荣誉取决于荣誉团体。[3]

对鲍曼来说，虽然荣誉不能被简化为一般意义上的文化现象，但必须

1　Michael Moore，"Capitalism：A Love Story，"（USA：Anchor Bay，2009）；Brennan and Pettit，*The Economy of Esteem：An Essay on Civil and Political Society*，114；Charles Ferguson，"Inside Job，"（USA：Sony，2010）.

2　James Bowman，*Honor：A History*，Kindle edition（Encounter Books，2006），5.

3　Ibid.，36.

被视为一种文化现象。他在这一点上是正确的，也反映了许多学者的观点。这些学者承认荣誉展现在时间和空间上的位置和定位是独一无二的，但是鲍曼并未完全理解他们关于荣誉的一般阐释性文献，甚至在他引用的文献中也存在这种问题。他只见树木不见森林。

亚历山大·威尔士（Alexander Welsh）提供了一个荣誉概念的谱系，并通过从亚里士多德到康德和斯密等思想家的视角对其进行研究。他认为荣誉是"激励或约束同辈群体（peer group）成员的尊重"。[1] 威尔士在他的著作中花费了大量篇幅辩称荣誉等同于尊敬（respect），这个观点最初被斯贝尔否认，在某种程度上又被皮特-里弗斯所阐述，现在已是荣誉研究文献中的一个趋势。[2] 他认为荣誉在时间和空间上是相对的，并重点关注"真实或想象的同辈群体"的排他性，以及作为其权力和社会影响形式的成员资格的精英主义。[3]

威尔士接受了达尔沃（Darwall）的观点：将尊重分为认可尊敬（recognition respect）和评价尊敬（appraisal respect）。[4] 认可尊敬"包括对其对象的某些特征给予适当的考虑或认可"，是一种"据说是对所有人的"尊敬。[5] 这种形式的尊敬似乎与克劳斯所说的内在尊严相一致。评价尊敬"包括一种对某个人积极

1　Alexander Welsh，*What Is Honors : A Question of Moral Imperatives*（New Haven，CT：Yale University Press，2008），xv.

2　Pitt-Rivers，"Honour and Social Status," 24；Speier，"Honor and Social Structure," 41；Welsh，*What Is Honor ? A Question of Moral Imperatives*，1－8.

3　Welsh，*What Is Honor ? A Question of Moral Imperatives*，xi，6.

4　Ibid.，3.

5　Stephen L. Darwall，"Two Kinds of Respect," in *Ethics and Personality : Essays in Moral Psychology*，ed. John Deigh（Chicago，IL：University of Chicago Press，1992），67.

评价的态度（无论是作为个人还是从事某个特定的事业）"。在这种态度中，他们"表现自身的杰出"。[1] 评价尊敬涉及斯图尔特的垂直荣誉的形式，斯贝尔、皮特-里弗斯等学者已经阐述了这种形式，并将其作为个人获得荣誉的手段。

威尔士明确将荣誉视为一种阶级现象，并将其视为群体内部的一种社会事实，这与克劳斯的观点非常相似。威尔士认为荣誉与名声（fame）、声誉（reputation）并列，并将荣誉描述为一种存在主义现象：

> 另一种意义上的荣誉，即驱使人们甚至违背其利益行事的荣誉，是要以不同方式绘制的。这种荣誉也是声誉的功能，是对我们的期望。然而，在被认为相关标准的零点以下，这种意义上的荣誉根本没有表现出来。它不会沿着声名狼藉的道路减小或下降，而是完全坠入羞耻和屈辱——一种不属于也可能是不存在的东西。道德主体的身份岌岌可危，他/她知道这一点。[2]

威尔士同意荣誉是绝对动机的来源，一个人会坚持到物质毁灭的地步。它允许个体将存在主义的自我融入形成个体存在的群体身份中。

威尔士把动机描述为道德承诺的过程，这些过程表现为：服

---

1 Stephen L. Darwall, "Two Kinds of Respect," in *Ethics and Personality : Essays in Moral Psychology*, ed. John Deigh（Chicago, IL: University of Chicago Press, 1992）, 67.

2 Welsh, *What Is Honor ? A Question of Moral Imperatives*, 3.

从和尊敬（而不是顺从和认同）分别作为内疚和羞耻两种机制。[1]
威尔士认为，这两种机制都是灌输给个人的，并且是可互用的，
而不是把人分成内疚文化或羞耻文化。[2] 随着个体的成熟，羞耻
机制的效力随着内疚机制的减少而增加，这导致个体在寻求身份
认同时荣誉的更大作用。[3] 个体在"同时反思和观察的过程"中
形成身份，而社会身份根据米德（Mead）的社会自我理论成为
现实。[4] 威尔士认为动机的这种变化会导致个人反叛，并像克劳
斯建议的那样寻求正义。

与伯杰和克劳斯一样，威尔士也坚持个人内在化道德，并且强
调尊严不是区别于荣誉，而是它的另一半。他建议哲学家和政治理
论家应该关注"服从与尊敬之间的二分法，尊重古代和现代的积极
原则"[5]。他认为这些话语激活了社会契约理论和革命思维。

奎迈·安东尼·阿皮亚（Kwame Anthony Appiah）延续了
威尔士的风格，专注于荣誉等同于尊敬，并为"道德"社会革命
提供动力。[6] 阿皮亚重点关注荣誉与身份的联系，并认为"将道
德革命与人类心理的一个方面联系起来……我们对地位和尊敬的
深切而持久的关注，人类对黑格尔称之为'承认'（Anerken-
nung-recognition）的需要"[7]。他还努力回归道德价值，作为人

1 Welsh，*What Is Honor？ A Question of Moral Imperatives*，6-7.
2 Ibid.，7.
3 Ibid.，8.
4 Ibid.，16.
5 Ibid.，201.
6 Kwame Anthony Appiah，*The Honor Code：How Moral Revolutions Happen*（New York，NY：W. W. Norton & Co.，2010）.
7 Ibid.，xiii.

对人应尽的义务，并努力让荣誉回归哲学。[1]

阿皮亚介绍了几个他认为等同于道德革命的社会变革案例：决斗、缠足、奴役和厌女（misogyny）。他认为，道德革命已经终结了社会体系中的等级制度（精英制度除外），并与评价尊重的差别相一致。[2] 在最后一章中，出于学术研究的需要，阿皮亚提出了一系列与荣誉相关的概念。我把重点放在他对尊重（esteem）的阐释。他把尊重定义为"因某人成功达到某些标准而对其给予积极的认同"，或者"比大多数人做得更好"。[3] 阿皮亚称赞布伦南和佩迪特，并用他们的"尊重"概念代替了"荣誉"概念。然而，他的用法完美体现了达尔沃对那些行为方式被社会评价为杰出的人的评价尊重。[4] 此外，阿皮亚将尊重作为道德革命的催化剂，这个术语与社会不道德行为有关联，增加了其适用的不确定性。

将荣誉作为一个通用概念的新近研究来自威廉·兰德·塞申斯（William Lad Sessions）。他以哲学的视角对荣誉进行了研究。他认为荣誉是"人类生活的一个近乎普遍的特征"，也就是说，"深入人类社会"。这是一种具有社会和本体论维度的生活

---

1 Kwame Anthony Appiah，*The Honor Code：How Moral Revolutions Happen*（New York，NY：W. W. Norton & Co.，2010），xv. 除了斯图尔特和达尔沃等少数例外，阿皮亚似乎并不熟悉本书提及的其他文献。

2 Ibid.，188.

3 Ibid.，13，175.

4 Darwall，"Two Kinds of Respect"；Appiah，*The Honor Code：How Moral Revolutions Happen*，224；Brennan and Pettit，*The Economy of Esteem：An Essay on Civil and Political Society*. 阿皮亚在注释中对《尊重经济学》(*The Economy of Esteem*)一书给予了高度评价，认为该书"与我的著作不同——事实上是对我的著作的补充"。

体验。[1] 多维度的荣誉足迹让塞申斯承认这是"一个重大而复杂的问题",并呼吁更多的学者从事荣誉研究。[2]

塞申斯清楚地阐述了与当前荣誉研究相关的问题:

> 我们也对荣誉及其范畴感到困惑。荣誉很可能无处不在,但是荣誉的概念并没有得到很好的理解,无论是那些生活在荣誉团体中的人,还是那些认为自己超越了任何荣誉文化的人……局内人和局外人经常混淆某些特定的荣誉概念和更全球化的荣誉概念。[3]

为了更好地理解荣誉,塞申斯宣称荣誉是一个规范性的概念,涵盖多重概念和维度。[4] 他最大的贡献是试图对荣誉提供多视角的概念,并给出他的划分理由。

塞申斯使用罗尔斯的术语来阐明概念（concept）、构想（conception）和范畴（category）之间的区别。他把荣誉看作一个范畴,将其表现看作概念,每个概念都由若干构想组成,一般概念的具体实例是不同的,但又不可分割。[5] 他从荣誉中衍生出六种概念；个人荣誉是其主要关注点,而授予荣誉（conferred honor）、认可荣誉（recognition honor）、职位荣誉（positional honor）、承诺荣誉（commitment honor）和信任荣誉（trust honor）是他考察的"外围概念"（peripheral con-

---

1 Sessions, *Honor for Us : A Philosophical Analysis*, *Interpretation and Defense*, x - xi.

2 Ibid., xii.

3 Ibid., 1 - 2.

4 Ibid., 2 - 7.

5 Ibid., 8.

cepts）。[1] 他的分析从外围概念开始。

授予荣誉是"某个人在归因的基础上给予的尊重"。塞申斯把它与声誉、名声联系在一起。他看到了传统上荣誉与声誉、名声的联系，并由此形成了荣誉概念。他对授予荣誉的社会过程的解释非常类似于斯贝尔的规定，即荣誉被授予、承担和遵守。[2]授予荣誉以"象征"（tokens）的形式出现，不管是物质的还是非物质的，这些象征被收集起来作为衡量荣誉的一种手段。

认可荣誉是"公众对内在品质的尊重"，这被塞申斯认为是"卓越"（excellences）。[3] 塞申斯给出了这一概念的四个组成部分：（1）卓越优先于对卓越属性的认可，（2）对卓越及其特殊情况和拥有者的尊重是以不同的方式给予的，（3）对卓越的尊重来自公众，而不是无谓的（gratuious），（4）公众的反应和关注是适当的。[4]

职位荣誉是"在一个群体中，存在、拥有或做某件事情，使一个人的职位'高于'其他人"。[5] 塞申斯认为，职位荣誉根据成就或地位授予群体中的"胜利者"。[6] 职位荣誉的获得与达尔沃的评价尊敬非常相似。地位职位荣誉（status positional honor）最好与等级和阶层联系起来。达尔沃将职位荣誉与社会权力区分开来，因为荣誉是"美德"（merit）的"规范概念"（normative

---

1 Sessions，*Honor for Us : A Philosophical Analysis，Interpretation and Defense*，9 - 10.
2 Ibid.，11；Speier，"Honor and Social Structure."
3 Ibid.，14.
4 Ibid.，14 - 15.
5 Ibid.，17.
6 Ibid.

notion），而权力只能"迫使致敬"，尽管他承认两者密切相关。[1]

承诺荣誉是"遵守承诺或协议的荣誉……是一种原则或理想"[2]。塞申斯发现这种形式的荣誉是一种将个人与抽象原则而不是其他人联系在一起的形式，这要求所述个人理解通过深度和细微差别增加这种荣誉的原则。[3] 他明确表示，这种荣誉的概念"并不总是一件好事"，因为这种承诺可能是"被误导的""不恰当的"或"不充分的"，在社会的眼中，这将使承诺的个人蒙羞。[4]

信任荣誉是我们"依赖和信赖他人"的程度，也是我们"认为那个人可靠和信赖"的程度。[5] 塞申斯认为这个概念有许多不同的内涵，但更强调那些行动可靠的人和那些信守诺言的人。[6] 通过关注这两个概念，塞申斯似乎是在承诺荣誉和认可荣誉的混合中获得了信任荣誉：那些在履行承诺方面表现出色的个人。

塞申斯专注于个人荣誉，这是他从斯图尔特的著作中获取的概念。他认为这类似于一个人拥有"有效荣誉感"（an effective sense of honor）。"有效荣誉感"意味着个人放弃了自己的个性，遵守特定群体的特定准则。[7] 他指出，个体的个人荣誉包含成员之间的"相互尊敬"（mutual regard）。这是一种"独特的尊敬（respect）形式"，不是遵从（deference）或尊重（esteem），而

---

1 Sessions，*Honor for Us：A Philosophical Analysis*，*Interpretation and Defense*，19.
2 Ibid.，20.
3 Ibid.，20.
4 Ibid.，21. 参阅附录了解这些荣誉概念的完整定义。
5 Ibid.，22.
6 Ibid.，22 - 23.
7 Ibid.，126.

是一种"主要的社会公益"（social good）。社会公益可以被视为"差别不安全感的主要利益"。[1] 他试图将荣誉描绘成一种"我们可能珍视的价值"，一种社会公益。[2]

塞申斯的上述划分并没有突破既有的研究方法。他的研究方法虽然很有说服力，但在运用上却让我们失望。他的主要概念并非来自生活经验。为了给综合的荣誉研究方法提供一个适当的基础，他的方法必须被正确地运用。本书试图通过考察作为存在现象学过程体系的荣誉来做到这一点。

本书的框架

荣誉不再是缺乏理论性的概念。[3] 相反，荣誉的理论基础可以追溯到几千年前，并在近年来重新受到重视。荣誉不仅是当前需要认真思考的主题，也是对整个社会科学都很重要的主题。文献需要吸收术语，让学界能够更精确更深入地探寻荣誉。荣誉是一种社会事实。荣誉的过程可能被证明是永恒的和普遍的，但是特殊的荣誉系统、荣誉法则和荣誉过程产生了广泛的实践、认可、典礼、仪式、称号和传统。

在接受社会学和政治学的心理学基础时，我们必须做出某些承诺（commitments）。综合研究议程是"研究判断的宏大路径"。[4] 我的概念承诺不是一个单一的行动逻辑，而是将荣誉呈现为一种

1　Sessions, *Honor for Us : A Philosophical Analysis, Interpretation and Defense*, 30; Speier, "Honor and Social Structure".

2　Ibid., 154.

3　包括佩里斯蒂亚尼和斯图尔特在内的许多荣誉研究学者都强调了这一点。

4　Markus Kornprobst, "The Agent's Logic of Action: Defining and Mapping Political Judgement," *International Theory* 3, no. 1 (2011), 82.

现象学的社会事实。荣誉不是奥秘，而是一种经验。它不遵循单一的行动逻辑，而是包括对后果、适当性、论证和实践的诉求。

我的本体论承诺既是对个人主义的承诺，因为它解释了个人对存在的彻底分离，也是对社会建构的承诺，因为它提供了个人和群体之间同构共振循环（the co-configurative resonance circuit）的辩证法。[1] 我的研究发现，现实比社会科学研究更复杂。社会世界（the social universe）是一个由相互关联的各方身份缠绕在一起所形成的世界，其中的每一方都转动自身以形成一个个人整体（personal totality）。

我的认识论承诺是描述荣誉的过程，并展示它们如何解释政治现状维持及其修正的冲突关系。我致力于这一动态描述，并拒绝断言荣誉提供了一个可以预测社会行为的系统。没有什么行为是可以预测的，因为个人不会被迫按照任何理性或确定性的行动逻辑行事。荣誉是一个程序系统，形成了个人和群体之间的辩证关系。因此，它不断被修正和解释。

本研究是从政治视角对荣誉进行的现象学研究。弗兰克·亨德森·斯图尔特认为，从荣誉的分析性研究和描述性研究的区别开始，荣誉的研究就有了明确的划分。[2] 荣誉可以概括为构成社会的相关过程的一个现象学范畴。这些过程根据群体及其在时间和空间中的位置以不同的方式显示出来。然而，由于过程是普遍的，本书将在每一章中引用但不限于《伊利亚特》，这样做不仅是为了阐明作为经验的过程的例子，也为了展现这些过程是如何相互贯通的。

1　Markus Kornprobst,"The Agent's Logic of Action: Defining and Mapping Political Judgement," *International Theory* 3, no. 1 (2011), 82.

2　Stewart, *Honor*, 2.

我将本书分为四个部分，依次强调关键要素。**第一部分：荣誉概述**旨在提供将荣誉作为一种社会控制过程的机制。在这方面，重点一般是荣誉的性质。该部分包含三章，第 1 章（本章）是对荣誉的总体介绍，包括对当前荣誉文献的回顾，对已有研究的方法论、本体论、概念和认识论承诺的总结，以及对未来的简要介绍。

第 2 章：荣誉与价值考察了价值的本质及其表现形式。价值几乎和荣誉一样令人生畏，是一个可以为探索提供多种品质的概念。这一事实将被详细探究。因为价值既通过判断形成，也形成判断，所以它是一个迂回的概念。意义是通过个体和群体之间的共振循环来共同配置的。我认为荣誉是价值哲学上的全部社会事实，因为它利用价值来构建从个体到国际组织的社会。

第 3 章：荣誉与身份考察了经历过荣誉的当事人，以及荣誉通过赋予他们关系身份为这些个人和团体构建现实的影响。我提出，身份是自我的一种关系表现。身份是一种形象，反映了一个整体性存在的观点。我主张更高层次的抽象，以解释身份的不完全性。我还在本章探索了交叉性（intersectionality）作为一种选择，并把它与对现实的广义解释结合起来。身份使研究能够作为单一的行动者或法团化群体（corporatized groups）渗透到分析的各个层面。

第二部分：外在荣誉是强调个人与他人交往并依赖他人为其提供社会价值的部分。外在荣誉体系是个人必须遵守的正式和非正式的规则和条例，以达到他们被告知的目的。

第 4 章：声望关注的是一个人增加他/她的社会价值的过程。声望目前的形式主要是从达尔沃对尊敬的划分发展成评价和认可两种变体。获得声望有两种方法：一个人可以遵循规定的荣誉之路，或者建立新的荣誉之路。先例是声望成就的顶峰，但它并不能保证实现。为了确定谁"更好"，人们会根据个人的声望做出判断。

第 5 章：羞耻关注个人社会价值下降的荣誉过程。虽然羞耻似乎与声望相反，但事实并非如此。羞耻被普遍认为是一种规范的善（a normative good）。另一方面，无耻（shameless）是对社会的威胁。个人因行为不符合社会对他们的要求而感到羞耻。此外，羞耻有别于不名誉。

第 6 章：面子探索了斯图尔特所谓的横向荣誉，也就是规定的只有平等的人才能分享的荣誉。面子关注的是获得的荣誉的保存。失去社会价值的威胁比得不到它呈现出更深层次的焦虑。面子的过程包括争斗、决斗、深仇大恨和其他负和博弈（negative-sum games）。面子最大程度上依赖于荣誉法则，因为当个人在群体中的成员资格受到挑战时（通常是受到同侪的挑战），他们在捍卫自己相对于同侪的地位时会参考荣誉法则。

第 7 章：尊重探索了荣誉过程中最不发达的概念。它提供了一种机制，通过这种机制，一个团体之外的个人，如果不坚持他们的任何荣誉准则，也不融入他们的任何价值观，就可以被该外国团体授予荣誉。因为要么他们在所属团体中获得了荣誉，要么因为该外国团体授予他们其中一个团体荣誉。尊重是国际关系理论的一个重要工具，在国际关系理论中，群体之间在分歧和价值观上存在着显著差异。

第 8 章：隶属荣誉强调了个人和团体之间的互惠和某种程度上的共生性质。个体通过成为某个群体的成员并超越其他成员而获得杰出的成就。这表明荣誉不仅是一个相对胜利的过程，而且是一个需要大量失败者才能获胜的过程。隶属荣誉还展示了团体如何通过其成员的卓越和成就获得相对于其他团体的荣誉。通过这种方式，荣誉可以在团体中的成员之间共享，而无需在意每个成员是否出色。

第 9 章：荣耀聚焦于荣誉和名声结合的互动效果。荣耀让一个人的社会价值超越他或她自己的生活世界，摆脱时间和空间的束缚。荣耀代表着对作为终极驱动力的生命的直接挑战。文献中弥漫着对荣誉的追求和人们为了获得超越社会价值的机会而牺牲物质形式的意愿。阿喀琉斯的难题（Achilles's conundrum）集中在这个问题上。

第三部分：内在荣誉为第二部分提供了平衡。荣誉的内部过程发生在个人的心灵中，并影响他们对外部过程的态度。这些章节集中在人们如何解释他们被他人解释的现实。

第 10 章：荣誉感探索了个人对他人如何评价他/她的承诺的深度。社会价值不一定是有价值的。不在乎别人如何看待自己的人是缺乏荣誉感的。违背其团体荣誉准则的方式行事的个人是不光彩的（dishonorable）。人们对荣誉的承诺体现在他们的全部行为中，并可能为其他人提供基础，使他们可以相信这些行为是可预测的。这种预测基于以前的行为或基于他们对诺言的承诺，尽管并不总是这两种。

第 11 章：尊严通过创造一个荣誉体系，挑战所有其他人，并通过为自己提供一种替代选择，来参与个人对外部价值的直接攻击。尊严既有全人类的因素，也有单个人的因素，它是一个荣誉的过程，通过两个极端（没有任何东西介于两者之间），把特殊和普遍联系起来。尊严阐明了荣誉与主权以及反抗的联系。

第四部分：荣誉政治学力图从价值哲学上展示建构社会现实的政治关联性。荣誉过程是动态的和主观的。在一个团体中，品质和优点会被忽视。因为荣誉产生等级结构，所以平等实际上是不可能的。

第 12 章：反叛与革命探究了一个群体内部对现状价值体系的拒绝。基于尊严的个人拒绝是对团体领导主权的反叛。反叛的毁灭性方面是在存在的多重性的背景下探索的。革命被证明是一场运动，在这场运动中，一个相互竞争的价值体系通过反叛的方式召唤出一个新的群体。一场革命可能会劫持一场叛乱，并以叛乱者为榜样。

第 13 章：荣誉的教训集中在荣誉的总和能为社会进步的思想和/或行动提供什么。我认为荣誉确实是价值哲学上的全部社会事实。我观察了荣誉的关系本质，并展示了在所有三个现实中，人们是如何用德性与他人联系的。德性是单向的。我认为荣誉意味着一种将所有个体联系在一起的社会关系理论。我还认为，一个价值体系越复杂，个体差异和社会价值积累的机会就越多，它就越不可能产生一种个人感觉，被社会消灭和反叛，从而物化自我，也许会引发革命。

细节将贯穿本书的其余部分。当你阅读本书时，你会发现自己以好的或不太好的方式被某些段落吸引。你的思想和感觉会交织在一起，你会评判这些段落，你会将这本书作为一个整体来评判。当你这样做并且继续阅读时，你的第二个想法会重新审视你的第一个想法，你对荣誉的理解会变得越来越复杂。如果你这样做的话，也许这本书（特别是作为一个整体的荣誉研究）会对你有益，并提升你的价值。

第 2 章　荣誉与价值

> 梭罗认为，和旧世界相比，美国的月亮更大、天更蓝、星星更亮、雷声更大、河流更长、山更高、草原更辽阔。他由此得出一个神秘的结论：美国人的精神应该更强大、更宽广，"否则美洲为什么会被发现?"梭罗是错的，也是对的。人生没有价值，除非你选择赋予其价值。世界上也没有幸福，除非你自己赋予自己幸福。[1]

社会价值哲学

对价值的研究，即价值哲学（axiology）提供了一个有用的和适用的方法来梳理荣誉概念，包括荣誉作为一个全面建构社会的概念范畴，并说明其演化的维系和修正。价值哲学的核心分为两种主要的理论范式：客观主义（"价值属于对象，与它们是否为人们所期望、享有或重视无关"）和主观主义（"价值产生于重视的主体和价值对象之间的关系"）。[2] 它变成了一个语义论证，来捍卫范式的不可通约性，而不是接受双重视角作为重叠的

---

1 Lin Yutang, *On the Wisdom of America* (New York, NY: John Day, 1950), 446.

2 Reinhard Pauls, *Concepts of Value: A Multi-disciplinary Clarification*, vol. 20 (Canterbury, NZ: Centre for Resource Management, 1990), 16.

视域。[1] 为了提供概念上的清晰性和连接范例，我建议使用术语"品质"来指代以前被称为"客观价值"的东西，一旦被主体反映出来，就变成了"价值"——以前被称为"主观价值"。

价值的概念化可能和荣誉一样复杂。为了获得对荣誉最全面的理解，我们必须从对价值最广泛的解释开始。这种对价值的广义解释源于佩里（Perry）的思想："事物——任何事物——都有价值，或者说是有价值的，在最初和一般的意义上，当它是一种利益——任何利益或任何感兴趣的客体（object）时，都具有事实上的价值。"[2] 一般来说，主体赋予客体的显性品质（displayed quality）以价值，该显性品质满足所述主体看到显性品质的所述客体的需要或激起了所述主体的兴趣。因此，**品质**（quality）是研究客体的特征，可以通过情感或思想直觉来揭示。价值是主体通过一个过程认识到的一种品质。[3] 并不是所有的主体都会重视客体的所有品质，也不是所有的客体品质都会为人所知，因为只有那些被认为有价值的品质才会被主体所考察。因此，对作为动词的**价值**（value）最好的理解可能是反映客体的品质的过程。

价值过程分为两种：估价（valuing）和评价（evaluation）。估价是评估客体的品质的情感过程，在文献中被称为客体价值（object value）或指定价值（assigned value）。[4] 评价是一种认知

1 Kornprobst, "The Agent's Logic of Action: Defining and Mapping Political Judgement," 71.
2 R. B. Perry, *Realms of Value : A Critique of Human Civilization* (Cambridge, MA: Harvard University Press, 1954), 2 - 3.
3 Pauls, *Concepts of Value : A Multi-disciplinary Clarification*, vol. 20, 16.
4 Ibid., 4 - 6.

过程，它根据如何评价某一特定客体的标准来评估该客体的品质。[1] 评价考察的是客体的持有价值或价值标准，并确定其与以往社会评价的其他客体的关系，包括所述客体类型的专家，从而把客体放在一个社会内部形成的知识和以往经验的范围内，降低特殊和个人相对于一般和普遍的重要性。[2]

价值过程是那些将社会的认知、性欲美学（libidinal-aesthetic）和伦理政治（ethico-political）领域结合成一个基于身份和意义的整体的导引体系的过程。[3] 价值是一个判断的概念；一个主体必须识别客体内部的品质并对其进行反思，从而将所有这些品质提升到其他未被识别的品质之上，并将它们默认为重要或优良的概念。这样一来，客体的完整性就被打破，仅仅成为一个具有价值品质的容器。每一个客体都能够进行更深入的思考。正如伊格尔顿（Eagleton）所说，

> 美学……被认为保留了不可化约的特殊性（particularity），为我们提供了一种非异化认知模式的范例。因此，美学始终是一个矛盾的、自我毁灭的课题，在提升

---

1 Pauls，*Concepts of Value：A Multi-disciplinary Clarification*，vol. 20，4－6.

2 Kornprobst，"The Agent's Logic of Action：Defining and Mapping Political Judgement". 尽管科恩普罗布斯特的这篇文章关注的是国际体系中的主体，但我发现科学探究的认识论并没有什么不同，它将岩石与人区分开来，这一发现遍布在福柯的著作中。判断根据以前的经验形成。这种经验可以是个人感知（personal proception），也可以是他人的经验，我们重视他人的经验。在学术圈，我们也不例外——引用前人的话来捍卫我们当前对世界的理解。我们作为学者的价值取决于我们同时代的同龄人和那些将会追随我们的人，他们依次引用我们，并认定我们是专家。我将在下一章阐明这种关系。

3 Terry Eagleton，*The Ideology of the Aesthetic*（Malden，MA：Blackwell Press，1990）. 这是贯穿该书的中心论点，并在此书第 14 章"从城邦到后现代主义"中做了详细的阐述。

其研究对象的理论价值时，有可能使其失去被认为是其最宝贵特征之一的特殊性或不可表达性（ineffability）。提升艺术的语言会不断削弱艺术。[1]

社会价值哲学分析既考察个人，也考察由个人构成的法团化群体。群体包含个体，但是赋予个性会削弱其他成员的重要性，从而使群体等级化。此外，个体也有可供其他成员反思的品质，通过将他们简化为自身的一个方面来减少个体的整体性。形式上的简化是基于特定的关系身份对个体的审视。功能上的简化是指仅仅根据身体特征、行动或能力来考察个体。

福柯在《规训与惩罚》中描写温顺的身体时，探索了这种简化。他发现，一个人可以通过长期的、系统的形式和功能性的弱化来脱离他的个性。[2] 异化还通过给予一个人在团体中的特殊地位来促进个人主义，以此认可其作为成员的价值。异化增加了个人在团体中的社会价值，是目前捍卫荣誉的基础，也是理解从心理学到国际关系的社会动力学（social dynamics）的一个有价值的概念。荣誉是有价值的，因为人们珍视被赋予价值，而荣誉是在更广泛的社会背景下构建个人和群体价值的概念。

价值评价

早在古希腊哲学中，价值就开始受到关注。柏拉图的形式理论认为，每一种类型的物体都有一种理想的形式，在这种形式中，物

---

1 Terry Eagleton，*The Ideology of the Aesthetic*，2 - 3.
2 Foucault，*Discipline and Punish*.

体的性质是典型的。例如，有一种永恒的、普遍理想的椅子形式，所有特定的椅子都采用这种形式。[1] 理想化的形式的品质是人们与之相关和描述的那些；正是相互联系的行为将品质转化为价值。虽然品质和价值都是名词，但后者经历了一个关系过程；主体从他/她认为值得或有价值的研究和表达的客体中提取了一种品质。

描述的行为是评价性的，或者说是一种方法，通过这种方法我们可以判断某样东西是另一样东西或者包含某种品质。从这个意义上说，价值是一种关系行为。客体的品质是存在的，但只有被他者评价后才具有价值。为了找到有价值的品质，就要对客体进行详细的评估或审查。有些品质受到高度重视或被渴求，而有些则被憎恨和苛责。激情越是强烈，特定品质对评价它的主体的影响就越大。

价值哲学的大部分来源于这种最初的评价形式，以及判断在特定类型的客体中发现的某些品质是好是坏。亚里士多德的《尼各马可伦理学》详细论述了"最高的善（即幸福）"，并试图阐述什么样的品质定义了善，反过来又被善所定义。[2] 然而，亚里士多德承认，幸福的构成是有争议的：

> 有人说，幸福是一些实在的或显而易见的东西，如快乐、财富或荣誉；事实上，不同的人认为幸福是不同

---

1 尽管柏拉图的形式理论没有得到系统的发展，但他对普遍性和特殊性的研究在以下著作中得到了很好的论证：Plato, "Parrnenides," in *The Complete Works of Plato*, ed. Benjamin Jowett, *The Complete Works Collection*（Amazon Digital Editions, 2011）。

2 Aristotle, "The Ethics," in *Works of Aristotle*（Mobile Reference, 2008）, 70.

的东西，甚至同一个人也经常把不同的东西当作幸福。在生病的时候，他就把健康当作幸福，在贫穷的时候，他就把财富当作幸福，有一些人由于感到自己的无知，会惊羡于那种宏大高远的理论。于是其中就有人认为，和这众多的善并行，在它们之外，有另一个善自身存在着，这实际上是它们善的原因。[1]

亚里士多德并没有断言这种分歧是错误的，而是将其归因于价值的关系方面。因为价值在旁观者的眼中，每一位旁观者最擅长评价他/她经验范围内的对象的品质。"每个人都能对其所熟知的事情做出很好的判断，在这些事情上他是一个好的评判者。在每一个特定的事情上，他被教导成为一个好的判断者。"[2] 因此，哲学家的任务是描述生活中的一切，并评估这一切是否良善。

　　哲学在这一点上开始扩展，以评估品质和揭示什么是最好的品质。伦理学关注的是**规范价值**（normative value）：什么是对的，什么是错的。道德有好有坏，也许还有善与恶之分。[3] 道德判断的标准因原则而异。[4] 美学强调美与真，以及它们与真实的现象学经验的关系，以及这种经验如何通过感官感知、情绪感染

1　Aristotle，"The Ethics，" in *Works of Aristotle*（Mobile Reference，2008），63 – 67.

2　Ibid.，50 – 52.

3　对于任何试图通过术语的精确性来提高严谨程度的工作来说，这种划分似乎很有必要。对这两组术语之间的一个不可思议的划分来自尼采的《论道德的谱系》（*On the Genealogy of Morals and Ecce Homo*）。

4　义务论分析侧重于基于义务的有意行动。（康德）结果主义认为正确的行动由结果决定。（密尔）实用主义伦理学认为正确和良善是进化的结果。（杜威）后现代伦理学认为伦理的善是必要但无法实现的理想。（德里达）最后，享乐主义者在享乐和自我满足中追寻善。（施蒂纳）

和智识反思影响主体。[1] 形而上学寻求理解现实，亚里士多德把现实分为本体论（对是与存在的研究）、自然神学（对上帝、诸神、宗教和精神的研究）和通用科学（对第一原则、公理和公设的研究）。[2] 所有哲学（包括科学）都涉及对世界的审视、解释和反思。

当两个人注视同一个特定的物体时，他们会根据形成的价值观和他们作为个体对它的尊重来看待它。在《资本论》中，马克思煞费苦心地考察了物质形式中的价值类型。[3] 使用价值、交换价值和情感价值为他考察劳动从生产资料中的异化提供了基础，他把劳动看作在公开市场上进行交换的商品。个体的时间对工业是有用的，因为它在生产中是必要的。它也可以通过工资兑换成货币。因此，个人的时间具有满足需求的多种品质，因此也具有多种价值。因为有多种类型的价值，类型学的精确性使我们对价值概念的研究更加准确。值得庆幸的是，哲学一直试图指明价值的结构。

我们创造术语，用来描述我们生活的世界。我们对术语的理解，以及我们的预测都是基于我们的评价，而评价又决定了我们将来如何评价客体。从语言学开始，客体的名称，或**名义价值**

---

1 这一点在大卫·休谟的著作中已经得到了很好的阐述，特别是他的 *A Treatise on Human Nature*，*The Sceptic*，*On the Standard of Taste*，and *An Enquiry Concerning the Principles of Morals*，in David Hume，*The Ultimate Collected Works*，（2011）。

2 Aristotle，"Metaphysics."

3 Karl Marx，*Capital*，vol. 1，*Marx and Engels Collected Works*（New York，NY：International Publishers，1996）.

（nominal value），是由用来识别它的词语表达的。[1] 福柯探索话语如何构建真理和意义，以创造和延续知识。[2] 伯杰和卢克曼（Luckmann）利用语言的这一性质来表明，所有的词语都是从其他词语中获得意义并相互渗透的。因此，我们的现实是通过强加于用来描述主观探究客体的词语的一般和特殊价值而被社会建构的。[3] 卢曼（Luhmann）进一步指出，区分（distinction）是通过观察差异形成的，而主体对差异的评价是一个重要因素。[4]

威廉·弗兰克纳（William Frankena）提出了一种按功能划分的语言价值。他展示了价值如何被用作抽象名词（狭义地从好的和可取的扩展到美丽和所有其他重要的谓语）、具体名词（客体价值和作为标准的价值）和动词，或者作为估值（认为客体是有价值的）或评价（评价客体的价值）。[5] 因此，这项工作试图从最广泛的意义上审视荣誉，所以将采用对其关键术语（包括价值）的最广泛的解释，以便考虑到所有荣誉的实例及其评价。普罗佐洛夫认为，名义价值影响认知概念，并定义什么是可能的。

1 我从图普斯(Toops)教授那里借用了这个术语，因为名义价值涉及国际问题研究。从形式和功能性价值品质中诞生的一系列价值，使本章作为教科书中优秀学术成果的标准而与众不同。Stanley W. Toops, "Peoples, Places, and Patterns: Geography in International Affairs," in *International Studies : An Interdisciplinary Approach to Global Issues*, ed. Sheldon Anderson, et al. (Bouler, CO: Westview Press, 2007).
2 Michel Foucault, *The Archaeology of Knowledge and the Discourse on Language*, trans. A. M. Sheridan Smith (New York, NY: Pantheon Books, 1982).
3 Peter L. Berger and Thomas Luckmann, *The Social Construction of Reality : A Treatise in the Sociology of Knowledge* (New York, NY: Anchor Books, 1967).
4 Niklas Luhmann, *Theories of Distinction : Redescribing the Descriptions of Modernity*, trans. Joseph O'Neil, et al. (Stanford, CA: Stanford University Press, 2002).
5 William K. Frankena, "Value and Valuation," in *Encyclopedia of Philosophy* (New York, NY: Macmillan, 1967).

他在文章中分析了国际政治和世界政府不是同义词，探索了价值尺度上两种对立的品质——同一性与一般性、多元主义与普遍主义——如何影响实践的可能性并受到概念结构的影响。[1]

当代价值理论的社会学研究始于米尔顿·罗克奇（Milton Rokeach）的《人类价值的本质》（*The Nature of Human Values*），并延续到他主编的文集《理解人类价值》（*Understanding Human Values*）中。[2] 在后者中，罗克奇强调价值形成和传播的社会性。他关注超个人的价值观，或者一个群体共有的价值观。为捍卫这一立场，他指出："讨论社会价值、制度价值、组织价值、意识形态价值以及社会运动的价值传递功能，与谈论个人价值一样有意义。"[3] 他认为价值观是普遍的社会现象，但也包括这样的告诫，即每一种有价值的品质都是由处于时间和空间中的每一个人或群体根据其重要性和赞许性（desirability）来评价的。

威廉姆斯首先简要地将价值观定义为"赞许性的标准"；其次，他指出，价值观是"知识和信仰的混合物"；最后，"价值观同时也是心理过程、社会互动以及文化模式和储存的组成部分"[4]。价值观不仅形成我们对是什么的理解，也形成我们对应该是什么的理解。对威廉姆斯来说，价值观是连接过去和现在、认

---

1 Sergei Prozorov，"Generic Universalism in World Politics，" *International Theory* 1，no. 2（2009）.

2 Milton Rokeach，*The Nature of Human Values*，Kindle edition（New York，NY：The Free Press，1973）；Milton Rokeach，ed. *Understanding Human Values：Individual and Societal*，Kindle edition（New York，NY：The Free Press，1979）.

3 Rokeach，*Understanding Human Values：Individual and Societal*，130－131.

4 Robin M. Williams，Jr.，"Change and Stability in Values and Value Systems：A Sociological Perspective，" in *Understanding Human Values：Individual and Societal*，ed. Milton Rokeach（New York，NY：The Free Press，1979），338－360.

知和情感、美学和本体论的桥梁。"价值观是引导预期和目标导向行为的组成部分；但是他们也经常回顾过去，为过去的行为辩解或'解释'。"[1] 他不认为价值观是独立存在的，而认为其是形成体系的。

> **价值体系**（*value system*）是一套有组织的优先标准，用于筛选对象和行动、解决冲突、诉诸社会制裁以及应对对所做或提议选择的社会和心理防御的需求或宣称。[2]

威廉姆斯对价值观的理解，通过促进、捍卫和解决偏好冲突的方式，解释了他对价值观作为社会秩序基石的强调。威廉姆斯低估了个体对外部价值系统的本体论注入：

> 我们不能仅仅因为任何价值看起来是口头上的，或违背比遵守时更受尊重，或主要由伪君子鼓吹，就有把握地低估它。因为所有这些活动都有助于维持作为有效货币或公认基准的价值——这种价值可以在任何时候用来表扬或责备，授予荣誉或丧失声誉。[3]

然而，在现实的社会共构（social co-construction）中，由于个体与群体的辩证性质，个体与群体同样必不可少。

"我们绝不能忽视这样一个事实，即价值不断被用作社会斗争的武器。"[4] 对价值最重要的阐释是什么，应该被重视到什么程

---

1 Robin M. Williams, Jr., "Change and Stability in Values and Value Systems: A Sociological Perspective," in *Understanding Human Values: Individual and Societal*, ed. Milton Rokeach (New York, NY: The Free Press, 1979), 417 – 418.

2 Ibid., 415 – 416. 这里的斜体部分是我要强调的内容。

3 Rokeach, *Understanding Human Values: Individual and Societal*, 119 – 121.

4 Ibid., 122.

度，是群体动力中紧张的根源。对价值的忠诚为群体整合和分裂提供了哲学辩护。[1]

赖因哈德·保尔斯（Reinhard Pauls）明确区分了评价行为和评价标准，并将其视为"价值"一词的常见用法（尽管他认为两者是相互渗透的关系）。[2] 主体可以使用评价标准来评估客体的价值，但是所述标准是从其他主体的先前评估中得出的，所述其他主体的评估由所述客体的评估者来评估。这些过程是循环和连续的，但代表了一种社会现实：价值是我们理解世界的核心，因为价值是我们理解世界的方式。

在形式价值哲学研究中，价值的离散划分（discrete divisions）变得更加复杂。保尔斯考察了价值的通常用法，强调其作为抽象名词、具体名词以及动词的作用。[3] 他进一步将价值的理论探究划分为三个主要分支：描述性、规范性和元规范性（meta-normative）。价值的根基是一个过程系统，主体通过这个系统与客体联系在一起。[4] 艾伦（R. T. Allen）认为，聚焦于"价值即行动"在传统的认识论探究分歧之间架起了一座桥梁：事实与价值、形而上学与价值哲学、描述与评价。[5] 他将描述解释为一种评价行为，主体必须据此决定什么应当被关注、涵括和排除。[6]

---

1 Simmel, *Conflict and the Web of Group-Affiliations*, 17 - 19.
2 Reinhard Pauls, *Concepts of Value : A Multi-disciplinary Clarification*, vol. 20 (Canterbury, Nz: Centre for Resource Management, 1990), Section 2.
3 Ibid., 5 - 6.
4 Ibid., 4.
5 R. T. Allen, *The Structure of Value*, Avebury Series in Philosophy (Ann Arbor, MI: University of Michigan Press, 1993).
6 Ibid.

艾伦对价值的积极成分的强调，加上保尔斯把价值表述为动词和名词的双重性，表明价值最好用关系来检验。价值不仅仅是存在和认知、描述和判断，还包括社会过程的铭刻（外部他者的评价）和内摄（自我评价）。

总之，所有的描述性交流都是一种价值哲学行为。当人们清楚地表达他们对自己、周围环境、客体、思想或任何其他事物的理解时，他们必须集中注意力，并通过这样的专注纳入某些事物而排除其他事物。他们先呈现一些事物，然后呈现其他事物，有些事物根本不会被呈现。他们受到言语的性质和信息传递的限制。价值是反身的，一个主体可以是自己的主体，也仍然可以是交流主体的他者。他们不仅被描述为自身的特征，还被相对于其他特征进行权衡，进行科学和规范的评估。价值和荣誉就这样被联系在了一起；荣誉代表内部和外部的评估过程。荣誉不同于价值，只是因为荣誉是社会评价过程的概念范畴。

也许当代价值理论最伟大的成就来自谢洛姆·施瓦茨（Shalom Schwartz）。他于 1992 年的开创性工作将整个社会科学的理论和经验价值联系起来。他认为价值观不是固有的品质，而是形成影响行为和社会互动的优先顺序的标准。[1] 施瓦茨的基本前提是，价值是从经验中形成观念（procepts）的生活乐趣（joie de vivre）。[2] 施瓦

---

1 Shalom H. Schwartz, "Universals in the Content and Structure of Values: Theoretical Advances and Empirical Tests in 20 Countries," in *Advances in Experimental Social Psychology*, ed. Mark P. Zanna (San Diego, CA: Academic Press, 1992).

2 布赫勒对观念和观念性（proceptivity）等概念的解释和考察可参见以下著作：Justus Buchler, *Nature and judgment* (New York, NY: Columbia University Press, 1955); Justus Buchler, *Toward a General Theory of Human judgment*, 2nd edition (New York, NY: Dover, 1979).

茨和比尔斯基（Bilsky）创造了三类人类价值观：生物需求、人际协调的互动需求和社会对群体福利的需求。[1] 施瓦茨的理论源于以下这些最初的发现，他发现：

> 关于价值概念定义的五个特征，在文献中有广泛的一致意见：价值是（1）信念；（2）关于期望的最终状态或行为模式；（3）超越特定的情况；（4）指导行为、人和事件的选择或评估；（5）相对于其他价值按重要性排序，以形成价值优先的体系。[2]

从作者的推论（a priori）分类中，我们发现价值观满足了个人在社会环境中获得成功的需要。

施瓦茨考察了罗克奇的价值划分。罗克奇将价值分为终极价值（满足社会或个人需求的价值）和工具价值（评估道德和能力的价值）。施瓦茨在调查普适价值的研究中发现，这些价值在经验上并不重要。[3] 相反，施瓦茨将十种"更高层级"的价值类型——权力、安全、顺从、传统、仁慈、博爱、自主、激励、享

---

1 Shalom H. Schwartz and Wolfgang Bilsky，"Toward a Universal Psychological Structure of Human Values," *Journal of Personality and Social Psychology* 53，no. 3（1987）.

2 Shalom H. Schwartz，"Are There Universal Aspects in the Structure and Contents of Human Values?" *Journal of Social Issues* 50，no. 4（1994）. 尽管他现在的观点源自以前的著作：Schwartz，"Universals in the Content and Structure of Values：Theoretical Advances and Empirical Tests in 20 Countries"；Schwartz and Bilsky，"Toward a Universal Psychological Structure of Human Values"；Shalom H. Schwartz and Wolfgang Bilsky，"Toward a Theory of the Universal Content and Structure of Values：Extensions and Cross-cultural Replications," *Journal of Personality and Social Psychology* 58（1990）。

3 Schwartz，"Are There Universal Aspects in the Structure and Contents of Human Values?" 35.

乐主义（hedonism）和成就——提炼为四种核心动机类型：自我保存（conservation）、自我超越、对变革保持开放和自我提升（见图 2.1）。[1]

图 2.1 动机价值类型、高阶价值类型（higher order value types）和双极性价值维度（bipolar value dimensions）之间关系的理论模型

　　然而，最有趣的是动机类型的两极性。对变革保持开放反对自我保存，自我超越反对自我提升。虽然这些群体是相互排斥的，但类别本身是相互混合的。相互竞争的价值观和动机之间的紧张关系暗含了一种对立统一，或称对立复合体，抑或同时接受一个论题和它的对立面而没有矛盾。[2] 尽管施瓦茨的类型不仅仅是价值，还包括他的学术价值试图明确地决定普遍认为的"好"。

1　Schwartz，"Are There Universal Aspects in the Structure and Contents of Human Values?" 24 - 25.

2　Carl Schmitt, *Roman Catholicism and Political Form* , trans. G. L. Ulmen（Westport，CT：Greenwood Press，1996），7.

我们发现，通过普遍接受相反的价值，所有的价值都可以被评价为道德上的好或坏。施瓦茨的全部工作表明，价值是社会建构的，普适价值可能作为社会事实而存在。

价值的品质

从柏拉图的形式理论来看，哲学已经获得了**理想价值**（ideal values）或某个特定品质的终极化身。理想形式虽然在理论上是可能的，但实际上不可能实现或保持，人们期望客体可能接近所述理想，却无法实现它。然而，所有的失败并不完全等同。名义上被视为"强大"的品质也包含一个理想，可以在个人身上进行检验，以确定谁的力量（strength）大于或小于另一个。因此，力量也是一种**相对价值**（relative value），是一种品质——允许沿着一种价值尺度或价值连续体评估具象的品质的相对位置，其中理想值及其对立的理想值位于两端。因此，从逻辑上讲，使用该价值和你的相对位置在群体内识别自己是可能的。识别群体内的其他个体也是有可能的，因为他们体现了观察者主观上所认为的重要特定价值。

在《小小自由人》（*The Wee Free Men*）一书中，特里·普拉切特（Terry Pratchett）幽默地探索了一个客体的名义价值和相关价值的相互渗透。他在书中介绍了几个具有相同名义价值的角色——他们都被命名为"乔克"（Jock）。[1] 他在小说中加入了主人公蒂凡尼·阿奇（Tiffany Aching）和没有中等身材的乔克

---

[1] 一个物体的名义价值是它的名字的指称。我们没有理由相信任何特定的物体只需要一个名义价值。

大但是比小乔克大的乔克（Not-as-big-as-Medium-Sized-Jock-but-bigger-than-Wee-Jock-Jock）之间的对话。[1] "乔克"的名义价值被其社会群体中的其他乔克（在这个例子中，是他的兄弟）的相对大小所改变，以至于他在社会中被刻上了"没有中等身材的乔克大但是比小乔克大的乔克"的名字，而不仅仅是众多乔克中的一个"乔克"。因为他的名义价值受到相对于分享这种名义价值的其他人而言被重视的品质的影响，所以他的名字是可变的，他们的名字也是可变的。没有中等身材的乔克大但是比小乔克大的乔克向蒂凡尼解释说："如果小乔克自己被带回失落的世界，那么我会得到小乔克的名字。"[2] 蒂凡尼似乎觉得这个特殊的乔克的身份岌岌可危，并提出了一条获得自主身份的途径，询问他是否愿意被称为"亨利"。没有中等身材的乔克大但是比小乔克大的乔克拒绝了蒂凡尼的提议：

> 这个名字有历史了，你知道吗？还有许许多多的勇士叫没有中等身材的乔克大但是比小乔克大的乔克。这就是它差不多和小乔克本身的名字一样著名的原因！关于没有中等身材的乔克大但是比小乔克大的乔克这个名字的英勇行为有许多好故事。[3]

"亨利"被拒绝是因为它不是与积极品质相关联的名义价值。就像没有中等身材的乔克大但是比小乔克大的乔克的名字被他的相对尺寸值所改变一样，他也因此被他的名字所改变。他的社会价值和他

1　Terry Pratchett，*The Wee Free Men*（New York，NY：Harper Collins，2004），178 - 180.

2　Ibid.，178 - 179.

3　Ibid.

的名义价值一样具有可塑性，两者相互影响、相互渗透。一些品质和价值观被认为比另一些更好，因此是"好的"价值。

随着科学经验论的兴起，标准化测试和控制实验作为评估工具变得既规范又日益占据主导地位。相对价值不再是比较品质的唯一方法。经验论为价值尺度提供了对特征、能力和特质的精确测量。高度以厘米为单位进行测量，并绘制记录的高度以检查正态分布。只有谱系的极端边缘变得引人注目和独特，但是所有的谱系都有一个严格评估品质的数字记录。这是品质的**绝对价值**（absolute value）。之所以如此，是因为它代表了基于科学经验主义的精确数学品质的客观度量。然而，美——最永恒的品质，已经被数学证明大约是 1∶1.618。这种黄金比例或神圣比例（Divina Proportione）提出了关于经验主义的问题，因为它表明经验主义可以客观地评估只能被主观地评价的东西。

社会群体形成的过程是通过评估特定个体和群体的异同，然后将他们分为不同群体。个体和群体的异同建立在被主体认可的品质基础之上，这些品质被认为是重要的，然后被用作评价客体的标准。用于相同和不同的标准值可以是正式的，例如共享"乔克"这个名字，或者是功能性的，如"那些完成了学位论文的人"。这些过程的相互渗透就像科恩普罗布斯特（Kornprobst）的判断共振回路图（map of Resonance Circuit of Judgment）一样（见图 2.2）：主体既传达自己的判断，又接受他人的判断。[1]对话强调判断应该是什么和谁应该被判断。

---

[1] Kornprobst，"The Agent's Logic of Action：Defining and Mapping Political Judgement，" 84 – 86.

　　科恩普罗布斯特对政治判断的实证研究图包括四个部分。它们都是荣誉研究的重要组成部分。第一，"个体重现了他们与其他人互动的历史"[1]。特定的判断时刻指的是从所有先前的经验中形成的通用"工具包"，以便对问题进行分类。第二，个体暴露在共振回路中。[2] 社会互动在说服和接受之间起着实践的作用。在这种情况下，自我和有说服力的他者将对自己做出判断，而自我将在自己和接受他者之间做出判断。第三，判断是共同循环的。[3] 在所述给定的情况下，行动和无行动会影响其他行为者的判断，即是否行动以及以何种方式行动；第四，个人判断是由**结构化效应**（structuration effect）形成的。[4] 结构化效应表明，特定的经历会被重新整合到个人的工具包中，从而改变共性。

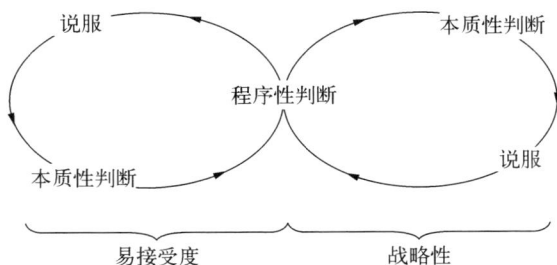

图 2.2　科恩普罗布斯特的判断共振回路图

1　Kornprobst，"The Agent's Logic of Action：Defining and Mapping Political Judge-
　　ment，"84.

2　Ibid.，85.

3　Ibid.，85 – 86.

4　Ibid.，86 – 87.

作为社会价值的荣誉

荣誉是一个变化无常的课题。对荣誉的全面理解要求我们不要将其视为唯一性的概念，而要把它看作一个多重性的概念和思想，它们共同构成了荣誉。荣誉囊括了许多内容：成就的奖励、被精英社会团体接受、你如何对待他人或被他人对待的性情、一种驱动力以及一种永远不能被剥夺的个人品质等。我们通过概念化并赋予其意义来理解荣誉，但荣誉也是一种方式，通过这种方式，一个人通过其自我、同伴、社会团体和其他人的评价而被概念化并赋予意义。

荣誉就是价值的社会过程：评价以及人对人的评价。荣誉通过关系身份告诉我们我们是什么。荣誉告诉我们我们能提供什么样的品质，以及我们拥有这些品质的程度。这些品质对社会来说很重要。荣誉告诉我们这些品质被认为是好还是坏，是更好还是更坏，是重要还是无关紧要。对其他人来说，人只不过是一套价值观的总和。一个人可以同时拥有几种规范的价值：罗伯特、罗布、O教授，等等。他实际上可以有无限的相对价值：最小的弟弟、初级教师等。他的所有特征、行为和特质都可以被"客观"地评价，尽管它们的价值会随着时间而改变。在某些情况下，并不是一个人的所有特征都会变得重要、有趣或引人注意。一个购买笔记本电脑的人可能会和约翰·多伊（John Doe）交谈。作为贝斯吉他手的约翰，同时也是某大学的博士生。但在推销的时候，约翰是百思买（Best Buy）的销售代表。在这种情况下，约翰只不过是他的雇主的代表，一个顾客正在向他购买商品。约翰在百思买的成功可能取决于他的上司对他是一个"好"员工的看法；他善于将这个特殊的角色融入自己的内心。不管他在工作之外的行为如何，他都将根据他作为员工的身份进行评估，如果他没有达到最低期望，他可能会失去这一身份。如果他失去了工作，他将不再是百思买的员工，他的现实会随着他的社会状况而改变。人的社会现实在形式上和功能上都是他/她的价值。荣誉是人们同时指引和参与的社会评价过程。

第3章　荣誉与身份

> 存在……在自我归属的意义上是个人的。自我——
> 一个在纯粹观察性的自我和真实的思想或心理两极之间
> 波动的现实——与它的内部和外部环境之间的关系是
> "归属"这个概念唯一最恰当的适用，或者至少是最完
> 整意义上的适用。[1]

价值与身份

个体交流特定的经验时，社会知识就会增加，从这些经验中
可以推断出普遍的共性。随着越来越多的经验数据被引入，普适
理论也在不断发展。随着普遍收益的延展，它可能在某个群体中
作为一种工具而被重视，这种工具有助于在相关的特殊情况下做
出判断。[2] 一段时间以后，一个普遍的理论可能会成为习惯，并
获得真理或法律的分量。科恩普罗布斯特认为，普遍性和特殊性
在不断对话之中，就像社会中的参与者在不断对话一样。他认为
这些过程应该作为判断概念的功能。判断是"通过将特殊性归入
普遍性中的实践推理"，尽管普遍性是"多义的，也就是说，它

1　Michael A. Weinstein, *Finite Perfection : Reflections On Virtue* (University of Massachusetts Press, 1985), 26.

2　Markus Kornprobst, "The Agent's Logic of Action : Defining and Mapping Political judgement," *International Theory* 3, no. 1 (2011), 86 - 87.

们被不同的行为者以不同的方式解释".[1] 这个对话是说服和接受的共融；每一次有说服力的经历都会增加彼此对未来经历的说服力和接受度。[2] 群体中的个体成员在形成普遍理论的社会对话中展现他们的经验。

在学术界，该过程被定型（formalized）。学者们引用资料来捍卫和强化他们的判断。我们引用的资料是根据它们对其他思想的影响而做出的区分，而这种区分反过来又通过引用来衡量。[3] 当其他人这样对待他们，个人就被认定为专家，因为有些人已经认定他们是专家。人们通过评估和评价过程获得一种身份，这种身份改变了他们与社会的关系以及社会与他们的关系。**身份**（identity）是一种铭刻的正式的或功能性的关系，它将一个特定的个体置于一个普遍的范畴内，使他/她成为一个群体的一部分。个体通过从属关系获得群体认同，群体通过授予成员资格来认同个体。身份通过关注个体品质的特殊展示（这些品质对群体十分重要），而不是作为一个完整的人，简化了评估与评价的过程。[4] 一个人不再是一件需要整体考虑的美学艺术品，而是一种品质可

---

1 Markus Kornprobst, "The Agent's Logic of Action: Defining and Mapping Political judgement," *International Theory* 3, no. 1 (2011), 78.

2 Ibid., 84 – 85.

3 参见 Eugene Garfield, "How Can Impact Factors Be Improved?," *British Journal of Medicine* 313, no. 7054 (1996)。学者们认为,影响因子是评估期刊或出版商的替代因素。然而,这一过程涉及辩证的共振回路,其中低影响来源被排除,高影响来源是相关的,不是基于文章中的论点,而是因为发表文章的作者的身份,以及他们在哪里发表。

4 参见 John Turner and Penny Oakes, "The Significance of the Social Identity Concept for Social Psychology with Reference to Individualism, Interactionism, and Social Influence," *British Journal of Social Psychology* 25, no. 3。

以被保持在一个标准的人。个体可以根据他们的认同经历被正面或负面地评价。[1] 这反过来又会影响个体相对于同伴的价值。

与其他描述性价值一样，我们可以基于客体与具有相似描述性价值的其他客体之间的关系来对客体进行规范化的评估。一个人可以成为优秀的学者，但不如另一个人。个体与团体之间互相评判。他们互相评判对方的判断。他们判断如何评判对方。人与他们的环境相关联，渴望具备价值和被重视，并产生许多有意义的工作成果。温斯坦认为：

> 日常生活的时间……是一种集体产品，其功能是将人类的项目和贡献整合到一个超越个人个性化时间的环境中。日常生活的时间，可能被称为文化时间，由一种超个人的意义所统一。这种超个人的意义将人类与他们意识到之前发生的过去和他们死后将要发生的未来联系在一起。[2]

在社会中，人的现实是基于他们在时间和空间中的处境和位置的单独或组合的个人身份。人的生命只有在社会现实中才有意义，因为他们的贡献只能通过承认别人的价值来超越其时间位置，这些人认为这些贡献是有价值的。布尔迪厄（Bourdieu）认为文化、品位和判断是由专家贵族支配的。在他的开创性著作《区分》（*Distinction*）中，他认为这些贵族是"有成就的个人"，他

1　Kornprobst，"The Agent's Logic of Action：Defining and Mapping Political judgement，" 85.

2　Michael A. Weinstein，*Meaning and Appreciation ：Time and Modern Political Life*，Google E-book edition（West Lafayette，IN：Purdue University Press，1978），13.

们反过来定义了有成就的个人。[1]

尼采研究了不同价值的不安全感如何导致缺乏社会意义的个体的怨恨（resentment）和永远无法企及他们祖先（更不用说社会本身的开创者）传奇的社会。[2] 个体的行为和行动必须超越过去的行为与行动，这样才能被认为是足够特殊，从而使行为者成为群体中有意义的贡献者。这个问题与社会互动的共振回路（resonance circuit）和共构循环（co-configurative cycle）有关。人们通过战略主体性（strategic agency）来争取与众不同："在特定的情况下，个体会弄清相关共同体是什么，他/她如何与这个共同体的其他成员联系，以及他/她怎样做才能让自己的声音在共同体中被听到。"[3] 布尔迪厄认为，每个人都是他/她所处的主体性社会领航者。"不同群体之间的关系与文化保持着不同甚至是对立的关系，这取决于他们获得文化资本的条件以及他们从中获得最大利润的市场。"布尔迪厄暗含的意思是，某些身份在某些情况下更有价值；高价值群体中的成员身份可能不如低价值群体中的高价值身份。

多重现实

现实不是我们希望的世界，而是本原的世界。对现实的彻底审视要求人们拥抱生活的复杂性，并在我们的概念抽象中考虑到

---

1 Pierre Bourdieu, *Distinction : A Social Critique of the Judgment of Taste* (London, UK: Routledge, 1984), 11 – 12.

2 Friedrich Nietzsche, *On the Genealogy of Morals and Ecce Homo*, trans. Waiter Kaufmann (New York, NY: Vintage Books, 1989), Essay II : Section 18 – 20.

3 Kornprobst, "The Agent's Logic of Action: Defining and Mapping Political Judgement," 80.

复杂的关系。卡尔·施米特（Carl Schmitt）谈到了对立复合体（complexio oppositorum）。在这种情况下，一个人可以同时内化价值尺度两端的价值立场，而不会产生矛盾。[1] 不仅如此，除了可以计算光谱的末端，还可以计算在特定环境下光谱上的每一个位置，即无限复合体（complexio totalum）。对现实的完整理解必须考虑到人们的现象学经验，他们的每一种现实经验对他们来说都是有意义的，因此对理解他们是有价值的。

温特（Wendt）指出，社会现实存在于思想领域。[2] 然而，个人和团体在一个物质构成的世界中运作；作为他们游乐场的沙盒（sandbox）是根据可以复制的物理和化学特性来定义和解释的，从而创造了一个社会和物质相互作用的环境。因此，从研究人类行为的角度来看，采用纯社会或纯物质认识论都是不切实际的。物质社会和法团社会（corporate-social）的融合也是不够充分的。许多采取唯物主义或建构主义方法的学者强调法团主体性（corporate agency），即假设个体为了群体的利益而放弃主体性。[3] 个体的本体现实（ontological reality）与宏观社会动力学或材料和有机体的科学属性一样重要和真实。没有对根植于人类情感和心理的动机和焦虑的理解，就不可能产生主体性，更不用说法团主体性。没有主体性，就没有意向性（intentionality）和主动性（initiative），也就没有真实性（authenticity）。

1　Carl Schmitt, *Roman Catholicism and Political Form*, trans. G. L. Ulmen (Westport, CT: Greenwood Press, 1996).

2　Alexander Wendt, *Social Theory of International Politics* (Cambridge, UK: Cambridge University Press, 1999), 33.

3　J. Samuel Barkin, *Realist Constructivism : Rethinking International Relations Theory* (New York, NY: Cambridge University Press, 2010), 10, 20, 31.

现实是一个封闭的领域，个体被束缚在其中，并与之相关联。即使是最伟大的理论物理学家也很难融合他们学科的两大支柱（量子力学和爱因斯坦的广义相对论）。[1] 只有结合了超弦理论（superstring theory），这两个支柱才得以调和，相互衬托，并提供了一种张力，这种张力是将物理学理解为一门具有宏大统一理论的学科的关键。[2] 社会动力学（类似于物理运动）从不同的抽象层次来看似乎是不同的：

> 空间和时间不再被认为是一成不变的普遍概念，每个人都有同样的体验。相反，空间和时间的出现……作为可塑性概念（malleable constructs），其形式和外观取决于一个人的活动状态（state of motion）。[3]

换言之，不仅有一个统一的理论把客观现实中的世界联系在一起，而且每个人都有独特的经历。现实对个体来说是独一无二的，个体既受到普遍的物质存在的束缚，也受到与其他群体共同构成的共振过程的束缚。

要探索社会科学中的现实，不仅要把它看作普遍的，而且要把它看作一系列的细节。超弦理论提供了一个隐喻模型，这个模型可以把个体（最基本的分析单位）与人性（最全面的分析层

1　Stephen W. Hawking，*The Theory of Everything：The Origin and Fate of the Universe*，Special Anniversary ed.（Beverly Hills，CA：Phoenix Books，2005）；Brian Greene，*The Elegant Universe：Superstrings，Hidden Dimensions，and the Quest for the Ultimate Theory*（New York，NY：W. W. Norton and Co.，2003）.

2　Greene，*The Elegant Universe：Superstrings，Hidden Dimensions，and the Quest for the Ultimate Theory*，4 - 5.

3　Ibid.，5.

次）联系起来。[1] 因此，我们有必要提供一个包含个体与集体动机的抽象层次，一个利用荣誉的价值哲学框架提供了这样一个抽象概念，使得构成现实的东西有了更全面的发展。现有文献为个体提供了三种截然不同的现实：物质的、社会的和本体论的。自然科学不仅剖析物理环境，还为其提供法则。物理环境提供了标志个体**物质现实**的蓝图。正如施蒂纳（Stirner）所说，我们既是骨骸袋（bag of bones）的主人，同时也受它支配。[2]

我们是复杂的存在。我们在一种物质形式（corporeal form）内代表着众人。因为人们可以通过他们与他人的关系，包括他们将如何被客观化，来增加他们的声誉和社会意义，所以最好重新考虑我们对现实的理解。如果我们的意义被我们在社会关系中的价值所束缚，而且这种价值是由身份认同和成员资格所决定的，那么我们就有了一种社会现实。其次，社会科学可以通过融入超弦理论而受益于理论物理学。我们源自我们的各种社会关系：兄弟、朋友、爱人、敌人、老师、学生、陌生人、成员、追随者和我们相互交往并相互理解的团体的领导者。个体通过多重身份与社会群体相关联（他们也与个人相关联），无论它们是嵌套的、互补的还是对立的。[3] 每个人都是一条单维的线，每一条线都是一个相互缠绕在一起的关系身份。[4] 如果我们接受每

---

1 就这一抽象层次而言，国际体系应被视为一个实际的等同物。

2 Max Stirner, *The Ego and Its Own*, ed. Raymond Geuss and Quentin Skinner, *Cambridge Texts in the History of Political Thought* (Cambridge, UK: Cambridge University Press, 1995).

3 这一点将在本书第 13 章详细探讨。

4 Greene, *The Elegant Universe: Superstrings, Hidden Dimensions, and the Quest for the Ultimate Theory*, 422.

个人都有独立的思维，都是一个能动的主体，那么无数的网就会互相缠绕，形成社会结构。

正如扭曲的时空一样，个体在人生的旅途中会受到改变路径的环境的影响。[1] 然而，个人必须独自找寻正确的方向。个人与世界的接触是彻底分离的个体，他们的身份在与他人接触时出现，他们在荒谬地试图让别人承认他们身份的真实性。[2] 我们是自己认为必须成为的人，害怕成为其他任何人。我们的**本体论现实**（ontological reality）源于自我反思与评价。这种反思与评价使美学人工制品（aesthetic artifact）客观化。[3]

存在的多样性

个体同时存在三种生命表现形式：物质的、社会的和本体论的，每一种都影响着观念的方向。齐美尔将之称为生命的全部范畴（comprehensive provinces of life）。[4] 温斯坦认为自我是一种存在，它涉及三个实体：自我、环境和其他自我。[5] 齐泽克指出，个体与其自身之间的分离是一种无法弥合的差异，在这种情况下，综合（synthesis）是不可能的，这种分离以视差的形式发生，

1 Greene, *The Elegant Universe : Superstrings, Hidden Dimensions, and the Quest for the Ultimate Theory*, 5 - 6.
2 Frederic D. Homer, *Character : An Individualistic Theory of Politics* (Lanham, MD: University Press of America, 1983).
3 Slavoj Zizek, *The Parallax View*, ed. Slavoj Zizek, Kindle edition, *Short Circuits* (Cambridge, MA: MIT Press, 2006).
4 Georg Simmel, *Conflict and the Web of Group-Affiliations*, trans. Kurt H. Wolff and Reinhard Bendix (New York, NY: The Free Press, 1964), 16.
5 Weinstein, *Finite Perfection : Reflections on Virtue*, 44.

并在本体论、政治上和本体/科学上表现出来。[1] 正如萨特所说，正是客体（人的）本质的整体"构成了一个有组织的整体。本质不在客体中，而是客体的意义"[2]。个体的物质现实被封装在物质形式——施蒂纳的骨骸袋里。[3] 每个人的社会现实（萨特的存在为他人）是由他们的荣誉社会价值构成的，包括作为个体和群体成员的卓越和匮乏。人的本体实在（萨特的存在本身）不仅是他们自身的内在化，也是为了成为他们而必须是的实在。[4] 每一种现实都影响着个体，他们必须在现实中寻求航向，以避免对毁灭的存在性焦虑——无存在的虚无（the nothingness of non-being）。存在在本体论、社会和物质现实中同时发生，并且没有矛盾。因此，身份并不是奇点，而是由一个有意识的存在和单一的、集中的意识所统一的**多样性存在**（multiplicity of being）。[5]

荣誉聚焦社会现实，包括社会现实如何影响荣誉的物质和本体论对应物。存在就是活着，"但活着也是行动"。[6] 行动（包括认同的行动）是一个载体；它不是没有时间或空间的存在，而是

1　Zizek，*The Parallax View.*

2　Jean-Paul Sartre，*Being and Nothingness：An Essay on Phenomenological Ontology* (London，UK：Routledge，2010)，5.

3　Stirner，*The Ego and Its Own*，157 - 160. 施蒂纳在对人与社会的关系的研究中着重关注的是存在的三种表现。

4　Sartre，*Being and Nothingness：An Essay on Phenomenological Ontology*，109 - 129. 我想把重点放在萨特对生理意动（physiological conatus）的区分上，生理意动表现为科学的物质实在和本体存在，本体存在形成了为自身和为他者。存在充满了各种价值，是被重视和评价的特征、行为和品质的集合。

5　Weinstein，*Finite Perfection：Reflections on Virtue*，51.

6　Albert Camus，*The Rebel：An Essay on Man in Revolt* [L'homme Revolte]，trans. Anthony Bower (New York，NY：Vintage International，1991)，57.

预先假定了行为者与他所操纵和同化的环境之间的关系。[1] 我认为身份是一种动态的体验，通过个人意愿或强加于个体的成员关系和从属关系，融入了社会化的自我。[2] 身份既不应该被描绘成一个绝对的特征，也不应该被描绘成特定类型的交集。因为在给定的一系列条件下，一个或多个可能不会在个体的自我体验中显现。"当一个人必须做一件事或另一件事时，忠诚可能会在优先考虑种族或宗教、政治承诺、职业义务或公民身份之间发生冲突……我们可以有多重身份。"[3] 个体对既定荣誉准则的承诺力度，包括社会规范和由此产生的行为预期，取决于来自其他群体和物质现实的竞争要求，所有这些都会影响本体论的感知（onto-logical proception）。[4]

　　身份不是绝对的，因为自我表现是可变的。温斯坦的解释是：

　　　　自我，即个体的存在，是一个多元化的统一体。它理解个体的生活，并以自我为中心。自我是一个有意识的"我"，并将自己理解为生活的拥有者。要精确地定义自我是不可能的，因为它是所有与描述有意识生活的一般特征相关的术语中最具包容性的一个。从对内在生

1　Richard J. Bernstein, "Buchler's Metaphysics," *The Journal of Philosophy* 64, no. 22 (1967), 752 – 753.

2　Leonie Huddy, "From Social to Political Identity: A Critical Examination of Social Identity Theory," *Political Psychology* 22, no. 1 (2001).

3　Amartya Sen, *Identity and Violence*, ed. Henry Louis Gates Jr., Issues of Our Time (New York, NY: W. W. Norton and Co., 2006), 28.

4　Justus Buchler, *Toward a General Theory of Human judgment*, 2nd edition (New York, NY: Dover, 1979).

活的自我意识把握的角度来看，这是可以理解的。[1]

物质自我随着人的成长、年龄和成熟而改变。社会自我的变化取决于与之相关联并立即占主导地位的群体。[2] 当人们对存在的感知被定义和重新定义时，本体的自我就发生了变化，这种变化是通过他们认为自己缺乏的价值观和那些他们已经与之有关联的价值观来实现的。虽然自我的所有方面都很重要，存在是个体在每个特定时刻的交集，但在任何特定时刻自我所处的位置都是独特的。这是一个人的**个体交叉性**（individual intersectionality），一种内摄和铭刻的身份的独特融合（a unique blend of introjected and inscribed identities），包括他们在给定的空间和时间位置所经历的程度。个体交叉性是一个瞬间的位置，在某个时刻，同一个人可能被认同或在情感上认同一个或多个群体，但不能认同其他群体。[3] 此外，个体可以通过某些特性、特征和行为被识别，而不是通过其他人。每个时刻都将形成每个人独特的身份交汇点，与群体的关系反映了所述瞬间价值，仅此而已。[4]

---

1 Weinstein，*Finite Perfection：Reflections on Virtue*，47.

2 Max Scheler，*On Feeling，Knowing，and Valuing*，ed. Donald N. Levine，trans. Harold J. Bershady，The Heritage of Sociology（Chicago，IL：University of Chicago Press，1992），222；Simmel，*Conflict and the Web of Group Affiliations*，14－16.

3 交叉性文献关注的是导致支配和压迫的身份的结构性强加，但这种强调是学术研究关注大规模定量分析的结果。通过关注强加给个人的社会范畴，学者们可以将身份强加给个体，以方便审查。这就是福柯在圆形监狱（Panopticon）中提到的结构性暴力和服从。

4 Weinstein，*Finite Perfection：Reflections on Virtue*，48.

物质的

物质存在可能被证明是不可避免的。物质现实完全依赖于没有神性或来世的生存经验，通过需要得以显现。从价值哲学上来说，一个人的物质存在因其特征和能力而受到重视。物质自我可以被社会化为群体的榜样，或者相对于作为自己身体所有者的自我的"主权"来考量和衡量："我的权力是我的财产。我的权力给了我财产。我的权力是我自己，通过它，我是我的财产。"[1]

物质自我（如果不出意外的话）代表了意志的围墙和对所述意志直接投射到世界上的限制。权力由独特的孤独意志控制，并由身体行为投射。[2] 物质自我是存在的物理表现，并作为个体与他人互动的渠道。

社会的

作为他者的社会存在（为了其他人的存在），代表了自我反映他人的价值。个体的社会存在既代表了个体的价值，也代表了内部或外部群体的价值。我们即共在（the Mitsein），"包括许多主观上彼此认可的主体"。[3] 我们不仅是本体论自我的一群他人，还是一个共同的自我的集体。与这个共同的自我相对的是个体的他人，可能与其他个体的集体相同。尽管这种存在形式是外部引导的，但个人在群体中的身份被证明是强大的。个人可以减少自己的其他身份，以培养特定的角色。个人可以通过熟练地引导群体的准则和期望来操纵身份，以便使自己的价值受到重视，并最终树立一种或多种价值典范。

---

1 Stirner，*The Ego and Its Own*，166. 重点强调他的（his）。

2 Camus，*The Rebel : An Essay on Man in Revolt*，45.

3 Sartre，*Being and Nothingness : An Essay on Phenomenological Ontology*，434 - 435.

通过建立一个被评判的典范，荣誉代表了团体对成员和附属机构的社会控制机制。典范中被认可的价值是团体内竞争所需要的价值。榜样对群体的价值不仅仅是他的特别优秀，也是他作为所有公民应该成为或表现的榜样的效用。群体典范的社会现实是个体的社会现实，但他的个性是被认可的，因为会对社会控制和大众操纵产生功效。个人主义源于群体评估，正如我们在第 2 章中所看到的，群体评估形成了评估的基础，并引发了定义如何评估特定类型典范的专家的兴起。因此，团体和社会将个体成员的主观对象化制度化。成员能够以这种方式驾驭他们的社会现实，并且愿意这样做，以便在群体中体验个人的意义。[1]

个体的社会存在是复杂的和动态的，因为有许多团体、子团体和"他者的集合"（sets of other），个体通过成员关系或从属关系与这些团体、子团体和"他者的集合"相联系。个体可以根据具体情况或多或少地融入群体的理想和价值观。这意味着个体的交叉性不是一成不变的，研究特定的特征或社会标准的交叉——包括性别、种族和阶级——会导致糟糕的社会科学。然而，个体并非总是被如此定义。

个体是根据群体与个体的关系来定义的，反之亦然。宗教有时将占据主导地位，而在其他时候，身高、体重、速度和力量的融合将占据主导地位。尊重过程的关键是价值由他者赋予自我的，而自我没有能力强迫他人接受期望的自我评价。

本体论的

本体存在是内部支配自我的一个方面。正是因为本体存在是

---

1 Weinstein，*Meaning and Appreciation：Time and Modern Political Life.*

定义自我的行为，萨特将其描述为"意识存在"（being of con-sciousness），"存在就是……意识存在并不完全等同于自身"。[1]个体自我必须感知自己，但是在这样做的过程中要创造自我。本体存在是一个连续过程的结果，这个过程根据自我是什么和不是什么的对立来评价自我：

> 价值是自我，因为自我萦绕在自我心中，就像自我为之而存在一样。意识在每一瞬间超越自身的最高价值是自我的绝对存在，具有同一性、纯粹性、永恒性等特征，并作为自我的基础……价值可以是存在也可以不是。它是一切超越的意义和非凡；它就像自身的缺席一样困扰着自身的存在……价值赋予自身存在。[2]

因此，对价值和价值哲学的研究就是对存在的研究。它的话语提供了定义和定义自我的内容。本体存在会受到社会评价的影响，如果个人将自身内化为他/她的社会领域的代表，则可以通过本体定义存在论。此外，成为尚未实现的价值的可能性可能决定着当下的自我，因为它试图塑造物质和社会现实以反映存在的自我愿望。

本体存在会陷入危机。当自我不能是个体自我定义为自我价值的完整的和不可改变的方面时，存在危机就发生了。这些危机可能会发生在个人身上，他将一个受尊敬的自我内化，并不是因为他自己的失败或忍耐，而是因为他人的意愿而被拒绝。个人发

---

1 Weinstein，*Meaning and Appreciation：Time and Modern Political Life*，100.
2 Ibid.，117 - 18.

现自己是陌生人，在自己的物质世界中被放逐。[1] 脱离规范的荒谬会导致个人质疑自身存在的相关性；如果他们不能获得价值，他们就不能存在。[2] 存在危机可能导致虚无主义和对虚无的驱动、怨恨或对他人的拒绝以及对背叛的假设。

荣誉与分析层次

我们通过接受概念的广义解释以更全面地理解概念，这种分析现在面临着保持概念精确性以便准确地理解概念主题的困难。社会科学方法论面临的主要困难之一是在概念上对分析单位和分析层次的严格要求。荣誉是对一系列概念的研究，在这些概念之间，单位和视角都会发生变化。荣誉是社会性和偶然性的，但是它以独特的方式同时影响着不同的当事人。荣誉的灵活性和普遍性使它成为复杂的基础社会事实。语境很重要，因为研究中的概念是自反的。为了使这种现象学研究既严谨又具有反思性，很重要的一点是将荣誉视为一种社会事实，包括其规范性品质，而不是把荣誉作为一种好坏的规范性判断。荣誉是一种社会事实，是一个等级制度结构的通用过程系统。荣誉制度的特定实例不必在形式上看起来相似，因为每个普遍性都由不同的参与者进行独特

1 Albert Camus, "Exile and the Kingdom," in *The Plague*, *The Fall*, *Exile and the Kingdom*, *and Selected Essays* (New York, NY: Alfred A. Knopf, 2004); Richard K. Ashley and R. B. J. Walker, "Introduction: Speaking the Language of Exile: Dissident Thought in International Studies," *International Studies Quarterly* 34, no. 3 (1990); Camus, "The Myth of Sisyphus."

2 Hwa Yol Jung, "The Political Relevance of Existential Phenomenology," *The Review of Politics* 33, no. 4 (1971), 543.

的和创造性的解释。[1]

荣誉是一个多重现象的概念范畴，这意味着它不仅仅是一个单一的社会概念，而且是一个整体上构成社会的过程体系。[2] 每一种荣誉概念都可以以独特的方式呈现，通过改变分析单位在特定分析层次上体验每一个概念过程的方式。按过程分解荣誉的概念可以为结果理论提供通过经验区分（experiential distinction）的分离。流程可以普遍适用，即使它们的特定实例看起来完全不同。[3] 每一个过程都是个体——无论是一个人还是一个社会团体——体验与他人关系的方式。[4] 每个概念过程都反映了普遍的荣誉现象，因为它涉及他者将社会价值赋予独特的个体。

佩里斯蒂亚尼的著作以希腊语的 *time* 概念为中心，"意思是尊重、荣誉和尊严；正如古典时代的社会价值、地位和价值"[5]。本研究认为，没有一种行为、特征、能力或特质能被普遍认为是道德的、高尚的、卓越的或合乎伦理的。它承认任何一方都可以这样指涉（designate），而将价值指涉给人民的代理和主权是本研究的政治焦点。

考察过去的荣誉并描述其表现形式是可能的——表彰杰出的个人，通过使他们不同于大众并承认他们的个性，从而将他们区

1　R. Beiner，*Political judgment*（Chicago，IL：University of Chicago Press，1983）.

2　John Rawls，*A Theory of Justice*，Kindle edition（Cambridge，MA：Belknap，1971）.

3　不是要求研究人员证明一个基于规范倾向或意识形态原则的概念或者是创造新的概念，而是试图根据特定荣誉群体中具有特定荣誉准则的特定荣誉实例来概括荣誉。

4　Barkin，*Realist Constructivism：Rethinking International Relations Theory*：18，31.

5　John George Peristiany，"Honour and Shame in a Cypriot Highland Village，" in *Honor and Shame：The Values of Mediterranean Society*，ed. John George Peristiany（Chicago，IL：University of Chicago Press，1966），178 - 179.

别于群体中的其他成员。因此，授予荣誉是施米特式主权的一种
行为，一种承认规则例外的决定。[1] 荣誉是一个人有意识地公开
的价值表现，是一种例外的表现；这种表现是需要理由的，因此
需要能动性。[2] 荣誉要么是目的，要么是达到目的的手段，因此
可能形成利益，成为不安全感的来源。

　　充分研究荣誉概念需要与价值哲学的全部社会事实作斗争。荣
誉是连接分析的单元和层次的桥梁：它在物质和社会系统内将个体
之间、个体与群体以及群体之间联系起来。它涉及多种哲学倾向。
它要求研究人员对构成现实的事物有灵活的头脑，因为在关键性研
究的任何时刻都存在着多种现实和对这些现实的多种解释。

　　关键性研究时刻，或者说，**关键时刻**（critical moment）是被
研究者在时间和空间上考察的指定坐标。将会有一些行为者联合起
来，他们相互合作，形成一个解决问题的方案。这些行为者构成了研
究的**分析单位**（units of analysis）。每个行为者不仅要有**利益**（inter-
ests）和他们想要的东西，还要拥有**权力**和满足自身欲求所需要的资
源。他们的**战略**方式是运用权力来实现自身的利益。参与者对其战略
的哲学辩护就是他们的**意识形态**。[3] 形成这些行为者行动时所诉诸

1　Carl Schmitt, *Political Theology : Four Chapters on the Concept of Sovereignty*,
　　trans. George Schwab（Chicago, IL: University of Chicago Press, 2005）; Carl
　　Schmitt, *The Concept of the Political*, trans. George Schwab（Chicago, IL: Uni-
　　versity of Chicago Press, 1996）.

2　Sharon R. Krause, *Liberalism with Honor*（Cambridge, MA: Harvard University
　　Press, 2002）.

3　本研究借鉴了亚瑟·本特利（Arthur Bentley）著作中的许多研究方法，不过对其进行
　　了简化,参见 Arthur F. Bentley, *The Process of Government : A Study of Social
　　Pressures*（New Brunswick, NJ: University of Chicago Press, 2008; repr., Transac-
　　tion Publishers）.

的规范、制度和习俗的团体或体系是分析的层次。个体的心理可以成为相互竞争的身份的分析层次，这些相互竞争的身份寻求成为他/她的个性中的主导力量。[1] 国家通常被视为分析的最终单位，在一个对规范和道德缺乏法律约束力或执行机制的国际体系中运作。[2]

身份：个体的团体化

荣誉是一种直接影响群体和个体的社会现象。作为一种社会现象，它存在于一种社会建构的现实之中，这种现实取决于个体和群体的各方如何相互作用。尽管考察一个人的动机需要对他或她的独特地位进行深入分析，但假设所有人每天都在如此深入地相互交流是不正确的。舍勒（Scheler）反对个体将彼此视为**如此存在**（being thus），他认为真正的情感认同只能存在于爱和性关系中。即使如此，也只能存在于共同的经验中。[3] 因为世界是巨大而复杂的，个人可以通过关注自己或他人的独特身份来简化它。[4]

你并不总是以自我为中心与他人互动，而是有时会与来自塔吉特公司的出纳员鲍勃互动。你与作为出纳员的鲍勃的职能身份

---

1 Sigmund Freud, *Civilization and its Discontents*, trans. James Strachey（New York, NY: W. W. Norton & Company, 2005）.

2 Hans Joachim Morgenthau, *Politics Among Nations: The Struggle for Power and Peace*（New York, NY: Knopf, 1959）.

3 Scheler, *On Feeling, Knowing, and Valuing*. 关于泛普遍主义（generic universalism)运动,可参见 Sergei Prozorov, "Generic Universalism in World Politics: Beyond International Anarchy and the World State," *International Theory* 1, no. 2（2009）。

4 尽管他反对这样做,但他对它的工作原理做了很好的描述。参见 Sen, *Identity and Violence*。

有关，同时以出纳员鲍勃为指定中介与塔吉特公司建立联系。鲍勃是塔吉特百货的出纳员，他和其他许多人一起作为公司代理人，共同的利益将他们融入一个社会团体中。塔吉特是一个国际认可的团体，因为它在社会上是真实的，但它没有物质形式，尽管它可能拥有财产。它的存在依赖于个人集中他们的行动能力，并将他们的代理权交给另一个人。有些人这样做是为了经济利益，有些人这样做是因为塔吉特提供了他们想要购买的某些产品，有些人发现自己在与塔吉特竞争，例如组成沃尔玛公司的个人和公司。塔吉特之所以能够存在，是因为它可以通过雇佣、工作、购物和物流等过程将个人联系在一起。人们可以与塔吉特相关联，因为人们可以与他人相关联。塔吉特为了继续存在，必须履行某些角色，尽管所述角色可能会改变。为了通过员工代理来促进公司利益的发展，塔吉特制定了一套关于员工雇佣、绩效、晋升和解雇的规章制度。因此，塔吉特是一个功能性的荣誉团体。

荣誉与个体内部的身份强化有着独特的联系。荣誉团体可能或多或少会很复杂，这取决于我们考察的是哪个团体。荣誉团体的所有成员并非都具有同等的荣誉，或者是与自己相同的社会个体，但是可以作为一个成员与该团体的所有其他个体共享一个身份。身份极其复杂。[1] 有许多理论被用来检验身份在社会科学中的作用。有些人（如纯粹的经济理论的建模者）完全无视同一性。亨廷顿（Huntington）和其他人试图将身份简化为一个关系自我。[2] 当从宏观角度看待某些行为时，这种**单一从属关系**（sin-

---

1 Sen, *Identity and Violence*, xi.
2 Samuel P. Huntington, *The Clash of Civilizations and the Remaking of World Order* (New York, NY: Simon and Schuster, 1996).

gular affiliation）模式有一些优点，但是促进单一身份需要大量的工作和宣传，这是斯贝尔学术研究的核心焦点之一。[1] 阿玛蒂亚·森（Amartya Sen）提出，每个人都有一个**竞争性从属关系**（competitive affiliation）结构，这样他们就可以选择在给定的经验背景下每个身份对他们行为的重要程度。[2] 最后，**交叉性**（intersectionality）理论关注支配和压迫，认为身份是社会强加给个人的，主要是性别、种族和阶级的身份。[3] 一个人的身份交集产生了一种独特的情况，这种情况不一定是那个人所独有的，而是所有拥有一个特定**身份集**（identity-set）的人所独有的，而这个身份集恰好是重要的。[4] 交叉性的重点是身份的结构性强加，及其随后用于对由具有多重关系身份的个人组成的离散群体的支配和压迫。[5]

---

1 Hans Speier, *Social Order and the Risks of War : Essays in Political Sociology*, ed. Harold D. Lasswell and Saul K. Padover, Library of Policy Sciences（Cornwall, NY: George W. Stewart, 1952）; Hans Speier, "The Changing Function of Communication," in *The Truth in Hell and Other Essays on Politics and Culture*, 1935 – 1987（New York, NY: Oxford University Press, 1989）; Hans Speier, "Psychological Warfare," in *The Truth in Hell and Other Essays on Politics and Culture*, 1935 – 1987（New York, NY: Oxford University Press, 1989）; Speier, "The Communication of Hidden Meaning. "; Speier, "Reeducation—The U. S. Policy. "; Hans Speier, "Wit and Politics: An Essay on Laughter and Power," *The American Journal of Sociology* 103, no. 5（1998）.

2 Sen, *Identity and Violence.*

3 Kimberle Crenshaw, "Mapping the Margins: Intersectionality, Identity, Politics, and Violence against Women of Color," *Stanford Law Review* 43, no. 6（1991）.

4 S. Laurel Weldon, "Intersectionality," in *Politics, Gender, and Concepts : Theory and Methodology*, ed. Gary Goertz and Amy G. Mazur（Cambridge, UK: Cambridge University Press, 2008）.

5 Josh Caplan, "The Most Advantaged of the Least Advantaged: The Costs of Trading Precision for Generalizability in Intersectionality," in *Midwest Political Science Association*（Chicago, IL, 2011）.

如图 3.1 所示，身份群体的交集可以被视为离散的群体，由于他们的组合身份，这些群体经历了独特形式的权力和压迫。重要的特征可能是两个或两个以上的组合，这样使得唯一受压迫的群体可能是黑人女性、可怜的拉丁裔或者天主教政治理论家。韦尔登（Weldon）承认，交叉性达到其逻辑极限时，会考验个体的独特经验。[1] 该方法的捍卫者将交叉性作为一种工具来考察结构性定义的身份群体，这些身份群体的存在因交叉性群体的表达以及研究者随后对其真实性的评估和评价而得到加强。[2] 因此，交叉性只适用于观察事物的一半，因为它不能解释一个人希望被认为属于某个群体的愿望。[3]

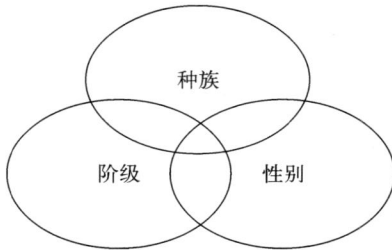

图 3.1　身份类别的交集

把所有这些理论结合起来，结果就是个人和群体之间的相互作用。有些时候，个人会在很大程度上与某个特定团体有关联，

---

[1] Weldon，"Intersectionality."

[2] Caplan，"The Most Advantaged of the Least Advantaged：The Costs of Trading Precision for Generalizability in Intersectionality."

[3] 这本身就是一种学术压迫，应该对其进行更详尽的研究。交叉性作为一种方法论的精确性被研究者削弱了，他们降低了精确性以便更快地产出成果。身份是由自我与他人共同决定的。因此，交叉性研究者在考察权力结构时，应该考察自愿与非自愿的联系。参见 Geoffrey Brennan and Philip Pettit, *The Economy of Esteem：An Essay on Civil and Political Society*，Kindle edition（New York，NY：Oxford University Pre ss，2005）。

另外一些时候，他们会放松或停止他们的关联，还有一些时候，他们会宣布退出。与之相反，有时群体会对某些成员提出要求并把他们提升为榜样，有时群体几乎不承认他们的存在，有时群体试图切断与个人或群体分支的任何和所有联系。荣誉群体是相互关联的，人们的身份是他们自己和社会之间辩证关系的产物。在竞争从属关系和交叉关系中，背景都很重要，但任何一方都不能忽视一个身份在正确的情况下可能是完全重要的；因此，在一段时间内，单一的从属关系可能在个体中占主导地位。

这些理论的总体允许代表个人和群体的动态运动，范围从绝对从属到绝对排斥。尽管总是受到物质世界的限制，个体的现实性既是为自己而存在，也是为他人而存在。多重性允许这种动态性导致个体的交叉性，这种交叉性反映了个体附属于群体和群体的意愿，即在空间和时间位置上将个体视为成员。[1] **个体交叉性**位于时间和空间中，反映了存在的实例化。一些群体被包含在个体的集合中，一个或多个个体的集合就像该个体被一些群体视为成员一样，而其他个体也是如此，直到达到逻辑极限，个体和群体通过同一性的相互渗透联系在一起。平衡动态张力通过彻底分离表现出来。不管人们如何结合和聚集力量，因为根本的不同，他们仍然是一个通用的普遍性集合中的多样性——当一个人从同一性中脱颖而出，差异的种子就会显现出来。[2]

---

1 Alain Badiou, *Being and Event* (London, UK: Continuum, 2005).

2 Ibid. 更详尽的研究请参见 Prozorov, "Generic Universalism in World Politics: Beyond International Anarchy and the World State," 228–235; Jean Baudrillard and Marc Guillaume, *Radical Alterity*, trans. Ames Hodges (Boston, MA: MIT Press, 2008)。

身份：个人与他人，我们与他们

有三种同时存在并且没有矛盾的现实：物质的、社会的和本体论的。每一个现实都会影响个人和团体，以至于他们会处于存在焦虑和危机的境地。这种**存在的多重性**（multiplicity of being）倾向于一种依赖于存在主义哲学并以此为基础的现象学方法，并陶醉于社会研究的复杂性。

由于荣誉通过提供一个体系来构建社会，在这个体系中，个体通过竞争来被认为是有社会价值的，它强化了身份主义的多元结构。[1] 因此，荣誉将身份政治化。身份的形成要求个体通过区分相似性和/或差异性，并在政治上以"我们"或"他们"、"自我"或"他者"的身份与他们接触，与外部主体建立联系。施米特对政治和主权的概念化非常适合这项研究：

> 所有政治活动和政治动机所能归结成的具体政治性划分便是朋友和敌人的划分……朋友和敌人的划分表现了最高强度的统一或分化、联合或分裂。它能够在理论上或实践中独立存在，而不必同时借助任何道德、审美、经济或其他方面的划分。政治敌人不一定非要道德邪恶或审美丑陋；他也不一定非要以经济竞争者的面目出现，甚至与政治敌人拥有商业来往会更加有利。然而，政治敌人毕竟是外人，非我族类；他的本性足以使他在生存方面与我迥异。因此，在极端的情况下，我就

---

1 Prozorov, "Generic Universalism in World Politics: Beyond International Anarchy and the World State."

可能与他发生冲突。[1]

施米特向我们展示了政治关系的基础是我们和他们之间身份差异的形成。施米特说的朋友是和你一起组成我们这个团体的个人，或者是海德格尔所说的共在。[2] 而他者（他们）是一个群体，个人与他们没有群体联系，或者与他们的联系在给定的关键时刻是不重要的。

身份是通过自我内化为社会群体而形成的。它可以由个人通过附属过程形成，或者作为一种将社会组织成可管理的群体的方式，由他人铭刻在自我身上。团体关系网、成员身份和结构性铭刻形成了一个结出政治果实的社会现实。[3] 一种政治关系并非每个行动都旨在消灭另一种政治关系，但它构成了一种与另一种政治关系相分离的关系，在这种关系中，后者的存在对于前者的存在来说是不必要的。[4] 如果没有形成普罗佐洛夫主张的保留在乌托邦范围内的通用普遍主义（generic universalism），群体和身份就会形成，并同时团结和分裂人民。[5]

萨缪尔·巴金（J. Samuel Barkin）提出了一个论点，强调唯物主义如何在将国际关系理论中的现实主义和建构主义结合在一起的过程中与理想主义形成对立。[6] 权力政治是相对的，因为

---

1 Schmitt，*The Concept of the Political*，26 - 27.
2 Martin Heidegger，*Introduction to Metaphysics*，trans. Gregory Fried and Richard Polt，Yale Nota Bene edition（New Haven，CT：Yale University Press，2000）.
3 Simmel，*Conflict and the Web of Group-Affiliations*.
4 Schmitt，*The Concept of the Political*.
5 Prozorov，"Generic Universalism in World Politics：Beyond International Anarchy and the World State,"243 - 245.
6 Barkin，*Realist Constructivism：Rethinking International Relations Theory*，18.

它是关于一个人如何使用某种资源或某人来实现目标的。因此，只有在确定其相对于其他权力的抵抗能力时，它才是可行的概念。权力政治是相互联系的，因为"权力的对象是代理人"，即正在审视体系中的其他人。[1] 巴金指出，现实主义者和建构主义者都将权力政治视为社会，并驳斥了建构主义内在的温特式理想主义。[2]

> 政治……需要能动性，而能动性又需要思想和实质。能动性需要思想，因为没有思想作为动力，就没有能动性，只有惯性和反应。它之所以需要实质性，是因为最终人们不能放弃对人类物质生理的假设。[3]

团体的能动性在于它的物质基础——个体成员。一个共同的目标是通过共享的关系身份和形成群体理想的价值观形成的。身份等级是在荣誉准则中建立的，并由其他成员执行。

社会建构主义认为世界是共同构成的，个人创造群体，群体亦创造个人。正如奥诺夫（Onuf）所言："社会关系把人——我们自己——塑造成我们所是的那种人。相反，我们通过做我们彼此做的事情，说我们彼此说的话，来创造这个世界。"[4] 共同构成的过程依赖于不同的个人和大众之间的紧张关系。要使个人有意义，一个人必须被一群模糊不清的人认为拥有非凡的价值。这一

---

1 Barkin, *Realist Constructivism : Rethinking International Relations Theory*, 18 - 19.

2 Ibid.; Wendt, *Social Theory of International Politics*.

3 Barkin, *Realist Constructivism : Rethinking International Relations Theory*, 36.

4 Nicholas Onuf, "Constructivism: A User's Manual," in *International Relations in a Constructed World*, ed. Vendulka Kubalkova, Nicholas Onuf, and Frank Klink (Armonk, NY: M. E. Sharpe, 1998),59.

含义定义了人们如何看待个体，因此个体可以遵循既定的途径来获得期望的身份，或者可以主张对社会制度进行修正，并获得具有期望价值的新身份。[1]

福柯的生命政治学（biopolitics）理论通过荣誉过程发挥作用。生命政治学在一系列收益递减中绑架整体中的个体，其中"人类的存在被重新塑造为一个工程，被赋予一个身份，服从权威，并被授予一个目的论的**终点**"[2]。生命政治学是微妙的；它旨在通过指定和构建人们应该如何行动，并向他们灌输思想以使系统永久化，从而培养成员的自觉服从。[3] 生命政治学是有效的，因为荣誉引人入胜。[4] 为了属于某个荣誉团体，个体不是将主权转让给团体，而是将主权转让给某种行为准则；行为准则简化了决策过程，并提供了被社会重视的蓝图。

作为价值身份的荣誉

身份是社会关系的一个角色，个体要么主动承担，要么被动接受强加于他或她的身份。身份为个体提供了与他人交往的方式，使他们能够期待特权，并赋予他们社会价值。身份具有社会价值，其中有些是高需求的。保持身份需要维护。人们期待着荣

1　Julian Pitt-Rivers，"Honour and Social Status，" in *Honor and Shame : The Values of Mediterranean Society*，ed. John George Peristiany（Chicago，IL：University of Chicago Press，1966）.

2　Sergei Prozorov，*Foucault，Freedom，and Sovereignty*（Burlington，VT：Ashgate，2007），7.

3　Michel Foucault，"The Subject and Power，" *Critical Inquiry* 8，no. 4（1982）.

4　荣誉是诱人的，个体可以加入多个荣誉团体来满足他们对社会价值的不安全感。一个人归属的荣誉准则越多，他的行为就越有可能被严格控制，直到生活的方方面面都被社会规则所建构。

誉来赢得他们的价值。为了被认为是典范，我们必须为团体提供一个榜样。这一过程始于一个群体，该群体规范地重视其成员的某些特征、特质和行为。被积极评价的代表"好"，被消极评价的代表"坏"；正面和负面价值品质的结合是特定群体的**价值体系**（value system）。在很大程度上展现"善"的群体成员可能会被公开表彰，并被培养成该群体所青睐的价值典范。那些在很大程度上表现出"坏"的人可能会被公开羞辱，并被提升为不受欢迎的价值典型，以提供一种警示。

通过公开将个体与所讨论的价值联系起来，团体将个人认定为具有该行为的特征。价值成为个人的一部分，社会价值与个人的卓越联系在一起。在一个被称为**隶属荣誉**的过程中，被授予荣誉的团体成员会从他们的成员资格中获得相应的荣誉。[1] 荣誉是人们在社会上的价值，是社会存在。一个人如果没有融入一种关系性的身份，没有敞开心扉去接受荣誉和羞耻，他就没有价值、没有意义，实际上是一个社会的非存在（non-being）。[2]

荣誉是一个过程，通过这个过程，个体被群体赋予了独特的社会价值。这些社会价值是形成规则的例外——卓越（distinction）的典范。通过卓越获得荣誉是一种社会契约行为。荣誉是稀有的，越稀有的荣誉，其价值就越大。[3] 个体通过荣誉形式的价值积累获得公职。团体获得了一位公众人物，他因群体的主权

1　参见本书第 8 章。

2　Sartre，*Being and Nothingness : An Essay on Phenomenological Ontology*.

3　Pitt-Rivers，"Honour and Social Status"；Hans Speier，"Honor and Social Struc-ture," in *Social Order and the Risks of War : Papers on Political Sociology*（Corn-wall，NY：George W. Stewart，Publisher，Inc.，1952）. 这是贯穿荣誉话语的共同主题。

决策而拥有一个有价值的身份和卓越的主张。[1] 个体拥有权力、能动性和主权的意愿，以换取被他/她的新领导者和团体的其他成员评价和认定为"更好"的公民。[2]

卓越是与众不同的关键，也是群体应该效仿或避免的典型价值观。尽管卓越可以通过多种方式实现，但正是社会话语的过程将卓越标记的行为转化为荣誉。[3] 荣誉团体成员之间的交流是个人传递信息的方法，最终必须通过语言才能实现。

文字是有价值的。正如福柯提到的，正是这些文字背后的意义形成了主题，并把文字塑造成一种力量，赋予其权力。[4] 没有一个词语在话语中是孤立的，因为其他词语需要定义每个词语——它们相互渗透，形成一种整体语言。荣誉的过程就是将从词汇中获得的价值赋予每个人。它们成了带有特殊荣誉的文字价值的典范。然而，这一过程并没有到此为止。它不仅仅是文字的绝对价值，还有由实例化表现所代表的理想，即**应当**有的价值。也可能存在与每个价值相关联的负面和/或正面内涵，使得理想价值具有相关联的规范性附件，由此该价值的范例将同时是"好""坏"或"邪恶"。同样，这不是过程的结束，而是一个回避问题的立场，"在多大程度上"？有多好？有多糟？在这个价值尺度上，某个人作为特定价值的典范的相对位置是什么？

1　Jean Jacques Rousseau，*A Discourse on Inequality*，trans. Maurice Cranston（London，UK：Penguin Books，1984），62. 卢梭明确地将高尚的个人与群体之间的契约关系视为一种价值增值的共生关系。

2　Prozorov，*Foucault，Freedom，and Sovereignty*，105－106.

3　Bourdieu，*Distinction：A Social Critique of the Judgment of Taste*.

4　Michel Foucault，*The Archaeology of Knowledge*（New York，NY：Vintage Books，2010），35.

　　我们已经表明，价值观可能具有以下品质：规范性、绝对性、理想性和相对性。绝对位置是可以定义和测量的位置。理想的形式是绝对的，代表着价值的最终地位和内在化，实际上除了价值之外什么也不是。价值的相对性通过区分价值在与所述价值相关联的不同个体中的绝对位置来体现。价值观本身可以承载规范的匹配。海德格尔将价值的重要性追溯到柏拉图的指代，即"思想的观念（最高的观念）是观念的开端（*idea tau agathou*），是善的观念"。[1] 善是一种标准，并成为应当。一种应当必须来自一种本身就是价值的东西。"价值为所有生活领域提供了衡量标准。"[2] 尽管萨特和海德格尔都没有将"应当"视为存在，但它构成了表达是什么的基础："正是这种力量，今天仍然维持和支配着我们与作为整体的存在形成、表象（seeming）、思考和应当的所有关系。"[3]

　　不安全感表明现在的情况并不是人们所期望的。有一种观念认为事情可能会有所不同。普罗佐洛夫指出，这种潜力形成了一个规范的药方，说明应当是什么。福柯式自由的训练决定哪个是潜在的目标。[4] 许多个体决定引领身份，这样他们积极提升的机会就增加了。

1　Heidegger，*Introduction to Metaphysics*，211.

2　Ibid.，212.

3　Heidegger，*Introduction to Metaphysics*，217.

4　Prozorov，*Foucault，Freedom，and Sovereignty*.

个体身份的交叉性

荣誉的现象学研究主要关注个体与群体的经验，并从他们的经验中发现方法论与交叉性配对的好处。当一个人属于多个群体时，可能会有相互矛盾的重叠期望。"交叉性从根本上挑战了过去和当代的身份理论，产生了一系列课题，使得人们能够更准确地理解社会互动和经验。"[1] 交叉性可以说起源于贝尔·胡克斯（bell hooks）[2] 的作品，紧接着是金伯利·克伦肖（Kimberle Crenshaw）的作品，他们考察了女权运动中普遍存在的不作为所带来的压迫。[3] 女权主义研究忽视了运动的亚群体，忽视了性别和种族身份的交集——如黑人妇女——如何经历双重身份群体所特有的压迫形式，并区别于黑人或女性群体所经历的压迫。

韦尔登将交叉性视为一种方法工具，并建议将交叉性＋而非仅交叉性的方法作为最佳研究实践。[4] 交叉性＋（Intersectionality-plus）允许考察性别、种族、阶级及其衍生的交叉点。韦尔登承认，在给定的时间内，一些变量会比其他变量更重要。然而，在整个考察过程中，她发现，在进行研究时考察自我内部的所有身份形式是多么困难和严格，并指出很重要的一点是不必要包含

1 Caplan，"The Most Advantaged of the Least Advantaged：The Costs of Trading Precision for Generalizability in Intersectionaliry，" 1.

2 贝尔·胡克斯(bell hooks, 1952—2021)，著名的非裔美国文化批评家、女性主义文化理论家。原名格罗莉亚·瓦特金丝(Gloria Watkins)，bell hooks 取自祖母和母亲的名字，用小写表示重要的不是名字，而是文章的实质内容。——编者注

3 Crenshaw，"Mapping the Margins：Intersectionality，Identity，Politics，and Violence against Women of Color"；bell hooks, *Ain't I a Woman？ Black Women and Feminism*（Boston，MA：South End Publishing，1981）.

4 Weldon，"Intersectionality，" 209.

有些身份，因为最终的结果将是一种"无限的倒退"，在这种情况下，"只剩下个体"。[1]

虽然交叉性被描述为结构不平等的标志，但其效用的概念性最终结果是个体。这意味着概念及其运用在方法上的分离。从概念上说，交叉性表明了不同地位的重要性，这种地位的最终现实（在社会情况下）在于个体与群体的比较。

我从卢曼那里得到了一些启示。他主张通过概念化群体、特质、特征等，可以从他者中区分出一些新的东西。[2] 我们根据已经阐明的标准召集一个团体。这是该团体强加给个人的成员资格。我们这样做仅仅是将个人置于一个统计参考点之下。这种行为是社会科学研究者和研究对象之间权力不平等的结果，这是后现代建构主义学者提出的观点。[3] 然而，通过强调某个群体的重要性，我们将我们的价值推到了一个可能不认为我们的区别很重要的境地。按照韦尔登的说法，"社会结构相互影响的方式随空间和时间而变化。"[4]

为什么？它们为什么不同？因为社会与个体是共构关系，并且不断地相互重新评估。将交叉理论与荣誉联系起来有两个重要的好处。第一，它确认了个体在此时此地的终极还原点。这种确认将可信度扩展到政治理论中的一个新趋势，即主权总是存在于个人层面，尽管一个人可能决定服从另一个人的意愿，但主权的

---

1 Weldon, "Intersectionality," 197 – 198.

2 Niklas Luhmann, *Theories of Distinction : Redescribing the Descriptions of Moderni-ty*, trans. Joseph O'Neil, et al. (Stanford, CA: Stanford University Press, 2002), 116.

3 Barkin, *Realist Constructivism : Rethinking International Relations Theory.*

4 Weldon, "Intersectionality," 208.

意愿总是潜在地存在。

不受限制的身份

交叉性的重要性是概念上的——生活的体验是不同的，不仅基于时间和空间，还基于成员和与多个社会群体的联系，这些群体的结合本身就是一种区别。交叉性发展到极致会得出这样的结论：基于社会群体的独特组合，个体体验生活的方式是不同的。

森的竞争从属理论形成了一种结合，这种结合体现在个体意志与群体的团体化意志的相互作用中。这种结合沉浸在复杂性中，但考虑到人类有泛化的倾向，因此允许个体之间、个体与群体、群体之间关系的简单性。[1] 承认个体存在的影响并不限制研究群体的交叉能力，但它确实要求学者们阐明什么是被研究的交叉，以及为什么特定的交叉是有趣的。

如果我们考虑到一系列的个体行为，我们可以接受这样一个事实，即个体并不总是作为个体来运作，而是在很多情况下会接受他们的群体身份。这种情感认同可能有无数的原因，比如在人群中迷失自我（勒庞），经历一场爱的结合（舍勒），因为在一个团体中被强加成员身份而从被围困的心态中与他人做出反应（埃涅阿斯），或者通过一个人所属团体的优秀来寻求隶属荣誉（斯贝尔）。[2] 关键不在于将原因投射到情境上，而是观察情境，以便

1　Sen，*Identity and Violence*.

2　Aineias Tacticus，"How To Survive Under Siege," in *Aineias the Tactician：A Commentary*，ed. John H. Betts（London，UK：Bristol Classical Press，c. 350 BC；reprint，2002）；Gustave Le Bon，*The World in Revolt*，trans. Bernard Miall（New York，NY：Macmillan，1921）；Speier，"Honor and Social Structure"；Scheler，*On Feeling，Knowing，and Valuing*.

发现为什么在那个关键时刻某个特定的身份对某些人来说变得至高无上。在那个关键时刻，要么是个体的某个特定部分被要求成为某个团体的更紧密的成员，要么是个体内部成员和从属关系的某种交叉性与特定身份的更强关联。绝对的情感认同会导致个体丧失能动性和主权。

然而，就群体动态而言，个体的交叉性可能被证明是增长知识的。反抗始于个人对自我存在的压迫的反抗。革命迫使一个团体的成员决定他们将在哪里放弃主权，从而迫使他们恢复其主权决策地位。[1] 在这方面，被证明最重要的不是从特权或压迫的位置和在感知的规范内运作的个体，而是被排除在团体以外的人（outliers），即那些统计上无足轻重的个人，他们在时间和空间上的处境和位置不允许他们追随大众。

荣誉的社会含义超越了统治和压迫，当与竞争联系结合时，从个体和群体的角度反映了自愿和非自愿的联系。[2] 身份和通过与他者的区别而强加的群体成员身份是现实被视为平衡紧张的另一个例子。

荣誉是将身份和价值联系起来的社会过程，在个人和群体中创造**作为身份的存在**（being-as-identity）。荣誉提供了一种逃离社会虚无的方式，这种方式表现为排斥、放逐和处决。[3] 将荣誉与独特的交集联系起来，可以让我们审视作为社会精英的杰出人士，这种杰出人士表现为一个独特的阶层，也可以让我们探索普

---

1 Schmitt, *Political Theology : Four Chapters on the Concept of Sovereignty.*

2 Brennan and Pettit, *The Economy of Esteem : An Essay on Civil and Political Society.*

3 Ashley and Walker, "Introduction: Speaking the Language of Exile: Dissident Thought in International Studies."阿尔贝·加缪的著作全面考察了这一现象。

通人相对于同龄人而言表现出的优秀的自豪感。荣誉为个人提供
了提升社会地位的主动性以及积极接受群体中不公正的自豪感。
人们可以在某件事情上出类拔萃，并从中获得荣誉，不管这件事
有多小，都会激励人们信从整个体系。

存在是复杂的，是一个多重性的存在，它必须并且确实时时
刻刻平衡物质、社会和本体的需求。每一个时刻都包含了一个个
体的交叉性，在这一点上，自我是从它的一个、一些或所有的组
件迭代中同时得到的，无论有或没有矛盾。这种复杂性有助于我
们理解加缪的荒谬和尼采的虚无主义。荒谬的是，个体可能被贴
上一种身份标签，他们觉得这种身份对他们内在化的本体存在是
一种诅咒。如果一个人在某种程度上努力成为第一或最好，但是
先例行为从来不被认为是值得尊敬的并让这个人失去了荣誉，那
么他或她可能会对不能让别人承认他或她的例外声明充满怨恨。[1]
把存在看作一个随时关闭的开关已远远不够。相反，它必须被视
为来自自我多次重复的光源，许多开关形成一个具有不断变化的
色调和强度的统一发光体。

作为过程的荣誉

荣誉体系的复杂性在于它的力量，因为它为个人的杰出提供
了更多的机会。通过不关注个人荣誉系统的细节，仍然有可能确
定荣誉的程序性要素，以检验荣誉作为一种普遍的功能。如上所
述，在决定判断什么和如何判断时，社会总是处于个人和群体之

---

1 Nietzsche，*On the Genealogy of Morals and Ecce Homo*；Max Scheler，*Ressenti-ment*，ed. Andrew Tallon，*Marquette Studies in Philosophy*（Milwaukee，WI：Marquette University Press，2007）.

间的平衡紧张状态。因此，在完全分离的个体的内部过程和个体与群体之间的外部过程之间必须有一个分界线。

荣誉的外部过程对社会的等级结构进行了划分。因此，必须有程序来增加和减少一个人的社会价值。由于时间只在一个方向起作用，只能绝对地获得这些价值；必须有一个获得积极价值的过程和一个获得消极价值的过程。只要荣誉与身份相关，就必须有一个过程来要求、融入和维护特定价值身份。还必须有一个过程来展示个人和团体如何相互受益。因为荣誉准则对一个群体来说是孤立的，所以必须有一个过程，通过这个过程，一个外在的他者可能被确定有能力获得荣誉，或者他或她的准则在接受社会价值之前被评估。探索荣誉如何超越时间和空间来提供意义也是必要的。

荣誉的内部过程探索个体与他人的联系。必须有一个过程来确定荣誉准则的价值融入成员中的深度，以确定荣誉对个体有多重要。因为荣誉是一系列的社会过程，这些过程通过外在的他者把价值记录在个体身上，并且因为个体可以把自己视为他或她自己的对象，个体就能够把社会价值记录在他或她自己身上，这个过程需要概念化。

荣誉的普遍过程在我们的社会世界中产生意义。这一过程让人们知道他们对他们的团体意味着什么，以及团体对他们意味着什么。荣誉是对那些只在社会现实中表现出来的群体成员的激励。个体与团体、追随与引领、重视与被重视之间的紧张关系是动态的，平衡也在不断地被重新配置。这种紧张产生了荣誉的政治维度，个体必须决定社会需求在何时何地重叠，他们是谁，他们不是谁。荣誉要求个体宣示政治关系，而不是打破规则。

第 4 章　声望

> 荣誉……是对自己的言语的某种肯定，是对某些人
> 德性光芒的评价，是由好人的评判所决定的。因此，我
> 们假定他拥有卓越的德性。[1]

积极的垂直荣誉

声望（Prestige）是一种荣誉的概念，正面地影响着个体在群体中的等级社会价值。声望是一个外部团体授予某个成员荣誉的过程，以表彰其在被该团体认为是善的行为和品质上取得或表现出的卓越。声望有着深刻的理论根源。尽管有许多原因，但它是个体如何获得积极的社会价值和卓越的方法。对于这个特殊的概念，我使用了各种各样的词，我使用"声望"并不是因为上面给出的第一个定义，而是因为第二个定义。在人们心目中占据一席之地就表明，声望控制着普遍存在的等级化社会价值的内在化。声望是提醒大众谁是精英群体的工具。

通过考察斯图尔特对荣誉的理论处理，垂直荣誉很明显是积极向上的社会流动的统称："垂直或积极荣誉，［是］那些优越的人享有的特殊尊重的权利，无论是凭借他们的能力、他们的社会地位、他们对社区的服务、他们的性别、他们的亲属关系、他们

1　Robert Ashley, *Of Honour* (San Marino, CA: Huntington Library, 1947).

的办公室或任何其他。"[1] 一个人可以因为任何事情获得荣誉，只要其对授予荣誉的君主有价值并被认为是有德性的。在斯图尔特的定义中，我们发现垂直荣誉包括能力、职位、服务、不变的生理特征、出身、职业，以及最重要的"任何其他"。[2]

尊重个体的理由很多，这也是在以前的文献中考虑荣誉形式划分的来源。塞申斯的荣誉划分更多地涉及授予声望的原因，而不是过程。如果我们把注意力集中在他的概念上，我们不仅能更清楚地看到声望是如何获得的，而且还能看到这样一个事实，即有多种方法可以用来衡量一个人与同龄人的关系，这混淆了一个给定社会的简单等级图谱。塞申斯的三个与声望最直接相关的概念都位于他的"边缘"：**授予荣誉**、**认可荣誉**和**职位荣誉**。[3]

授予荣誉是出于授予团体高度重视的原因。它是在属性的基础上授予的，这是塞申斯的一个重要区分，也是表彰荣誉的陪衬，仅仅是对卓越价值的公开展示。这种区别充其量是模糊的。塞申斯认识到荣誉授予者的荣誉会立即使荣誉接受者处于低于授予者的地位。[4] 这与斯贝尔将荣誉指定为社会主权，并将荣誉指定为社会控制的一种手段是一致的，这种社会控制是通过给予个人区别并将其价值与所述区别相联系来实现的，这种区别与他们在群体中的身份以及他们对该群体主权所设定的规范的认同是一

---

1 Frank Henderson Stewart，*Honor*（University of Chicago Press，1994），59.

2 Ibid.

3 William Lad Sessions，*Honor for Us：A Philosophical Analysis*，*Interpretation and Defense*（New York，NY：Continuum，2010）.

4 Ibid.，12.

致的。[1] 这并不否定通过**授予荣誉**获得积极社会价值的现实；它只是说**授予荣誉**是价值，其取决于维持现状的规范。价值的改变会导致某些行为、特征和特性曾经拥有的价值突然蒸发。

在这方面，塞申斯之所以相较**卓越**更加重视**认可荣誉**，是因为它是一个特定行为、特质或特征的典型代表。但是**认可荣誉**本质上比**授予荣誉**更好吗？塞申斯认为，任何事物的卓越都是对**卓越**的应有认可，而行为者或拥有者仅仅作为展示这种卓越的工具而获得价值。[2] 然而，一个人可以在某项行动中表现出色，却不会因此而获得荣誉，或者会因此而获得不名誉和/或羞耻；如果任何事情都可以成为通往荣誉的途径，那么任何事情都可能导致羞耻、不名誉或被社会忽视。

由于文献中关于荣誉的非标准化论述，从表面上看待塞申斯的概念划分变得更加棘手。达尔沃将尊敬（这个术语被认为是荣誉的同义词，也是一个具有巨大影响力的划分）分为两种形式：**认可尊敬和评价尊敬**。[3] 这两种形式的认可并不一致。达尔沃的认可尊敬与个人尊严的理论更加吻合："这种尊敬被认为是所有人应得的。"[4] 然而，认可尊敬并不仅限于此；它还包括对正式身

---

1 Hans Speier, "Freedom and Social Planning," in *Social Order and the Risks of War* (Cornwall, NY: George W. Stewart, Publisher, Inc., 1952); Hans Speier, "Honor and Social Structure," in *Social Order and the Risks of War* (Cornwall, NY: George W. Stewart, Publisher, Inc., 1952).

2 Sessions, *Honor for Us: A Philosophical Analysis, Interpretation and Defense*: 14 – 17.

3 Stephen L. Darwall, "Two Kinds of Respect," in *Ethics and Personality: Essays in Moral Psychology*, ed. John Deigh (Chicago, IL: University of Chicago Press, 1992).

4 Darwall, "Two Kinds of Respect," 67.

份的尊敬，包括等级和阶级以及关系身份，如父亲和雇主。[1] 因此，达尔沃的认可尊敬是人类尊严和塞申斯的**职位荣誉**的融合。[2]

达尔沃的**评价尊敬**与赛申斯的**认可荣誉**一致，因为它是对"人的卓越"的认可。[3] 达尔沃在态度上划分了他的两个尊敬概念。认可尊敬来自具有规定的预期行为模式的社会规范。评价尊敬仅仅通过绝对的卓越就能获得："它不能依赖于这样一个事实，即个人由于其特质，为自身的利益或目的服务。"[4] 达尔沃和塞申斯都强调卓越中有超越社会相对主义的东西，卓越因任何经过审视的模范的行为、特征或特性而闪耀。虽然我同意这种观点，即艺术或艺术的表达是有道德的，但我不同意一个社会会不厌其烦地将社会价值附加到群体价值体系之外的优秀事物上。[5]

《伊利亚特》的文本强调卓越是值得尊敬的。荷马花了大量的时间来说明谁杀了谁，强调那些因杀死其他有名的战士而获得更大荣誉的有名的战士。虽然普通人也进入了《伊利亚特》的视野，但并不占据显要位置。强调声望的最明显表现是在帕特洛克罗斯（Patroclus）的葬礼游戏中。阿喀琉斯（Achilles）提供的游戏不仅是为了纪念他的朋友，也是为了让希腊人进行友好竞争，并因杀人以外的行为而获得荣誉。荷马强调卓越不仅是社会

---

1 Darwall，"Two Kinds of Respect，" 66 – 68.

2 Ibid.；Sharon R. Krause，*Liberalism with Honor*（Cambridge，MA：Harvard University Press，2002）；Sessions，*Honor for Us：A Philosophical Analysis，Interpretation and Defense*.

3 Darwall，"Two Kinds of Respect，" 74.

4 Ibid.

5 Michael A. Weinstein，*Finite Perfection：Reflections on Virtue*（University of Massachusetts Press，1985）. 真正的德性在本体论上倾向于帮助个体面对荒谬，而不是为所有社会定义"善"。

价值的体现，也是象征这种荣誉的标志。

> 阿喀琉斯／把所有人都留在那里，让他们坐下。／然
> 后他从船上搬来了奖品：／大锅（Cauldrons），三脚鼎，
> 马，骡子，牛，／束腰的女人，和灰铁。／首先，他为战
> 车比赛设置了奖品：／一个手艺高超的女人／和一个 22
> 加仑带把手的三脚鼎／作为给第一名的奖品；第二名，
> 一匹母马，／六岁，未经驯服，怀着一匹骡子驹；／第三
> 名，一口美丽的大锅，未烧过的／容量四加仑，闪亮簇
> 新；／第四名，两塔兰特金条；／第五，一个未烧过的双
> 耳罐。[1]

奖品的价值随着名次的下降而减少。然而，奖杯只授予那些
有名次的个人，更重要的是，授予那些参赛的人。声望是荣誉的
概念，尤其是作为评价尊敬的化身，它要求行动，即使行动反映
了一个人的身份认同。声望要么通过遵循既定的荣誉之路获得
的，要么通过优先建立新的荣誉之路获得的，而不能通过无所作
为获得。

卓越≠声望

我们可以以投资金融，尤其是"神话般"的法布里西奥·图
尔（Fabricio Tourre）为例。图尔是前高盛债券交易员，擅长创
造和销售由次级抵押贷款支持的衍生品。在美国参议院做证和被
证券交易委员会指控欺诈之前，图尔是一位富裕的华尔街投资银

1　Homer，*Iliad*，trans. Stanley Lombardo，Kindle edition（Indianapolis，IN：Hack-
ett Publishing Company，1997），447.

行副总裁。他赚取了大量财富，这是西方社会和美国社会地位的象征——在商业文化中，在他的同行债券交易者中也是如此。图尔曾在高盛工作，这是一家很有声望且与同行相比评价很高的公司，图尔通过与高盛的隶属关系从中受益。然而，高盛出售衍生垃圾债券在美国房地产市场造成了经济泡沫，当泡沫破裂时，引发了一系列社会事件，估计损失达 40 万亿美元。[1] 图尔的多重身份包括：高盛副总裁、金融家和华尔街内部人士。这些身份与来自他职位声望的隶属荣誉捆绑在一起。[2] 精英身份让他鄙视和/或无视职业荣誉群体之外的人。他专业地将对冲基金从其敏锐地判断为有毒的（或者用他的话来说是，"糟糕透顶"［shitty］）担保债务凭证（CDOs）中驱逐出去。[3] 这还不够，他通过与美国国际集团的信用违约互换来做空这些债券，从而让高盛以牺牲客户利益为代价获得双倍利润。[4]

　　图尔的行为堪称完美，因为他在金融危机中为自己和公司创造了财富。然而，荣誉是一个公开的问题，他的行为不仅会在华尔街得到裁决，还将受到美国人民的裁决，而美国人民尚未对这种行为的价值做出裁决。图尔和高盛在声望上遭遇了基于优先权

1　Michael Moore，"Capitalism: A Love Story，"（USA: Anchor Bay，2009）；Charles Ferguson，"Inside Job，"（USA: Sony，2010）.

2　James Bowman，*Honor : A History*，Kindle edition（Encounter Books，2006）；Hans Speier，"Honor and Social Structure，" in *Social Order and the Risks of War : Papers on Political Sociology*（Cornwall，NY: George W. Stewart，Publisher，Inc.，1952）.

3　Myglesias，"Fabulous Fab's Damning Email，" http://www. bullfax. com/? q = no-defabulous-fab%E2%80 %99s-damning-emaiI. Accessed July 1，2011.

4　Saira Nayak，"The Fabulous Fab-FTC Connection，" http://thebalanceact. word-press. com/2010/04/27Ithe-fabulous-fab-ftc-connection/.

的分歧。声望可以通过复制和人格化已确立的群体价值观或通过新的主张来获得。后者要求个人从现在起为某个群体所重视的事物提出理由，并被授予要求荣誉身份的权利。[1] 这种形式的商业还没有被广大公众认为是优秀的，虽然他的行为可能已经被视为仅在利润动机方面的典范；公众不会屈尊将他的行为纳入价值体系，并因此对他表示敬意。反之亦然。华尔街金融家的声望来自一种主流的期望，即金融家不会以牺牲自己的客户为代价来获利。[2] 图尔的错误似乎源于他的假设，即他作为金融家在华尔街享有的声望将使他免受在这两个世界中实际上不存在的大多数的意志的影响。[3] 金融运行在不同的利润不安全感上；底线掩盖了几乎所有其他的考虑。荣誉系统很少如此纯净。然而，华尔街并不是孤立存在的，在一个享有盛誉的子集团中的卓越表现可能会被整个团体视为可耻或不光彩。

声望结构

声望可以被最准确地认为是一种可接受的社会流动结构，它使用的是一个群体明确捍卫的相互交织的价值观体系。为了维持群体的现有价值体系，领导层以声望的形式提供荣誉，作为一种激励，不仅是为了信从该体系，也是为了延续该体系。试图改变

1　Julian Pitt-Rivers，"Honour and Social Status，" in *Honor and Shame：The Values of Mediterranean Society*，ed. John George Peristiany（Chicago，IL：University of Chicago Press，1966），24 - 26.

2　James Kwak，"SEC Charges Goldman with Fraud，"（2010），http：//www.bullfax.com/？q = node-sec-charges-goldman-fraud. Accessed July 1，2011.

3　Pitt-Rivers，"Honour and Social Status"；Stewart，*Honor*.

现状是通过声称先例和反叛来实现的。[1] 前者标志着官方价值体系的改变，后者标志着对它的彻底厌弃。

由于声望是基于一系列标准的个人等级排序，这些标准决定了一个团体所定义的卓越，它是一种明确的荣誉形式，通过培养一种等级制度以提升该团体的某些品质和行为，在这个制度中，地位是有争议的。声望是封建制度中的一个术语，在这种制度中，婚姻和家庭关系能够根据血缘关系将一个家庭置于更高或更低的等级。[2] 在封建制度被削弱的领域，成为精英在理论上已经变得普遍可行，例如在现代国家，声望已经与一个人的职业联系在一起。

"声望部分包括另一个人对一个人的主观评价以及评价的相互影响的结果。"[3] 正如格拉斯米克（Grasmick）所解释的那样，声望系统必然是有等级的："声望的表达只能发生在一个评价性的情境中，在这个情境中，自我在某些维度上认为变化比他自己更好、相等或更差。"[4] 然而，荣誉系统不一定是一维的。系统越

---

1 Krause, *Liberalism with Honor*; Speier, "Honor and Social Structure."

2 David D. Gilmore, *Honor and Shame and the Unity of the Mediterranean*（American Anthropological Association，1987）; John George Perisriany, *Honour and Shame : The Values of Mediterranean Society*, ed. Julian Pitt-Rivers and Ernest Gellner, *The Nature of Human Society*（Chicago, IL: University of Chicago Press, 1966）; John George Peristiany and Julian Pitt-Rivers, *Honor and Grace in Anthropology*, ed. Jack Goody, et al., vol. 76, *Cambridge Studies in Social and Cultural Anthropology*（Cambridge, UK: Cambridge University Press, 2005）. 有许多关于血缘和通过保持规范来维持社会的参考文献。我认为佩里斯蒂亚尼的内部文章是对这一层面声望的极好介绍。

3 Harold G. Grasmick, "The Occupational Prestige Structure: A Multidimensional Scaling Approach," *The Sociological Quarterly* 17, no. 1 (1976), 90.

4 Ibid., 91.

复杂，真正的和可感知的进步机会就越多。

　　学术文献中在上述方面经常讨论的一种声望形式是学术声望（毫不意外）。因为确定声望的方法是为了促进竞争，从而增加声望行为，所以个人和团体可以利用声望的框架来提高他们相对于同龄人的地位。这里的声望是个人和机构相互关联的过程，在这个过程中，人们对质量和优势的看法有升有降。学术机构的排名都在上升。学生不仅能在内部，而且在网站上对各级教师进行评估。期刊则根据引用、发行量和学科的"影响力"来排名。根据包括科研、师生比、资源和教授的研究在内的多种因素，学术机构被归入"同辈群体"（peer groups）。声望结构主要集中在定性和定量的研究和资源（教职工和资本）。

　　斯科特·哈特森（Scott R. Hutson）关注的是作者的自我引用，作者引用自己的作品是为了增加他们作为个体的"影响因子"。[1] 在阿齐兹·谢赫（Aziz Sheikh）看来，还应该将那些获得声望但没有"道德要求"成为研究者的个人，以及在研究中未能引用其知识产权但主要作者拒绝承认的个人包括在内。[2] 他建议将声望的传播细化为对出资人的审查。在审查中，各方的行为在最后一篇文章中单独阐述。[3]

　　瓦尔·布里斯（Val Burris）将学术重点放在声望上，将其视为一种等级复合体，考察"学科内荣誉和认可的标志：最负盛

1　Scott R. Hutson, "Self-Citation in Archaeology: Age, Gender, Prestige, and the Self," *Journal of Archaeological Method and Theory* 13, no. 1 (2006).

2　Aziz Sheikh, "Publication Ethics and the Research Assessment Exercise: Reflections of the Troubled Question of Authorship," *Journal of Medical Ethics* 26, no. 6 (2000), 423.

3　Ibid., 423 - 424.

名的期刊和出版社的出版物、专业协会的办公室、学术团体的成员资格、受邀演讲、荣誉学位等"。[1] 他断言声望的物质成分并不存在于真空中，而是依赖于社会层面的敬重。"因为对学术声望的判断在某种程度上总是自我参照的，一个院系的扩大的'亲缘'网络越大，该学科中越多的教师就会将自己的地位要求与肯定该院系的声望联系在一起。"[2] 因此，将声望授予与他人分享社会关系和团体联系的人，将会增加或至少捍卫自己的声望。这样，声望就和隶属荣誉联系在一起。

个体的从属关系是声望问题的一个关键组成部分。福格蒂（Fogarty）和萨夫特纳（Saftner）建议，在看待声望时，应该更加强调个体之间以及部门之间的联系，以鼓励对特定机构的积极看法。[3] 他们的研究发现，一个关键因素不仅仅是好的研究或教学实践，而是将博士生作为教员安排到其他部门。将学生安置在能够继续保持他们所在学校声望的位置上的能力，对于持续的质量感知是无价的。一个部门越好，候选人就会被认为越好。安置人数越多，就会有越多的人加入该部门，并通过成员身份与该部门建立联系。这种认同降低了该部门的个人对其评价较低的可能性，因为这样做会导致自我怀疑。因此，在学术声望等级体系中，荣誉支配的一个主要因素是领导现状。

专业领域（professional silos）内的期刊也是如此。例如，政

1　Val Burris，"The Academic Caste System：Prestige Hierarchies in PhD Exchange Networks," *American Sociological Review* 69，no. 2（2004），245.

2　Ibid.

3　Timothy J. Fogarty and Donald V. Saftner，"Academic Department Prestige：A New Measure Based on the Doctoral Student Labor Market," *Research in Higher Education* 34，no. 4（1993）.

治学的旗舰期刊《美国政治科学评论》（APSR）在所有排名指标中均位于或接近榜首。[1] 人们服从它是因为它的排名很高，这使得它具有选择性。它的选择性实际上是获得声望的一个途径，因此它内部的出版物被学术共同体认为是重要的。学术共同体非常清楚谁在上面发表文章，因为美国政治学会（APSA）是该学科的权威专业学会，其成员包括 APSR 的订阅者。与杂志的任何联系都被认为是有益的，包括在编辑委员会的职务，或作为同行评议者的服务。这种服务至少会增加在期刊上发表论文的可能性。

最高荣誉是很稀有的。稀有是特殊荣誉声望的关键——享受它的人越少，它作为一种身份识别的手段就越有吸引力。[2] 声望经常被视为一种需要收集的荣誉。[3] "荣誉"增加了一个人的社会价值和地位；因此，确立的荣誉在特定的框架内是有竞争力的，而优先权（作为第一个获得特定行为的荣誉）并不能保证荣誉群体内的价值得到认可。然而，由于荣誉竞争性地代表社会价值和声望，个人声望结构可能演变成复杂的系统，由此出现子群体，以逃避作为较大系统中相对非存在者的存在。这可以从学科内部的专业化和子领域研究的形式中看出。政治学可以分为几类，包括：美国政府、比较政治、公共政策、国际关系和政治理论。这些领域的分歧可能会更大。学者可能成为政治传播、总统选举、亚里士多德、俄美关系或欧盟农业政策方面的专家。在专业领域的主导地位使个人获得认可，即使这只是在他们的专业领域。这

---

1 "JCR-Web 4. 5 Journal Summary List". Accessed July 1,2011.

2 Pitt-Rivers，"Honour and Social Status."

3 Ibid.；Sessions，*Honor for Us：A Philosophical Analysis*，*Interpretation and Defense*；Stewart，*Honor*.

可能导致不同机构在各自的政治学领域内争论各自领域的重要性，以增强对该群体相对于其他机构的优势的认识。机构也对自己进行分类，以获得更高的荣誉。例如，美国巴特勒大学（Butler University）被分为多个类别：它在中西部地区大学中排名第二，在最佳本科教学中排名第三，在性价比最高大学排名中位列第八，在最值得期待学校中排名第一。[1] 这些身份增加了它的相对声望，但也将巴特勒大学定义为一所价格合理、前途光明、中西部地区的本科教学机构。这与哈佛大学大不相同，哈佛大学在全美大学中排名第一。巴特勒大学表现出色，但竞争范围缩小了。[2] 群体中有个体，群体内还有其他群体，他们都经历了不同程度的学术声望不安全感。

不名誉

声望结构提高了荣誉团体成员按照既定的竞争制度进行比赛的价值。竞争精神不像面子那样是横向的，在这种情况下，成员必然以牺牲其他成员的利益为代价。然而，忽视某些规范会对荣誉群体的声望结构产生负面影响，这种行为被认为是不光彩的。**不名誉**（dishonor，亦指羞辱）是指他者公开拒绝某一客体的价值。不名誉与羞耻（shame）不同（将在下一章讨论），因为它积极地利用一个群体的价值观来消除它。在学术领域，剽窃和窃取知识产权是给个人、学科和学术机构带来不名誉的最明显的方式。

不同荣誉团体对待不名誉成员的方式不同。有的团体可能包

---

1 全美大学排名（"National University Rankings"）。
2 在美国中西部地区的大学中，巴特勒大学排名第二，仅次于内布拉斯加州的克莱顿大学，这是巴特勒大学管理部门在新教师入职培训中强调的一个事实。

含个人可以为"不好的"行为赎罪的过程。有的团体根据不名誉行为的严重程度给予宽限。[1] 还有一些团体通过排斥、流放和死刑（capital punishment）的方式积极地清除不名誉者。不名誉不仅影响到实施行为的个人，而且威胁到整个体系赖以建立的价值基础。不名誉不是一种部分脱离整体的反叛，或一场部分试图改变团体领导的革命，而是一种破坏性的动能、一个毒瘤、一个被遗忘的预兆，并且提醒团体它所提出的价值是理想，并宣称德性没有价值，团体是一种想象，社会不需要本体内在化。[2] 将社会价值内化为本体论价值的倾向被认为是体面的；行为不光彩的人要么很少这样做，要么根本不这样做。我们将他们称为反社会者。[3]

1　Pierre Bourdieu, "Rites as Acts of Institution," in *Honor and Grace in Anthropology*, ed. J. G. Peristiany and Julian Pitt-Rivers, *Cambridge Studies in Social and Cultural Anthropology* (Cambridge, UK: Cambridge University Press, 2005); Maria Pia Di Bella, "Name, Blood, and Miracles: The Claims to Renown in Traditional Sicily," in *Honor and Grace in Anthropology*, ed. J. G. Peristiany and Julian Pitt-Rivers, *Cambridge Studies in Social and Cultural Anthropology* (Cambridge, UK: Cambridge University Press, 2005); Raymond Jamous, "From the Death of Men to the Peace of God: Violence and Peace-making in the Rif," in *Honor and Grace in Anthropology*, ed. J. G. Peristiany and Julian Pitt-Rivers, *Cambridge Studies in Social and Cultural Anthropology* (Cambridge, UK: Cambridge University Press, 2005); Julian Pitt-Rivers, "The Place of Grace in Anthropology," in *Honor and Grace in Anthropology*, ed. John George Perisriany and JulianPitt-Rivers, *Cambridge Studies in Social and Cultural Anthropology* (Cambridge, UK: Cambridge University Press, 2005).

2　Max Stirner, *The Ego and Its Own*, ed. Raymond Geuss and Quentin Skinner, *Cambridge Texts in the History of Political Thought* (Cambridge, UK: Cambridge University Press, 1995).

3　Alexander Welsh, *What is Honor? A Question of Moral Imperatives* (Yale University Press, 2008).

第5章　羞耻

> 人们不成功时，会感到"羞耻"，也就是说，相对
> 于其他人来说，他们会被贬低。[1]

羞耻 vs. 荣誉/声望?

维坎（Wikan）提出过一个论点：羞耻不是荣誉的真正对立面。她反驳了之前的学术观点，论证了自己的观点："羞耻既不是古老的也不是诗意的，而是硬币的反面——或者说是文学会让人相信的反面……荣誉是羞耻的二元对立面并不是不证自明的真理。"[2] 她的前提是荣誉是精英们使用的话语，而羞耻是影响大众日常生活的话语。她的用词方法主要强调使用的数量等同于社会重要性。斯图尔特同意维坎的观点，但出于不同的原因，他说，"羞耻通常被视为一种情绪，而荣誉不是情绪。一种情绪几乎不可能与非情绪的事物完全相反。羞耻的对立面很明显的选择是骄傲（pride）。"[3]

首先，我并不同意斯图尔特和维坎的观点。斯图尔特声称骄

1　David D. Gilmore, *Honor and Shame and the Unity of the Mediterranean* (American Anthropological Association, 1987), 4.

2　Unni Wikan, "Shame and Honour: A Contestable Pair," *Man* 19, no. 4 (1984), 635 – 636.

3　Frank Henderson Stewart, *Honor* (University of Chicago Press, 1994), 129; ibid.

傲是羞耻的对立面，这一观点直击要害，但他并没有为这一观点提供支持。亚里士多德认为荣誉是一种德性，一种融合了骄傲和谦逊并达到平衡的德性。[1] 亚里士多德甚至认为羞耻是一种"准德性"（quasi-virtue）。[2] 我同意亚里士多德的观点，荣誉是一种代表着社会价值的德性。它通过两种方式实现：超越（excelling）和不失败（not failing）。声望是通过超越获得的，不失败则可以避免羞耻。它们是一枚硬币的两面，但也是同一枚硬币。它们并不像维坎声称的那样是对立的，也不像她认为的那样是不相关的；它们仅仅是整体德性的两个过程，代表了个人在社会中的价值。

斯图尔特引用维坎的话说，"至少对一些人来说……主要关心的是羞耻，而不是荣誉"[3]。在我这里介绍的对荣誉的理解中，被羞耻而不是声望的概念所驱使，等同于个人宁愿不消极也不积极。这可能源于获得声望的困难，以及许多人因未能成功而感到羞愧时的轻松。荣誉的稀有确实等同于精英主义，即使是基于功绩。然而，通过隶属荣誉的过程，加入一个团体对个体有好处，在这个过程中，个体获得社会价值不是因为他们的优秀，而是因为他们与精英以及那些出类拔萃者的社会联系。[4]

---

1 Aristotle, "Nichomachean Ethics," in *Introduction to Aristotle*, ed. Richard McKeon (New York, NY: Random House, 1947), Book Ⅲ, D.

2 Ibid., Book Ⅲ, G.

3 Stewart, *Honor*, 128; Wikan, "Shame and Honour: A Contestable Pair," 635 - 636.

4 参见本书第 7 章。

羞耻 VS. 不尊敬

大量的文献表明，尊敬是一个非常关键的概念，我们应该对其进行详细的研究，以解决个体和群体对社会价值的不同不安全感。[1] 这种偏好可以追溯到达尔沃的开创性文章《两种尊敬》（"Two Kinds of Respect"）。在这篇文章中，达尔沃区分了认可尊敬和评价尊敬。如果我们仔细审视他的论点，很难发现他对尊敬的划分与价值理论对客观主义和主观主义范式的划分之间的区别。对达尔沃来说，认可尊敬类似于客观估价，即一个物体内部的品质赋予其价值。达尔沃承认"据说这种尊敬是对所有人的"[2]。他没有解释为什么所有人都有权得到这种尊敬，也没有遵循他自己的论点，而是进一步指出，尊敬基于关系身份。以鲁德尼·丹泽菲尔德（Rodney Dangerfield）为例，丈夫和父亲分别没有从妻子和子女那里得到适当的尊敬。评价尊敬是需要的，但它有两种形式：第一种是所有人都需要的，因为体现他们作为人的价值，我称之为尊严；第二种形式是为了维护一个人的关系身份的面子问题。[3] 鲁德尼·丹泽菲尔德觉得自己无权从朋友那里得到父亲应有的尊敬，如果儿子不尊敬这种关系，在社会上受苦的是儿子，而不是父亲。违背社会规范和习俗的儿子是可耻的。

达尔沃的评价尊敬类似于主观评价，即一个人因其有价值的行为、特征或品质而受到正面评价。[4] 在第 4 章中，评价尊敬已

---

1 Darwall，Appiah，Welsh，Sessions.

2 Darwall，67.

3 尊严在本书第 11 章中有更详细的论述。

4 Darwall，68.

经被显示为授予声望。达尔沃与斯贝尔的不同之处在于，他认为评价尊敬并不要求行为包括忍受、给予或观察，而仅仅是他人尊敬个体的感觉。[1] 这是有充分理由的。如果一个人不观察，就不可能感到尊敬或评价。此外，值得评价尊敬的行为不会被注意到，并且如果它们没有在群体中被公开，也是不可观察的。行动的价值必须赋予必须受到尊敬的人，即使该行为是由个人给予的。

阿皮亚把尊敬和荣誉联系起来是正确的。他明确地把承认尊敬和面子联系在一起："在18世纪和19世纪早期的英国，绅士们应该互相尊敬，这种尊敬是平等的，不是建立在尊重的基础上，而是建立在承认的基础上。"[2] 正如我们在面子问题上所看到的，是你的匹敌者让你遵守规则并给予你应得的荣誉，但他也可能质疑一个成员是否因不符合成员标准而应得此类荣誉。尊敬永远不会得到保证。

《伊利亚特》清楚地展示了尊敬与羞耻之间的区别。内斯特向阿伽门农介绍了一种情况，他没有令阿喀琉斯羞耻，而是使他蒙受羞辱，以免因不给克律塞伊丝（Chryseis）提供赎金而感到羞愧：

> 从那时起，神圣的王子，你不顾他的愤怒和我的反
> 对，从阿喀琉斯的庇护所里夺走了女孩布里塞伊丝
> （Briseis）。/我试图劝阻你，但你屈服了/屈服于你的骄

---

1 Stephen L. Darwall, "Two Kinds of Respect," in *Ethics and Personality: Essays in Moral Psychology*, ed. John Deigh (Chicago, IL: University of Chicago Press, 1992); Hans Speier, "Honor and Social Structure," in *Social Order and the Risks of War: Papers on Political Sociology* (Cornwall, NY: George W. Stewart, Publisher, Inc., 1952).

2 Appiah, 16.

傲，羞辱了一个伟人/不朽者所尊重的人。你拿了他的
奖品/一直拿着。但还不算太晚。即使是现在/我们必须
想办法赢回他/用安抚的礼物和甜言蜜语。[1]

在克律塞斯试图赎回他的女儿后，阿伽门农面临着如何抉择，但
他拒绝了。希腊军队被疾病摧毁，国王们要求阿伽门农将克律塞
伊丝归还给她的父亲，以逃避阿波罗的愤怒。阿伽门农将克律塞
伊丝归还给她的父亲，就会获得羞耻——他将被证明不是绝对成
功的，他必须通过失去他的奖品来弥补他糟糕的判断力。然而，
他没有接受自己的羞耻，而是将代价转移给了阿喀琉斯，从战斗
中夺取了他的战利品布里塞伊丝。阿伽门农拒绝羞耻的过程并凌
驾于之上，这是对阿喀琉斯和希腊东道主的羞辱。作为一个榜
样，他应该是一个行动的榜样，但他认为自己与众不同，并且表
现得很无耻。羞耻和羞辱的根本区别在于对待与自己群体关系的
方式。羞耻是生活的事实。社会将根据每个成员的身份和过去的
行为对他们有所期待。当需要的时候，如果人们不能继续表现出
卓越，他们就会感到羞耻。当人们拒绝在需要的时候使用天赋或
者用它来对抗团队时，他们就羞辱了他们的团队。

化茧成蝶（UP THE DOWN STAIRCASE）

羞耻和声望一起，形成了斯图尔特提出的垂直荣誉的过程。
声望在积极意义上增加了个人的社会价值，而羞耻在消极意义上
增加了个人的社会价值。羞耻有一个绝对的特征；你可以失去羞

---

[1] Homer，*Iliad*，trans. Stanley Lombardo，Kindle edition（Indianapolis，IN：Hack-ett Publishing Company，1997），163.

耻，但它永远不会低于零点。然而，一个人越羞愧，这个群体的社会价值就越低。佩里斯蒂亚尼也许把这种关系说得最好：

> 荣誉和羞耻是评价的两个方面。评价意味着在由分类学理想控制的公认的价值层次中进行选择的可能性。两个行动者的共同理想为评估、交流和预测提供了基础。它提供了一种通用的价值语言。[1]

羞耻是一个过程，在这个过程中，个体获得了负面价值，但羞耻并不需要从群体中分离出来。个体可能是一个如何不行动的典范，但正是通过这种对群体的效用，可耻的个人留在一个社会中——作为对其他成员的警示，告诉他们自己可能会堕落到什么程度。韦伯将罪犯在社会中的角色视为警示羞耻的典范，并指出犯罪将永远存在以维持这种效用。[2]

威尔士将这一观点进一步延伸，将内疚和羞耻作为个体社会化的机制。他认为，服从和尊敬都同时体现在个体身上，没有一种文化是有罪文化或羞耻文化，而是两者同时作为"感觉到的义务"发挥作用。[3] 我同意威尔士的观点。感到羞耻的是那些行为辜负了集体期望的人。不顺从保护群体理想化价值观的荣誉体系的个人会感到内疚，从而导致不名誉。他们一起形成了一种心理

1　John George Perisriany，"Honour and Shame in a Cypriot Highland Village，" in *Honor and Shame：The Values of Mediterranean Society*，ed. John George Perisriany（Chicago，IL：University of Chicago Press，1966）.

2　Max Weber，*From Max Weber：Essays in Sociology*，trans. H. H. Gerth and C. Wright Mills（New York，NY：Oxford University Press，1946）.

3　Alexander Welsh，*What is Honor？ A Question of Moral Imperatives*（Yale University Press，2008），6 - 10.

上的威慑，反对个体成员在群体中施加他们不受约束的意志。[1]

羞耻是自我潜能的普遍降低。就像达摩克利斯之剑一样，它悬挂在所有公民的头上，作为对个人意志投射的警告。尼采谈到了这一点：羞耻是欠社会的债，它先于个体成员，个体成员通过成员资格获得荣誉。[2] 羞耻是一种社会惩罚的过程，"它驯服了人们，但并没有让他们'变得更好'"。[3] 尼采说羞耻只会降低一个人的社会地位，因此回避羞耻是一种动机。尼采可能会声称羞耻是一个源于怨恨的过程，它抑制了"金发野兽"（the blonde beast）影响他的权力意志。[4] 我同意尼采的观点，但主张"金发野兽"必须要么在荣誉结构中工作，要么反抗他们以投射自身的意志并按照自身的形象塑造世界。

作为一种社会福利的羞耻

"正如圣贤所说，'羞耻是胆怯的标志，它来自真爱。'羞耻剥夺了人们的勇气，使他们服从自己的职责。"[5] 羞耻的过程对社会群体起作用，而不是个人。变得不如人意的屈辱（humiliation）提醒了人们，未能达到期望是多么容易，也提醒了人们那些期望是什么。

---

1 Alexander Welsh, *What is Honor？ A Question of Moral Imperatives*（Yale University Press，2008），6 - 10.

2 Friedrich Nietzsche, *On the Genealogy of Morals and Ecce Homo*，trans. Walter Kaufmann（New York，NY：Vintage Books，1989），84 - 90.

3 Ibid.，89.

4 Ibid.，75.

5 Julio Caro Baroja, "Honour and Shame：A Historical Account of Several Conflicts," in *Honor and Shame：The Values of Mediterranean Society*，ed. J. G. Peristiany（Chicago，IL：University of Chicago Press，1966），87.

坎贝尔指出，希腊语将荣誉作为一种社会价值，因此"时间"一词也用来描述商品和服务的成本或价值。[1] 基于这一制度，声望将是一个人积累起来的社会资本，并且会使个人为其社会债务感到羞耻。个人通过公开承受羞耻和接受其他成员的评论来偿还债务，就像他们在声望问题上接受其他成员的欢呼和赞扬一样。通过遵守团体的规范，人们会表现出自己是可敬的，羞耻的负担会成为声望的来源。[2] 荣誉度（honorability），即一个人将他或她的群体身份内在化为本体论的自我的程度，是荣誉群体所期望的，因为大众受益于个体的行为，而个体的行为总是代表他们的利益。[3]

"羞耻是一个人在明显失败时所经历的情绪……（失败于）实现与理想自我形象的一致。"[4] 坎贝尔表示，一个没有反身自尊（reflexive self-regard）的人将会因公开暴露自己的缺点而暴露出来。人们的体面和他们对羞耻的内化有着直接的联系。羞耻是对一个正直的人应该做而没有做的事情的呼吁。[5] 在这一点上，它不同于羞辱，羞辱是通过直接对抗一个荣誉团体的基本价值来实现的。在古希腊斯巴达的武士文化中，人们被告知带着盾牌或躺在盾牌上回来。这是对羞耻的警告，而不是对高尚行为的劝诫。

1　J. K. Campbell，"Honour and the Devil，" in *Honor and Shame : The Values of Mediterranean Society*，ed. J. G. Peristiany（Chicago，IL：University of Chicago Press，1966），143.

2　James Bowman，*Honor : A History*，Kindle edition（Encounter Books，2006），5.

3　William Lad Sessions，*Honor for Us : A Philosophical Analysis*，*Interpretation and Defense*（New York，NY：Continuum，2010），53.

4　Campbell，"Honour and the Devil，" 149.

5　Carlin A. Barton，*Roman Honor : A Fire in the Bones*（Berkeley，CA：University of California Press，2001），199 – 269.

在方阵中，盾牌是为了保护手持盾牌者左边的战士。因此，一个人失去盾牌就是让身旁战友不设防，这是一种保护的失败。对于一个事实上给不设防的公民提供保护的战士来说，躺在盾牌上回来就等于在战斗中死去，是一个可接受的结局。如果一个士兵在战斗中死去，他已经把他的一切都献给了这个团体，就不能再对他要求更多。如果他向对手撤退，让他的同胞们暴露在侵略军的强暴和谋杀的折磨之下，他就是在羞辱自己；然而，如果他在战斗中失败，但没有战死，他会感到羞愧，因为他没能保护好公民，他将和他们一起受苦。[1]

羞耻是荣誉和公民身份的必要条件。一个"变得无耻"的人被认为已经失去了自尊，"无视他人的社会评价，他把自己置身于道德秩序之外。他是共同体的威胁，因为他的行为是不可预测的"[2]。作为一种能够感受到的社会义务动机，失去羞耻感实际上使个人脱离了群体，他们不再认同其成员。他们不再与团体交流，而是变成了其他人。这可以由团体强加给个人："加强尊敬道德的最终制裁不是严格的惩罚，而是失去团体成员资格。"[3] 身体上的放逐代表了个体和群体之间的社会脱节、身份的分离和政治关系的恢复。[4]

佩里斯蒂亚尼举了一个很好的例子，来说明在社会规范之外

1 Bowman, *Honor : A History*, 27; Leo Braudy, *From Chivalry to Terrorism : War and the Changing Nature of Masculinity*, Vintage Books edition (New York, NY: Random House, 2005).

2 Peristiany, "Honour and Shame in a Cypriot Highland Village," 179.

3 Welsh, *What Is Honor ? A Question of Moral Imperatives*, 7.

4 Carl Schmitt, *The Concept of the Political*, trans. George Schwab (Chicago, IL: University of Chicago Press, 1996).

的婚姻所带来的羞耻和羞辱。他介绍了一个来自塞浦路斯的阿罗娜（Alona）村庄的案例。阿罗娜的一位女继承人嫁给了一个来自其他村庄的 Sogambros（字面意思是"同居新郎"）。Sogambroi（指这个群体）被"不信任的气氛所包围"，被阿罗娜的村民视为"陌生人/潜在敌人"。[1] 因为他们的身份模糊，Sogambroi 在阿罗娜并不享有完全的社会交往。在这个案例中，社会地位低于阿罗娜人的这位 Sogambros，由于受到姻亲的恶劣对待而变得软弱无力。为了挽回颜面，他开始和另一个女子发生关系，并使其受孕。[2] 然而，他的行为并未让任何一方高兴。

Sogambros 因未能保持他的好名声而感到羞愧；他在新的社区里丢了脸，他的性越轨行为让他的家庭、姻亲和两个村庄蒙羞。阿罗娜的智者，一个被社区认为是明智和无私的人，建议这对婚外恋人离开村庄，"因为古代的流放比分裂（schism）更好"[3]。这个"激进的解决方案"无法实现，因此这对夫妇被仪式性地羞辱，以便将这个女人置于一个较低的地位，这样她与 Sogambros 的婚姻就不会是社区内部不平等的关系。然而，在羞辱之后，Sogambros 的亲属有意回避了她，允许阿罗娜只流放他。她被允许留在村子里，并嫁给了一个鳏夫，因为"她成了一个坏榜样，一种告诫，警告村里的少女们屈服于性诱惑可能带来的后果"[4]。

---

1 John George Perisriany，"The *Sophron*—a Secular Saint? Wisdom and the Wise in a Cypriot Community，" in *Honor and Grace in Anthropology*，ed. John George Peristiany and Julian Pitt-Rivers，*Cambridge Studies in Social and Cultural Anthropology* (Cambridge，UK：Cambridge University Press，2005)，107 - 108.

2 Ibid.，108.

3 Ibid.，109.

4 Ibid.，110.

羞耻与性别

对地中海羞耻文化的人类学研究考察了男性和女性在荣誉和羞耻方面的差异。这些研究构成了对荣誉作为一种德性和社会福利的批判的基础。[1] 德莱尼（Delaney）认为皮特-里弗斯暗示女性天生缺乏荣誉和羞耻：

> 女人……天生就已经感到羞耻；承认她们在宪法上的低人一等构成了这种羞耻感。羞耻是女性不可避免的一部分；如果一个女人意识到这一事实及其对行为的影响，她就是值得敬佩的。如果她忘记了这一点，她就是无耻的。……我认为，女性的羞耻与生殖理论（the theory of procreation）有关，在这一理论中，女性体内没有荣誉的种子。也就是说，她缺乏创造和自我投射的能力，她缺乏核心身份和自主性……[2]

德莱尼将女性对羞耻的依恋与男性对荣誉的关系进行了对比，她说这是男性与生俱来的权利。[3] 男人的羞耻来源于他的女人。她认为这种关系建立在一神论（monotheism）的基础上，一神论创造了"一个独特的系统，在这个系统中，权力、性和神圣

1　Sessions，*Honor for Us：A Philosophical Analysis*，*Interpretation and Defense*，6.
塞申斯阐述了关于荣誉研究的主要争论点，他的"对荣誉的控诉清单"（list of complaints against honor）是一个极好的研究起点。

2　Carol Delaney，"Seeds of Honor，Fields of Shame，" in *Honor and Shame and the Unity of the Mediterranean*，ed. David D. Gilmore（Arlington，VA：American Anthropological Association，1987），40 - 41；Julian Pitt-Rivers，"Honor，" in *International Encyclopedia of the Social Sciences*（New York，NY：Macmillan，1968）.

3　Delaney，"Seeds of Honor，Fields of Shame."

是相互关联的，并被视为植根于生物学的真理中"。[1]

在许多社会群体中，女性贞操与社会价值之间存在着某种关系。[2] 德莱尼回顾了与这种关系的基础有关的研究。有一种看法认为，妇女容易受到"危险的外部力量"的伤害，而对女性贞操的文化羞辱代表着"保护的告诫"，是该群体的一个组成部分。[3] 乔瓦尼尼（Giovannini）拒绝这种目的论的论点，因为它是基于事后的社会功能。她认为，对于男性和女性来说，关于荣誉和羞耻的性别身份的社会建构问题都是困难的，这些身份伴随着附属的许可和责任。[4] 家庭中不可避免的羞耻产生了一种"男性和女性家庭成员之间的隐性紧张关系，这种关系与他们作为性别主体的身份和角色有关……社会价值从来就没有保障。"[5]

布劳迪同意这一评估，并试图捕捉男性身份的演变及其在荣誉方面与女性的关系。他认为男性身份的假设需要启动，以标志着脱离与婴儿期相关的女性特质，并通过神圣的仪式来确认区分。[6] 他认为男性被困在一个需要"将男性定义为一种特殊的存在方式"的陷阱中，"将男人从共同体中分离出来"。[7]

1 Delaney, "Seeds of Honor, Fields of Shame," 45.
2 Maureen J. Giovannini, "Female Chastity Codes in the Circum-Mediterranean: Comparative Perspectives," in *Honor and Shame and the Unity of the Mediterranean*, ed. David D. Gilmore (Arlington, VA: American Anthropological Association, 1987), 61.
3 Ibid., 63.
4 Ibid., 66–67.
5 Ibid., 68.
6 Braudy, *From Chivalry to Terrorism: War and the Changing Nature of Masculinity*, 23.
7 Braudy, *From Chivalry to Terrorism: War and the Changing Nature of Masculinity*, 24.

阳刚之气把男性凝聚成一个个团体，这样他们就形成了基于一个
已经理想化的不变特征的社会。荣誉团体履行仪式义务，在一个
由女性、没有经验的男孩和其他对男子气概没有相同看法的男性
组成的共同体中，将男性塑造成"他者"。达不到男子气概标准
的羞耻是对男性的一种威胁，这种威胁已经投射到女性的行
为上。

我们回到乌尼·维坎的分析和她对皮特-里弗斯的批评：
"'一个人在她或他自己的眼中以及在她或他的社会眼中的价值'
是一个比文献中所承认的更加复杂的问题。"[1] 羞耻和荣誉不是对
立的，就像男性不会独占荣誉一样，女性在生理上也不是羞耻的
来源。社会评估的结构化过程是错综复杂和具有普遍性的；尽管
每个群体的结构在时间和空间上都有独特的位置和定位。[2] 不足
为奇的是，许多女性学者强调羞耻比荣誉更重要。和荣誉相比，
维坎为不断增加的对羞耻的研究提供了理由；她试图正面评价一
个传统上投射到女性身上的概念，一个她认同且无法逃避的群
体。[3] 羞耻是一个重要的荣誉概念，它与荣誉不可分割。

1　Wikan, "Shame and Honour: A Contestable Pair," 649.

2　Mariko Asano-Tamanoi, "Shame, Family, and State in Catalonia and Japan," in
　　Honor and Shame and the Unity of the Mediterranean, ed. David D. Gilmore (Ar-
　　lington, VA: America n Anthropological Association, 1987), 104 - 105.

3　Mariko Asano-Tamanoi, "Shame, Family, and State in Catalonia and Japan"; De-
　　laney, "Seeds of Honor, Fields of Shame"; Giovannini, "Female Chastity Codes in
　　the Circum-Mediterranean: Comparative Perspectives"; Wikan, "Shame and Hono-
　　ur: A Contestable Pair."

第 6 章　面子

> 完全的荣誉准则只适用于那些在等级制度中地位相
> 同的人。[1]

面子作为荣誉?

许多荣誉研究涉及质疑一个人是否优秀的情绪。它有时被称为个人或家庭荣誉，我发现东亚社会理论中的一个概念为实现这方面的荣誉提供了一个强有力的术语：面子。中国人的荣誉感包含了**面子**（mien-tzu）和**脸面**（lien）的概念。面子与英文中的声望很相似，足以被认为是声望的同义词。

> 另一方面，脸面代表了社会对自我道德品质完整性
> 的信心，这种信心的丧失使它无法在社会中正常发挥作
> 用。脸面既是实施道德标准的社会制裁，也是内在化的
> 制裁。[2]

因此，面子可以被视为一种功能性资源，通过它，个体可以在整个社会中自由流动。并不是所有的学者都认为面子是一种荣

1　Berger，"On the Obsolescence of the Concept of Honor," 174.

2　David Yau-fai Ho，"On the Concept of Face," *American Journal of Sociology* 81，no. 4（1976），867 – 868，citing H. C. Hu，"The Chinese Concepts of 'Face'," *American Anthropologist*，no. 46（1944）.

誉。例如，布拉德沃思（Bloodworth）将面子置于独特的地位：

> 荣誉是良知与现实的事务，但面子是声誉和外表问题。失去荣誉是皮肤上的污点，而失去面子是妆容上的污点……
>
> 一个有荣誉的人可能只给一个盲人一便士，但不会抢劫他；如果没人看见，一个关心"他的"面子的人可能会抢劫盲人，但是一旦有足够的人看到，他会炫耀地给盲人十分钱硬币。[1]

有趣的是，布拉德沃思的区分在于荣誉是真实的反映，而面子是外表的反映。为了面子而采取的行动并不反映一个人的本体论倾向，而是反映他或她对社会声誉的关注。这只能意味着维护社会声誉是一个强有力的激励动能，足以动摇一个人对抗其内在倾向的观念性方向（proceptive direction）。[2] 表面现象不可能是真实的反映吗？回到第 3 章，我们可以看到有多种现实并存。进一步接受个人同时是多个社会群体的成员和附属成员，社会现实很可能是一个复杂的身份网络，并且这些群体的其他成员将通过他们在群体中如何识别自身来对待其他人。

面子是一个满足需要的过程，这个过程是社会对个体的重视，就像他们希望出现的那样，也是一个人希望被重视的样子。

---

1 D. Bloodworth, *The Chinese Looking Glass* (New York, NY: Farrar, Strauss, and Giroux, 1980), 299.

2 Buchler, *Nature and Judgment*; Buchler, *Toward a General Theory of Human Judgment*. 时间和空间中的情境和位置与个体的交叉性相结合，形成了个体必须在其中运作的整个社会环境。一个人的内在素质是基于外部调节者的自然流露的意识（unconscious awareness）的行为的反映。

面子是异常多变的，不像声望和羞耻——它们屈服于行动，在本质上是绝对的。面子并不像声望和羞耻那样分别使个人在一系列有价值的成员中上升或下降，相反，面子是个人通过获得成员资格而获得绝对价值的手段。这是一个过程，通过这个过程，个人仿射（affine）获得和失去，并保持他或她作为一个荣誉团体中被认可的成员的地位。它不是"一种静止的状态，也不是一种可交换的财产，而是一种积极的个人成就，一种需要相当大的能力、目标、韧性和实践的东西"[1]。从现象学上来说，面子可能是最准确的杜撰概念，因为它代表了一个在他人看来的创造的自我。

横向荣誉

由于面子是进入、驱逐和维持在荣誉群体中的地位的过程，大量的理论文献试图阐明这种荣誉概念的深度。斯图尔特将横向荣誉定义为"受尊敬的权利……是一种基于平等的预期"。他聚焦一种他称之为"个人荣誉"的横向荣誉，

> 个人荣誉的两个特征……将它与其他类型的荣誉区分开来：第一，这种权利可能会丧失；第二，为了保留个人荣誉，人们必须遵循某些规则，或保持某些标准，即所谓的荣誉准则。如果违反规则的惩罚不是丧失荣誉，那么规则就不构成荣誉准则。[2]

斯图尔特将荣誉准则定义为：

---

1 Sessions, *Honor for Us : A Philosophical Analysis*, *Interpretation and Defense*, 33.
2 Stewart, *Honor*, 54.

> 一套被挑选出来的具有特殊重要性的标准，用来衡
> 量一个人在某些意义深远的方面的价值；荣誉团体的成
> 员如果不符合这些标准，不仅被视为低人一等，而且常
> 常被视为可鄙。[1]

斯图尔特定义的最后一部分需要进一步阐述。荣誉团体由努力通
过形成集体身份来保持力量的个人组成。

这种认同需要群体强烈地内化为自我；每个成员都必须有很
高水平的荣誉感（honorableness），以保持他/她在荣誉团体中的
"同辈"（peer）地位。[2] 威尔士直言不讳地说："如果荣誉必须依
赖他人，他们最好和我们是一类人，知道如何判断。"[3] 塞申斯深
化了横向荣誉的独特性质："它接近于康德意义上的尊敬（道德
上的敬畏），认为某些其他人本身是有价值的，但并没有延伸到
所有人——只有荣誉团体的其他成员被给予这样的考量。"[4]

横向荣誉是一种手段，通过这种手段，个体可以宣称对某
一特定身份的权利，并从这种同一性中获益。如果我们回到
中国哲学，会发现认同群体身份是如何被视为是"善"的
话语：

> 对相同和不同的召唤（invocations）充满了伦理内
> 涵："不同"是党派的、自私的和异常的，是"坏政府"
> 的标志；"相同"是和谐的，为他者考虑的，并且自然

1　Stewart，*Honor*，55.

2　Ibid.，18 - 20.

3　Welsh，*What Is Honor？A Question of Moral Imperatives*，25.

4　Sessions，*Honor for Us：A Philosophical Analysis，Interpretation and Defense*，30.

地被一个假定的互惠共同体的所有成员共享……[1]

维护行为标准的义务包括让其他成员负责维护团体内部的最低标准。和中国哲学家李泽厚一样，罗尔斯认为这是一种公共善（a public good）。[2] 伯杰似乎认为面子很重要，因为社会精英的成员资格——比如贵族、军人以及传统职业如律师和医生——囊括了一种荣誉准则。[3] 这些团体的成员资格提供了"同等社会地位者之间团结的源泉和反对社会地位低下者的分界线"。[4] 这些团体的声望足够高，通过会员资格获得的隶属荣誉对个人来说好处足够大，从而允许他们的个性被他们在荣誉团体中的身份所包容。

由于面子是依赖于外表的荣誉形式，相对于同龄人，社会价值观念的改变代表着这个子群体的真正转变。列奥·布劳迪也许最清楚地阐述了这一概念的发展："在平等主义的情境中，荣誉问题尤其尖锐。在这种情况下，群体中很少或没有公认的等级制度。"[5] 由于坚持标准是荣誉团体中"好公民"的标志，面子则成为地位平等的成员之间相互区分的重要方式。

面子的关切

面子包括许多这种荣誉概念所特有的关切。这种关切贯穿整个文献，金（Kim）和南（Nam）清楚地表达了他们的关切：

1　Leigh K. Jerico, *Making the Political : Pounding and Action in the Political Theory of Zhang Shizhao* (New York, NY: Cambridge University Press, 2010), 202 - 203.

2　Rawls, *A Theory of Justice*.

3　Berger, "On the Obsolescence of the Concept of Honor," 174.

4　Ibid.

5　Braudy, *From Chivalry to Terrorism : War and the Changing Nature of Masculinity*, 50 - 51.

第一种路线研究调查了个人丢脸的情形，重点是尴尬或羞耻感的情形……第二种路线研究集中在当人们失去面子时会怎么做……第三种路线研究考察了不同类型的面子策略以及影响策略选择的因素。[1]

尽管面子既有积极的一面，也有消极的一面，但文献表明，面子反映了羞耻和声望，因为个人寻求损失最小化，而不是专注于争取地位。"虽然一个人不需要努力去赢得面子，但是丢脸是一件严肃的事情，它会在不同程度上影响一个人在社会中有效运作的能力。"[2]

丢脸是一种社会过程，它有三种形式：公开侮辱（affronts）、暴行（outrages）和辱骂（insults）。[3] 公开侮辱是一种给个人带来羞耻和不名誉的行为，"即使是在正当和正义的过程中"。[4] 辱骂是"在没有合理理由的情况下侮辱一个人的行为"。[5] 暴行是公开编纂的侮辱，与被称为名誉犯罪（honor-crimes）的法律著作有关。目前名誉犯罪的例子包括攻击、殴打、诽谤（slander）和中伤（libel）。诽谤和中伤都属于被称为"诽谤人格"（Defamation of Character）的犯罪类别。中伤是指"通过广播、电视或电影，以印刷品（包括图片）、写作或广播的形式发表对他人的不实之词，这种不实之词会损害他人的声誉，使他

---

1 Joo Yup Kim and Nam Sang Hoon, "The Concept and Dynamics of Face: Implications for Organizational Behavior in Asia," *Organization Science* 9, no. 4 (1998), 523 – 524.

2 Ho, "On the Concept of Face," 867.

3 Baroja, "Honour and Shame: A Historical Account of Several Conflicts," 90.

4 Ibid.

5 Ibid.

或她遭受其他人的嘲笑、仇恨、鄙视（scorn）或蔑视（contempt）"。[1] 诽谤是一种口头言论，其目的是损害个人的社会声誉，但并不公开发表。[2]

攻击和殴打通常是集中于身体伤害的犯罪，但同时也是荣誉犯罪。攻击不需要袭击成功或威胁实施。殴打不一定非要造成身体损伤。然而，如果威胁或触碰是由犯罪方以"粗鲁和独特的方式"实施的，那么这两种罪行都可能发生。[3] 试图巩固权力和削弱个人主权行为的规则将违反荣誉的行为定为犯罪。[4] 一个早期的、非暴力的习惯矫正的例子可以在人头债（weregeld）中找到。[5] 这些法律防止了犯罪和昭雪（redress）循环升级为暴力。

血债血偿

如果一个人的成员资格被撤销，维护面子就相当于在面对社会毁灭时保持对自己的认可。这一体系所固有的生存焦虑更具威胁性，因为面子荣誉概念本质上具有流动性。这种焦虑在心理上与一个受到如此威胁的人并没有本质的不同，因此原始的反应和

1　Gerald Hill and Kathleen Hill，"Libel，" in *The People's Law Dictionary*（ALM，2011）.

2　Gerald Hill and Kathleen Hill，"Slander，" in *The People's Law Dictionary*（ALM，2011）.

3　Gerald Hill and Kathleen Hill，"Assault，" in *The People's Law Dictionary*（ALM，2011）；Gerald Hill and Kathleen Hill，"Battery，" in *The People's Law Dictionary*（ALM，2011）.

4　Krause，*Liberalism with Honor*；Pitt-Rivers，"Honour and Social Status"；Sessions，*Honor for Us：A Philosophical Analysis*，*Interpretation and Defense*；Welsh，*What Is Honor？A Question of Moral Imperatives*.

5　Jacob Henry Landman，"Primitive Law，Evolution，and Sir Henry Summer Maine，" *Michigan Law Review* 28，no. 4（1930），410.

冲突升级可能会导致暴力。皮特-里弗斯解释说："对荣誉的最终辩护在于身体暴力，当其他手段失败时，不仅在正式的荣誉准则中，而且在不承认这种准则的社会环境中，都有义务恢复荣誉。"[1] 维护荣誉可以包括所有受影响或潜在受影响的团体，包括子团体，如家庭单位。诉诸暴力作为一种"满足荣誉"的手段，最终会导致决斗、世仇和仇杀。[2]

阿喀琉斯的荣誉体现在他重返战场杀死赫克托耳（Hector）这一面子过程。当他拒绝参战时，他默认并允许帕特洛克罗斯（Patroclus）代替他加入战斗。赫克托耳杀死帕特洛克罗斯时，他认为帕特洛克罗斯是阿喀琉斯，因为帕特洛克罗斯穿着盔甲。《伊利亚特》暗示这种情况是在赫拉和宙斯之间的一次对话中所注定的。宙斯在对话中这样密谋：

> 告诉海神波塞冬停止战争；告诉福玻斯·阿波罗唤醒赫克托耳战斗，/再次向他注入力量，这样他可以/忘记现在折磨他的痛苦和/驱使亚该亚人再次逃跑。/他们会惊慌地逃跑，/在珀琉斯的儿子阿喀琉斯的空心船中死去，/谁将派遣他的伙伴帕特洛克罗斯，/杰出的赫克托耳将用他的长矛杀死帕特洛克罗斯/在伊利昂之前，帕特洛克罗斯自杀后，/许多年轻人，其中包括我的儿子萨尔伯冬。/在对帕特洛克罗斯的愤怒中阿喀琉斯将杀死赫克托耳。[3]

1　Pitt-Rivers，"Honour and Social Status," 29.
2　Baroja，"Honour and Shame：A Historical Account of Several Conflicts."
3　Homer，*Iliad*，282－283.

　　尽管《伊利亚特》认为血债血偿不可避免，但把《伊利亚特》放在一个社会和政治工具的背景中是极其重要的。诸神提供了解释人类行为和决定的理由。雅典娜代表智慧，她"支持"展现这一特征的个人。宙斯更狡猾，他不亮出手中的牌，而试图通过操纵希腊人和特洛伊人，利用他们自己的价值体系和荣誉准则来遵守他对忒提丝（Thetis）的承诺，这些价值体系和荣誉准则要求血债血偿。维护面子是一种平衡，一旦失去平衡，天平就会来回倾斜，直到找到新的平衡。

　　如果我们观察封建社会的日本，就会发现面子作为一种价值控制手段是如何融入社会环境的："到 17 世纪晚期，义理（意味着'责任'或'义务'）已经被纳入等级制度。每个社会阶层都有其适当的行为方式，都有义务严格履行各自的职能。"[1] 如果个体没有实现他们所在阶层应当担负的道德义务，他们可能会失去地位，以公开反映这种无能，并将进一步导致个人社会价值的减少和社会阶层的降低，从而影响一个人的子孙后代。[2] 一个家庭地位的降低可能会被一种充满仪式感的自杀——切腹——所打断，在这种自杀中，个人为自己的羞耻赎罪，同时承认群体的主权。切腹是一种公开的行为，通常会让旁观者见证肉体自我的制度性毁灭，以维护家庭的社会价值观念。[3]

1　Caryl Callahan and Ihara Saikaku, "Tales of Samurai Honor: Saikaku's Buke Giri Monogatari," *Monumenta Nipponica* 34, no. 1 (1979), 2.

2　Eiko Ikegami, *The Taming of the Samurai : Honorific Individualism and the Making of Modern Japan* (Cambridge, MA: Harvard University Press, 1997).

3　Toyomasa Fuse, "Suicide and Culture in Japan: A Study of Seppuku as an Institutionalized Form of Suicide," *Social Psychiatry and Psychiatric Epidemiology* 15, no. 2 (1979).

格罗布内（Groebner）和塞尔温（Selwyn）将"面子"这个术语追溯到被羞辱的一方对另一方的身体伤害，"作为对对手的特殊羞辱和挑战"。[1] 面子受本能驱使，是必须公之于众的自卑的标志。众所周知，妻子有外遇的丈夫会做出伤人害己的事。[2] 亚身份的永久提醒可以追溯到圣经时代："希腊人、罗马人和日本人也会按照惯例在罪犯、奴隶和'不良分子'等的脸上印刺青"，将他们永久地标记为低等的非人类。[3] 随着纳粹对犹太人的标记，这种做法一直延续到现代。[4]

面子作为一种荣誉体系，强调个人的地位。但遵守规则，不会导致群体对个人评价的全面反叛，也不会取代社会化的价值体系，而代之以内在的尊严。[5] 尽管一些理论家认为面子和习惯形式的替代性争端解决方式，如决斗，是在社会建构的荣誉之外，属于个人荣誉或尊严的领域，但这样的判断过于狭隘，无法减少这类现象。[6]

---

1 Valentin Groebner and Pamela Selwyn，"Losing Face，Saving Face：Noses and Honour in the Late Medieval Town，"*History Workshop Journal*，no. 40（1995），4.

2 Valentin Groebner and Pamela Selwyn，"Losing Face，Saving Face：Noses and Honour in the Late Medieval Town，"*History Workshop Journal*，no. 40（1995）.

3 John Gray，*I Love Mom：An Irreverent History of the Tattoo*（Toronto，CA：Key Porter Books，1994）.

4 Mark Gustafson，"The Tattoo in Later Roman Empire and Beyond，"in *Written on the Body：The Tattoo in European and American History*，ed. Jane Caplan（Princeton，NJ：Princeton University Press，2000）.

5 参见本书第三部分。

6 Mika LaVaque-Manty and Mika Le Vaque-Manty，"Dueling for Equality：Masculine Honor and the Modern Politic s of Dignity，"*Political Theory* 34，no. 6（2006），715–717；Pablo Piccato，"Politics and the Technology of Honor：Dueling in Turn-of-the-Century Mexico，"*Journal of Social History* 33，no. 2（1999），331–335；Braudy，*From Chivalry to Terrorism：War and the Changing Nature of Masculinity*，52.

> 解决斗争（与半野兽般的男人、挑战男人的女人）
> 的办法是荣誉准则和组织原则，从而将身体暴力塑造成
> 社会可接受的甚至对社会有益的形式。通过这种方式，
> 暴力就转化为习俗和传统。[1]

决斗是个人保持面子的典范；争斗是子群体的典范。[2] 在真正或感觉到的轻视之后保持荣誉的习俗和传统是面子的范畴。这是团体在社会胁迫下的明显尝试，目的是抑制激情，缓解内部对地位的分歧，同时给个人对荣誉问题的不满提供一个真正的补救平台。

然而，这也表明团体的控制体系较弱。布劳迪再次指出，"荣誉领域比法律领域大得多。随着法律和先例作为控制和修改社会行为的方式的逐渐发展……个人荣誉会被削弱，或者不得不寻求其他强制手段。"[3]

吉尔兹把参与维护荣誉的"非理性"行为称为"深度游戏"。[4] 一个典型例子是冰球中的拳架（fist fight）：

> 一种由对手实施的社会荣誉仪式，用来强调或象征
> 比赛中竞争对手之间尊重的价值……从严格的功利主义

---

1 Braudy，*From Chivalry to Terrorism：War and the Changing Nature of Masculinity*，50.

2 Kenneth Colburn，Jr.，"Honor, Ritual and Violence in Ice Hockey，" *The Canadian Journal of Sociology/Cahiers canadiens de sociologic* 10，no. 2(1985)；Andrew J. Shryock，"Autonomy, Entanglement, and the Feud: Prestige Structures and Gender Values in Highland Albania，" *Anthropological Quarterly* 61，no. 3 (1988).

3 Brandy，*From Chivalry to Terrorism：War and the Changing Nature of Masculinity*，51.

4 Clifford Geertz，"Deep Play: Notes on the Balinese Cockfight，" in *The Interpretation of Cultures*，ed. Cliffortd Geertz (New York，NY：Basic Books，1973).

观点来看，这种社会行为是非理性的，因为所涉及的物质利益不是很高就是很低，几乎无法激励行为者参与其中。尽管如此，人们从事这种活动是因为他们行为中的利害关系是自尊、荣誉和尊敬等社会利益，这些利益即使不是外在的，也是内在的、有益的和有价值的。[1]

荣誉斗士（honor-combatant）的传统由来已久，并根植于勇士们的兄弟情之中：查理曼大帝的圣骑士、美国海军的海豹突击队、苏丹亲兵（the Janissaries）、瓦兰吉卫队（the Varangian Guard）、北欧狂战士（the Norse Berserkers）。[2] 只有当战斗人员的荣誉准则不被观察者重视时，参与荣誉战斗才是不合理的。荣誉战斗会发生是因为个体宣称他们是有价值的，并且愿意牺牲个人安危来展示他们的行动意愿。

横向荣誉的暴力要么像在封建社会的日本一样被国家所吸纳，要么通过法理逐渐从社会中消失。面子对政治主权权威来说是可怕的，因为这是个人努力保持平等的荣誉形式。横向荣誉是一种努力创造公平竞争环境的荣誉概念，并灌输牺牲自我来获得荣誉的意愿。它是一种导致反叛的荣誉形式。[3]

1 Colburn，"Honor，Ritual and Violence in Ice Hockey，" 154.

2 Bowman，*Honor：A History*；Braudy，*From Chivalry to Terrorism：War and the Changing Nature of Masculinity*；J. K. Campbell，"The Greek Hero，" in *Honor and Grace in Anthropology*，ed. J. G. Peristiany and Julian Pitt-Rivers，*Cambridge Studies in Social and Cultural Anthropology*（Cambridge，UK：Cambridge University Press，2005）；Sessions，*Honor for Us：A Philosophical Analysis，Interpretation and Defense*.

3 Camus，*The Rebel：An Essay on Man in Revolt*. 同时参见本书第12章。

第7章　尊重

> 我们通常关心的是在实用或证据方面很少或没有收获的尊重。我们关心自己在我们不太可能遇到的人群中的地位，比如说，那些比我们落后的人，以及那些对我们知之甚少的人，他们的观点很难为我们对自己的看法提供证据支持。[1]

一种必要的内涵

到目前为止，尊重（esteem）概念的发展比我们研究过的任何荣誉概念都更难把握。它的效用主要源于对"自尊"的心理学研究。"自尊"有多种定义，包括对特质自尊（trait self-esteem）和状态自尊（state self-esteem）等概念的划分，分别取决于研究者对长期趋势还是短期趋势感兴趣。自尊被认为是"对自己的爱"。[2] 对自尊更平易近人的理论处理是一个人的"积极自我评价"。[3] 自尊

1　Brennan and Pettit, *The Economy of Esteem : An Essay on Civil and Political Society*, 29.

2　James P. Burton, Terence R. Mitchell, and Thomas W. Lee, "The Role of Self-Esteem and Social Influences in Aggressive Reactions to Interactional Injustice," *Journal of Business and Psychology* 20, no. 1 (2005), 135.

3　Roger Mac Ginty and Pierre du Toit, "A Disparity of Esteem: Relative Group Status in Northern Ireland after the Belfast Agreement," *Political Psychology* 28, no. 1 (2007), 135.

是通过考察"个人被他人接受和拒绝的程度"来衡量的。[1] 自尊似乎是在一种被称为社会计量器（sociometer）的认知机制中，一种对自我的社会包容的反射性审视。[2] 自尊是一个基于价值，并通过身份将个体与群体联系起来的概念。根据本书的一般论点，尊重在荣誉的现象学研究中占有一席之地，但是究竟占有什么样的地位呢？

我们知道身份与社会现实中自我的建立相关联，因而区分了自我与他者的构成。[3] 因此，需要一个正式和公开的术语来证明他者被自我重视的能力——但绝对不被纳入自我。尽管没有采取这种方式，一些学者直接以此来处理尊重这一概念。

布伦南和佩迪特提出了一种新的尊重研究方法，阐述了一个他们认为是"尊重经济"（Economy of Esteem）的荣誉认可交换制度。[4] 他们认为，尊重是"第三种欲望"（The Third Desire）——基于利科（Ricoeur）对人类生活中主要激情的描述。[5] 然而，利科并没有单独使用自尊，而是提出了一个由声望、地位和尊重组成的整体上的第三种欲望。[6] 利科的观点表明，在所有的概念中，荣誉是整体上的第三种欲望。然而，当我们追随布伦南和佩迪特对尊重的研究时，会发现他们的影响源于布雷思韦特

1　Mark R. Leary，"Making Sense of Self-Esteem，" *Current Directions in Psychological Science* 8，no. 1（1999），33.

2　Ibid.

3　Roger Mac Ginty and Pierre du Toit，"A Disparity of Esteem: Relative Group Status in Northern Ireland after the Belfast Agreement，" 15.

4　Brennan and Pettit，*The Economy of Esteem : An Essay on Civil and Political Society.*

5　Ibid.，57.

6　Paul Ricoeur，*Fallible Man*（Chicago，IL: Henry Regnery，1965）.

（Braithwaite）利用羞耻使罪犯重新融入社会的理论。[1] 他们将尊重定义为：

> 意图意义上的尊重包括认可的积极资产（the positive asset of approbation）和不认可的消极责任（the negative liability of disapprobation）。我们把消极责任描述为"不尊重"（disesteem），但我们经常用"尊重"这个术语来描述积极资产和一般实体；在这种情况下，语境将使我们的意图变得清晰。[2]

他们认为尊重是一种商品。尽管正如他们所说，尊重不是用物质商品的通常方法来交易的；"从这个意义上说，尊重是不可逾越的，但它仍然是一种商品，在社会中是根据或多或少的系统决定因素来分配的；这是一种商品，其分配具有互动、聚合的职能"[3]。尊重市场（esteem market）是由个人的行为表现所驱动的，这些行为要让观察者认为是好的行为而非坏的；当观察者的评价态度变得积极时，对行为者来说，尊重的好处更大。[4]

也许尊重体系中最重要和最引人注目的方面是有多种自愿和非自愿的联合。[5] 此外，尊重不仅在群体内部产生，而且在外部

---

1 John Braithwaite, *Crime, Shame, and Reintegration* (New York, NY: Cambridge University Press, 1989).

2 Brennan and Pettit, *The Economy of Esteem: An Essay on Civil and Political Society*, 82 - 84.

3 Ibid., 85.

4 Geoffrey Brennan and Michael Brooks, "Esteem-Based Contributions and Optimality in Public Goods Supply," *Public Choice* 130, no. 3/4 (2007), 461.

5 这种联合与身份相似，都是由个体承担并强加给他/她的。

与集体之外的其他个人和群体一起产生。[1] 他者（和一个人自我的他者）对自我的外部认可代表了一种荣誉的新动能。

阿皮亚对道德革命做了十分有趣的考察，并建议将荣誉（以尊重的形式）作为催化剂。与其说他定义了尊重，不如说他窃取了达尔沃的评价尊敬，并为其打上了尊重的标签。[2] 当他最终给出定义时，仅仅是"因为某人成功地达到了某些标准，所以对他有一个积极的尊重"。[3] 这个定义已经在目前的研究中使用，被认为是声望的反映。阿皮亚继续写道，"尊敬共同准则的人属于共享的荣誉世界，不管他们是否有共同的身份"。他的意思是，多个团体尊敬一种荣誉准则是可能的，而不需要彼此形成一个"我们"或就如何解释该准则达成一致。阿皮亚的建议被很好地采纳——社会距离是分层次的。

我们有责任决定如何将尊重视为一个过程。作为共识和绝对对抗之间的中间地带存在着一个政治争论的过程。墨菲（Mouffe）为我们呈现了冲突（agonism）的理由：

> 冲突是一种我们/他们关系，在这种关系中，冲突各方虽然承认他们的冲突没有合理的解决办法，但仍然承认他们对手的合法性。他们是"对手"，而不是敌人。这意味着，在冲突中，他们认为自己属于同一个政治团

---

1 Brennan and Pettit，*The Economy of Esteem：An Essay on Civil and Political Society*，2631.
2 Appiah，*The Honor Code：How Moral Revolutions Happen*，12‒14，190‒192；Darwall，"Two Kinds of Respect."
3 Appiah，*The Honor Code：How Moral Revolutions Happen*，175.

体，共同分享一个发生冲突的象征空间。[1]

冲突是一个重新定义如何看待斗争的过程。我认为尊重在文献中扮演着类似的角色，用来定义给予对手社会价值的过程。尊重就是承认一个人在一个完全与自我无关的群体中拥有荣誉的地位，但这个群体不一定是敌人。这样一个团体可以根据其在荣誉世界中的声望水平而受到高度或较低程度的尊重。但是，由于团体价值体系的不同，这种尊重永远不可能成为其荣誉团体之外的典范。

发现他者的价值

荣誉与身份联系在一起。人们获得社会价值的基础是能够反映他们所属团体的理念。然而，当我们把世界分成"我们"和"他们"时，"他们"可能远超过"我们"。限制社会互动仅仅在"我们"群体内部超出了社会现实的范围；甚至施米特也相信敌人可以合作。[2]为了让我们的身份有意义，他们必须有价值，不同的群体必须相互了解，体验这种差异，并表达出来。

在一个日益缩小的全球环境中，荣誉在社会群体中变得越来越重要，这些群体从他们体系外的声望中获益。对荣誉的强调提供了一种形式的可预测性，这种可预测性是群体中的个体以某种方式在社会交往中表现出来的。塞申斯称之为"信任荣誉"（trust honor）。信任荣誉表现为个体要么信守诺言，要么言

1　Chantal Mouffe，*On the Political*，Kindle edition（New York，NY：Routledge，2005），20.

2　Schmitt，*The Concept of the Political*.

行一致。[1] 信任荣誉可以在其他人的行为中表现出来，他们遵守一个不同于自我的价值体系，因为他们坚持一种精神。"因此，一个拥有信任荣誉的人之所以值得信任，是因为她靠的是开诚布公，没有虚伪和欺骗行为。"[2] 塞申斯明确指出，在荣誉群体之外需要这种形式的荣誉："信任至关重要……没有对他人的信任，社会合作和协调是不可能的，一个人就被切断了有意义的人际关系。"[3]

根据塞申斯的观点，信任荣誉是一种超越荣誉群体和价值体系的信任形式。它对所有形式的合作和协调至关重要，是有意义的关系的基础。"信任荣誉来自程度和数量。我们或多或少在某些方面信任某人。"为此，信任荣誉要求人们能够被视为有能力获得荣誉。他们必须拥有荣誉感。[4] 他们必须体现并具有社会价值；群体必须拥有被认为是个体所具备的尊严。[5] 尊重是观察他人是否正直的过程，这样他们作为个体和群体就拥有了社会价值，观察者可以与之联系和互动。尊重并不需要他人价值体系的内化。尊重允许政治关系对抗性地展现。

布伦南和佩迪特认为，尊重形成了"互相标榜学会"（mutual admiration societies），其成员在尊重方面表现出色，体现出很强的观察力；所有成员都从中受益，他们会因表现出色而被其他

1 Sessions，*Honor for Us：A Philosophical Analysis*，*Interpretation and Defense*，22 - 23.
2 Ibid.，22.
3 Ibid.，23.
4 参见本书第 10 章。
5 参见本书第 11 章。

表现同样出色的人认可。[1] 互相标榜学会的成员很快就认识到他人的优秀，因为他们觉得自己很优秀，并渴望得到其他学会成员对他们光荣行为的迅速认可。高绩效（声望）者的认知更重要，因为他们比低绩效者有更大的社会价值。斯贝尔认为，任何价值的样本对荣誉的观察都会放大持有人的荣誉，即使是在一个不相关的结构中，因为观察者感知到了荣誉的能力。[2] 这代表着尊重，因为这是对一个受嘉奖的人被其他受嘉奖的人尊重的认可。一个人没有必要看重他人的声望结构来认识到他或她在其中受到尊重。当一个人成功地达到特定文化和个人所处的整体世界观所定义的价值标准时，他或她就获得了尊重。[3]

互相标榜学会的关系以承认的形式存在于国际政治舞台上。如果一个国家从正式关系中受益，它就会受到尊重，通常以建立大使馆为标志。大使馆不会削弱两者之间的竞争或冲突，但它确实意味着他者值得承认，即便只是存在。由布伦南和佩迪特开创并由布伦南和布鲁克斯辩护的正式模型表明了这种形式的尊重。

从根本上来说，尊重是一个过程，在这个过程中，个体和群体被认为在整个荣誉群体中具有社会价值。尊重对所有局外者开放，把他们作为有价值的存在而不是不存在（nonexistence）引入群体。经济学已经向我们表明，专业化是金融市场日益相互渗透的结果，金融市场融合了全球粮食生产，并要求在政治上相互

1　Brennan and Pettit, *The Economy of Esteem : An Essay on Civil and Political Society*, 2700 - 2701.

2　Speier, "Honor and Social Structure. "

3　J. Greenberg et al., "Why Do People Need Self-esteem? Converging Evidence that Self-esteem Serves an Anxiety-buffering Function," in *The Self in Social Psychology*, ed. R. F. Baumeister (Philadelphia, PA: Taylor and Francis, 1999), 106.

交往的团体对在某些方面合作的想法持开放态度。老谋深算的企业可能会在目标市场中寻找企业进行相互尊重的观察，以促进双方的利益。以完全尊重或"夸赞的价值"（the value of praise）所著称的尊重经济的聚集是一种客观事实，或者是一种在权衡新团体中发挥作用的回报后，仍然将个人的声誉置于团体的介绍之上的代价。[1]

普里阿摩斯（Priam）与阿喀琉斯的会面是基于尊重。他们不仅仅是不同社会的典型代表，也是相互交战的社会的典型代表。普里阿摩斯的儿子杀死了阿喀琉斯最好的朋友帕特洛克罗斯。作为报复，阿喀琉斯也杀死了普里阿摩斯的儿子赫克托耳。在这次会面之前，他们相互联系只是为了促进对方的灭亡。尊重的橄榄枝是由赫克托耳发起的，他不是为自己的生命，而是为自己的身体不被羞辱而恳求说："我恳求你，阿喀琉斯，为了你自己的灵魂和你的父母，不要让狗残害我的身体。"[2] 他向父母索要赎金，希望他作为特洛伊人典范的身份能让他成为一个值得尊敬的人，一个能够对希腊有社会价值的人。阿喀琉斯对赫克托耳的话充耳不闻；对阿喀琉斯来说，分享模范地位并不是一个充足的理由。

只有当普里阿摩斯在海滩上遇到阿喀琉斯，请求得到赫克托耳的尸体时，我们才发现尊重得到了展现。普里阿摩斯并不强调他自己与阿喀琉斯之间的联系，而是强调他自己和阿喀琉斯的父亲珀琉斯（作为勇士之父）之间的联系。普里阿摩斯通过亲吻阿

1　Brennan and Brooks，"Esteem-Based Contributions and Optimality in Public Goods Supply，" 459.

2　Homer，*Iliad*，433.

喀琉斯的手——"杀死我儿子的人的手"——来乞求怜悯和荣誉。[1] 普里阿摩斯与阿喀琉斯一起反思了在战争中经历的生命损失。这样的反思让阿喀琉斯逐渐认识到生命是有价值的，特洛伊人的生命也是有价值的，即使他并不珍惜他们。阿喀琉斯尊重赫克托耳的遗体，不是出于对遗体或人的尊重，而是对普里阿摩斯的尊重：

> 阿喀琉斯将妇女召集起来，命令她们/彻底清洗遗体，用橄榄油涂抹遗体，/先把遗体挪开，因为害怕普里阿摩斯会看到他儿子的遗体/怕他由于悲伤过度，无法控制自己的愤怒/看到他的孩子，这会激起/阿喀琉斯的怨恨，他会杀死普里阿摩斯/因此违背了宙斯的戒律。/在女奴隶们给赫克托耳沐浴/涂上橄榄油后，她们用漂亮的长袍和束腰外衣把遗体包起来，阿喀琉斯自己把遗体举起来放在货板上/和他的朋友一起把遗体放在抛光的马车上。[2]

阿喀琉斯的行为通过尊重赫克托耳的遗体埋葬仪式为普里阿摩斯提供了荣誉。伦巴多（Lombardo）巧妙地将阿喀琉斯不想杀死普里阿摩斯的原因归结为对赫克托耳的尊重。阿喀琉斯是一个勇士、一个充满激情的人；他对普里阿摩斯的尊重是这种激情的结果，就像他不尊重赫克托耳尸体一样。

社会价值源于尊重；那些认为自己值得尊重的人，是基于

---

1 Homer，*Iliad*，482.

2 Ibid.，485.

"边际尊重"（marginal esteem）的利益行事。[1] 布伦南承认尊重的罕见本质是因为它的相对性。"每个人都在努力获得尊重；但他们的努力只会让其他人更难得到任何东西。"[2] 尊重的程度来自一种努力，这种努力超越了观察者对某一特定行为的期望，或者与基于社会规范的卓越水平相当。在一个体系中，自尊的总净值是零，因为这个标准必然既不带有尊重也不带有歧视。[3]

像所有形式的荣誉一样，尊重必须不断维护。边际（本体论）尊重是基于一个强制的钟摆曲线，它要求同等数量的尊重的偏离。然而，"从长远来看，个体发现接受和内化较低的自我评价会产生心理压力，并且这取决于语境和情境，有时甚至是无法容忍的"[4]。为了逃避缺乏价值的社会焦虑，发现自己被轻视的个体可以选择做以下事情：离开社会团体，用更有利的标准衡量团体的价值，改变团体的价值体系以改变荣誉准则，竞争直到团体被尊重，或者反叛。[5]

社会学研究表明，反叛和暴动是由具有高度自尊的值得尊重的个体发起的，他们发现自己处于一个行为不公平、没有正义的群体中。[6] 报复分为三种形式：敌意、蓄意阻挠和公开侵犯。敌

1 Brennan and Brooks，"Esteem-Based Contributions and Optimality in Public Goods Supply，" 459.
2 Ibid.，467 – 468.
3 Brennan and Pettit，*The Economy of Esteem：An Essay on Civil and Political Society.*
4 Mac Ginty and du Toit，"A Disparity of Esteem：Relative Group Status in Northern Ireland after the Belfast Agreement，" 16.
5 Ibid.，16 – 17.
6 Burton，Mitchell，and Lee，"The Role of Self-Esteem and Social Influences in Aggressive Reactions to Interactional Injustice."

意的表达是"隐蔽的侵略形式，本质上主要是口头的或象征性的"。[1] 蓄意阻挠是"旨在干扰一个人执行其工作或一个组织有效运作的行为"。[2] 公开侵犯包括蓄意破坏、物质损毁和窃取组织资源。[3] 个体解除他们的从属关系，或者如果他们无法解除，就从内部摧毁这个团体，因为这个团体不再尊重他们。

发现作为他者的自我价值

自尊是一个在心理学文献中备受关注的概念。通过自尊来承认自我的价值表明，不重视自我、缺乏自尊是可能的。自尊被解释为一个人对自己的爱，但这种解释被格卡斯（Gecas）的一篇开创性文章改写："自尊一方面基于我们对自己的德性或道德价值的自我评价，另一方面基于我们的能力或效率。"[4] 这与我们之前研究的社会尊重相一致：自我被认为对局外人是光荣的，对局内人是优秀的。弗里斯比（Frisby）认为，自我之外的标准影响的减弱解释了为什么黑人女性只有在看到黑人模特的照片时才会表现出身体形象不适的迹象。[5]

然而，人们的社会现实会因他们是其中一员的群体的数量以及他们所承担和强加给他们的相应身份而变得复杂。并不是所有

1　Burton，Mitchell，and Lee，"The Role of Self-Esteem and Social Influences in Aggressive Reactions to Interactional Injustice."

2　Ibid.

3　Ibid.，133.

4　Viktor Gecas and Monica A. Seff，"Social Class，Occupational Conditions，and Self-Esteem," *Sociological Perspectives* 32，no. 3 (1989)，356.

5　Cynthia M. Frisby, "Does Race Matter? Effects of Idealized Images on African American Women's Perceptions of Body Esteem," *Journal of Black Studies* 34, no. 3 (2004).

的价值体系都会重叠，以至于将好人（the good）联系在一起。在某些方面，一个内在化的自我身份对另一个内在化的自我身份来说是陌生的。[1] 这表明自我内部的多重身份相互竞争。海伦·麦克马纳斯（Helen McManus）说："冲突政治（agonistic politics）理论以不同的方式把个体性想象成内在冲突，因此个体参与了内在的政治（internal politics）。"[2] 她认为，人们在社会情境中更容易创造出代表自己的文化基因（memetic），这样他们就可以成为文学作品中的主角。[3] 这是一种个人可以超越荒谬并避免存在主义恶心（existential nausea）的方法。[4]

基于阶级的自尊理论认为，较低的阶级地位会导致较低的自尊。与此相反，研究表明，影响个体自我价值感知的不一定是群体成员，而是他们在各自群体中获得的声望；因此，即使一个群体被一个更大的社会机制低估，价值体系内的卓越也会导致积极的自我评价。[5] 只要存在阶级，并且在荣誉群体中有价值，在与价值体系不同的其他人的外部评价相比较时，这个身份将在自我评价方面占据优势。

内疚（guilt）"倾向于惩罚自己对真实或预期的个人价值的

1　Paul Ricoeur, *Oneself as Another*, trans. Kathleen Blarney (Chicago, IL: University of Chicago Press, 1995).

2　Helen McManus, "Enduring Agonism: Between Individuality and Plurality," *Polity* 40, no. 4 (2008), 510.

3　Ibid., 518 - 519.

4　Jean-Paul Sartre, *Nausea*, trans. Lloyd Alexander (New York, NY: New Directions, 2007).

5　Jeffrey M. Jacques and Karen J. Chason, "Self-Esteem and Low Status Groups: A Changing Scene?" *The Sociological Quarterly* 18, no. 3 (1977).

适当侵犯……行为"。[1] 它是一种社会控制机制，与羞耻结合在一起，共同维持社会群体的规范。尼采关于普通人因为缺乏意志而感到内疚和怨恨的观点没有被新近的社会心理学研究所证实。[2] 如果群体受到积极的尊重，个体则更有可能将他们的个性投入所在群体中的社会角色中，而不是反抗他们的自我，从而对所有的创造物造成间接的破坏。

---

1 William E. Snell and Dennis R. Papini，"The Sexuality Scale：An Instrument to Measure Sexual-Esteem，Sexual-Depression，and Sexual-Preoccupation，" *The Journal of Sex Research* 26，no. 2（1989），256.

2 Nietzsche，*On the Genealogy of Morals and Ecce Homo*.

第 8 章　隶属荣誉

Sic transit gloria mundi. [1]
（这个世界的荣耀已经落幕。）

如果荣誉是一种永恒而普遍的社会事实，它就不能仅限于少数精英。荣誉的过程以及基于社会关系的社会分层和身份强化的结果必然是社会现实中不可回避的部分。亚里士多德说，"人天生是一种政治动物"，并在本体论上视国家先于家庭和其他群体。[2] 当人能够独自站立时，"他要么是野兽，要么是上帝"，但他不是人，因为他不能存在于社会中——他要么太卑微，要么太高贵，要么是野兽，要么是君主。[3] 亚里士多德认为，人类有一种社会本能，如果没有政治团体的成员资格，"当个人被孤立时，就不能自给自足；因此他就像整体的一部分"[4]。无论社会是人性的产物还是人的条件，它都是一种社会现实，通过个体与他者的

1　"Sic Transit Gloria Mundi," in *The Oxford Dictionary of Phrase and Fable*, ed. Elizabeth Knowles (Oxford, UK: Oxford University Press, 2005).

2　Aristotle, "Politics," 556.

3　Jacques Derrida, *The Beast and the Sovereign*, trans. Geoffrey Bennington, vol. 1 (Chicago, IL: University of Chicago Press, 2009). 这是进一步研究该现象的显而易见的地方，尽管包括阿甘本在内的许多其他政治理论家也提到了这一点。

4　Aristotle, "Politics," 557.

关系向他们阐明价值。[1] 即使反叛者拒绝社会，把自己放逐到荒野或被遗忘，也无法彻底断绝与被"反叛"的群体的社会关系，因为他的故事对其他人来说是一种告诫。

没有群体就没有个体，因为前者必然描述与他人的分离。笛卡尔的"我思"（cogito）区分了自我和同时感知自我的他者："在'我思'中直接感知到自我的人也感知所有其他人，他这样做是作为自我存在的条件。他意识到自己不能成为任何人……除非其他人承认他是这样。"[2] 要想成为举足轻重的人，个人必须与他人建立并保持一种关系，这种关系会感知到团体的个性。自我被与其相关联的其他群体视为一个单独的实体，因为实现这种关系的方法和方式是独特的。[3] 没有一种思维能完全内化为另一种思维，所以它会解释如何以自己的方式去关联，通过如何关联来认识自我的位置，并为那些永远无法真正知道自我意图的人如何看待自我的行为而痛苦。[4]

众所周知，人们团结在一起会比分开的个体完成更多的事务。人们有一种天生的弱点，那就是他们身体的局限性，这使得人们容易受到伤害。霍布斯的解释是：

> 自然使人在身心两方面的能力势均力敌；就像有时
> 某人的体力明显比另一人强，或是脑力比另一人敏捷；

---

1 Berger and Luckmann, *The Social Construction of Reality : A Treatise in the Sociology of Knowledge*, 173 – 185；Luhmann, *Theories of Distinction : Redescribing the Descriptions of Modernity*, 113 – 127.

2 Jean-Paul Sartre, *Existentialism is a Humanism* (New Haven, CT: Yale University Press, 2007), 41.

3 Simmel, *Conflict and the Web of Group-Affiliations*, 140 – 141.

4 Sartre, *Existentialism is a Humanism*, 26 – 27, 38.

但这一切总加在一起，也不会使人与人之间的差别大到使这个人能要求获得其他人不能像他一样要求的任何利益，因为就体力而论，最弱的人运用密谋或者与其他处在同一种危险的人联合起来，就能具有足够的力量来杀死最强的人。[1]

人们总是处于社会关系中。个体和群体只能在彼此的关系中被理解。个体是区别于群体成员的独特的人。群体是个体的联合体。群体依靠个体获得力量，个体依靠群体获得安全；群体的力量来源于个体的力量和行动；一些个体的相对能力将有助于决定群体的力量。个体对群体整体实力的贡献是个体对群体的使用价值，即社会效用。授予荣誉的过程是将个体作为一个独特的人物，照亮黯淡无光的芸芸众生。然而，个体被授予特殊地位，是因为他或她增加了授予他们荣誉群体的效用——他们的启迪（illumination）为群体成员提供了一种行为模式以供效仿。

个体汇集为各种群体，群体又形成更大的群体。齐美尔解释说，从家庭的物质依赖开始，条件就强加给了群体成员。随着个体的发展，非自愿团体成员身份的条件强加（circumstantial imposition）不仅逐渐被外部共存的自愿团体所取代（这些自愿团体"凭借天赋、爱好和活动等的实际相似性与他或她'产生联系'"），还被通过情感或激情形成的内部关系所取代。[2] 一个群体可能会分裂并分成两个独立的身份群体，而不管它是否在更高

1　Thomas Hobbes，*Leviathan*，Kindle edition，Oxford World's Classics（New York，NY：Oxford University Press，2009），82.

2　Simmel，*Conflict and the Web of Group-Affiliations*，127 – 128.

的级别上维护一个共享的身份。[1] 群体之间可能会相互竞争，而不管他们的共同身份，也有可能是因为他们的共同身份引起竞争。即使是加缪式的形而上学反叛也无法成功地将他或她自己从社会建构的现实中分离出来。

群体之间通过代理人相互联系，代理人是代表整体的个体成员。群体的每一个成员都可以代表这个群体，即使只是被一个局外人认为是一个特定群体的成员。将群体视为具有单一意愿的法团实体是对社会过程的过度简化。通过概念关系，每个人都与群体有着独特的联系。群体是一种存在于多个个体认知中的心理结构，并作为一个参照点存在。通过这个参照点，个体可以直接或间接地相互联系。这种形式就是齐美尔所说的群体联系网（the web of group affiliation）。[2] 群体在社会上是真实的，在本体论上是重要的，尽管它们没有物质形式。群体的成员可以代表这个群体，不管他们的官方地位如何，这导致所有的成员都去培养这个群体的最高权威所期望的品质、行为和特征。荣誉不仅是区分杰出者和普通人的过程，也是把杰出者和普通人组成一个共同上升和下降的共同体的过程。

个体与平民

荣誉是创造社会等级的一系列过程，是促进竞争和排他性的过程。个人的行为和特征促进了群体价值体系，可能会受到表彰：被授予"杰出"价值的荣誉。这些人之所以得到荣誉，是因

1　Simmel，*Conflict and the Web of Group-Affiliations*，13－20.

2　Ibid.

为他们的行为、性格和/或属性与该团体的最高权威所希望效仿的一致。那些希望保持自己荣誉地位的人必须继续获得集体认同；他们的荣誉只存在于被其他成员观察到的群体中。群体内的社会平等并不要求保持共同的群体身份；受尊敬的个人超越大众成为典范。那些不优秀的人是没有区别的普通人。由于社会差别只有通过价值的铭刻和授予荣誉的过程才能获得，所以大多数普通人的面貌是模糊的。虽然所有的人都有一个独特的本体论现实，但从社会角度来说，他们不是个体。

尼采强调贵族和平民的区别，这种区别也体现在本书所讨论的个体和平民的区别。尼采考察了平民如何成为"坏""低等""平凡"的代名词。[1] 贵族是勇敢的，敢于表达真理，是善的化身。他展示了荣誉、财富、权力、地位和美德是如何与"更高的社会地位"[2] 联系在一起的。贵族与平民之间、荣耀者与大众之间的一个明显区别是，只有前者"拥有现实"，只有他们是鲜活的生命。相反，平民永远不会真正活着，因为他们没有意识到他们的意志已经显现。平民并不建立优先地位，而是永远追随那些比他们优秀的人的脚步。

荷马在《伊利亚特》第二卷中强调了希腊军队中实际上并不存在平民士兵。忒耳西忒斯（Thersites）被描述为拥有许多负面的身体特征并且被国王所憎恨的平民士兵，像阿喀琉斯一样挑战阿伽门农的判断。希腊国王的反应非常不同。在迫使忒耳西忒斯屈服后，奥德修斯说：

---

1 Nietzsche，*On the Genealogy of Morals and Ecce Homo*，28.

2 Ibid.，28 - 29.

　　注意你的舌头，忒耳西忒斯。作为这里唯——一个和上级争吵的人，你最好三思而行。/我不在乎你是个多么温和的演说家，/你只不过是个废物。跟随阿伽门农到特洛伊的军队中没有一个比你更低贱。/你甚至没有权利在公共场合提到国王，更别提讲他们的坏话，以便这样你就可以回家了。[1]

　　希腊的贵族制度真正体现了统治的等级制。如果阿伽门农和墨涅拉奥斯（Menelaus）能够因为荣誉而招募阿喀琉斯为他们服务，那么荣誉准则本身就是一种主导力量，它不仅能在社会中实现广泛的社会价值，还能让平民有效地不存在。忒耳西忒斯是故事中典型的平民，他是平民的代表，所以没有其他人需要被命名。在这一点上，作为最底层的平民，忒耳西忒斯比所有其他平民都受到尊重。

　　尼采关注的是权力意志的重要性，并声称没有建立优先地位和被重视的意志的人不是完整意义上的个体。[2] 就像关于面子的讨论一样，只有同等荣誉的人（honor-peers）才能一起体验充分的荣誉，只有卓越的人才能体验声望，并有潜力作为个人生活在充分的荣誉中。[3] 此外，只有那些通过优先地位建立新的区别的少数人才能根据自己的意愿塑造世界。

　　叔本华呼应了尼采对平民的鄙视："人们会发现，一个人合

1　Homer，*Iliad*，27 - 28.

2　Nietzsche，*On the Genealogy of Morals and Ecce Homo*，29.

3　Pitt-Rivers，"Honour and Social Status."

群的（sociable）程度，就在于他的智力低下和普遍的庸俗。"[1]
叔本华主张例外、个性和孤立之间的关联；他认为，当伟人完全
投身于社会时，他们会停滞不前，像普通人一样无能为力，但社
会对所有人来说都是一种危险的诱惑（a siren's call）：

> 因为一个人拥有得越多，他就越不希望从别人那里
> 得到什么——事实上，别人对他来说就越微不足道。这
> 就是为什么高智商会使一个人变得不合群。的确，如果
> 智力的高低可以用数量来弥补，即使生活在喧闹的世界
> 里也是值得的；但是不幸的是，一百个傻瓜加在一起也
> 不能成为一个聪明人。但是站在天平另一端的人一旦从
> 需求的痛苦中解脱出来，他就会不惜一切代价去寻求消
> 遣和社交，与他遇到的第一个人交往，除了他自己什么
> 也不回避。[2]

叔本华把智力的卓越作为首要利益的观点反映了他的价值体
系，而不是一个客观事实。然而，他认识到，个人如此被社会吸
引，以至于出于与他人交往的需要，他们愿意牺牲自己的个人
品质。

布伦南关于尊重经济的理论为大多数人获得卓越和随之而来
的荣誉的能力提供了又一幅暗淡的画像。在他看来，荣誉的授予
与系统中高于平均水平的表现相符。因此，随着平均表现的提

---

1 Arthur Schopenhauer, *The Wisdom of Life*, Kindle edition, *The Essays of Arthur Schopenhauer*（Public Domain Books，2004），18.
2 Ibid.

高，对稳定表现的看法会降低。[1] 此外，荣誉是一个过程，要求一个群体的成员被公开激励去观察个体行为的质量。高于平均水平的表现不一定会增加社会价值；也不能保证获得荣誉。[2] 不被注意、不被重视或处于既定优先地位之外的卓越可能永远不会催化荣誉的授予和随后对荣誉的观察。仅仅保持卓越不足以表明社会地位的改变，还可能导致沮丧。从来没有获得公开荣誉的人不管有多优秀都是普通人，正如不管多有才华，没有付诸行动的人永远不会被认为是优秀的人一样。这样做的社会益处是，大多数人可以隐藏在普通人中，即使他们的表现低于平均水平，也可以逃避成为羞耻的典型。

荣誉揭示了人的存在条件："他只存在于他认识到自己的范围内，因此他只不过是他的行为的总和，只不过是他的生活……唯一能让他活下去的就是行动。"[3] 代表内在价值的行动是个性的表达。一生对这些价值观的承诺揭示了个人的性格。[4] 然而，要实现个性则更加困难。遵循优先原则并允许他人将自我定义为整体的一部分要容易得多，在这种情况下，规则是通过社会规范建立的，而社会价值是通过将群体的意志内化为自我而获得的。追随比领导容易得多，风险也小得多。那些乐于追随的人，那些没有付诸行动的人，那些没有由于卓越而获得奖励的人势必平凡。

个性（individuality）是通过自我意识和他者意识之间不可通

---

1 Brennan and Brooks, "Esteem-Based Contributions and Optimality in Public Goods Supply."

2 Speier, "Honor and Social Structure," 36 – 37.

3 Sartre, *Existentialism is a Humanism*, 37, 40.

4 Ibid., 39.

约的距离来体验的。要实现本体论上的独特性，一个人必须要么反抗并站在一边，永远处于危险之中，要么通过专攻卓越来投入自己的社会现实。这样一来，个体就成了团体的行为、特征或属性的表现。榜样的个性取决于在群体中保持独特的身份；如果社会效用减弱，或者被另一个成员所掩盖，个体就会失去突出地位。

被推入一个主体间的（intersubjective）世界，人们可能会意识到他们的个性，但也会被群体关系所定义；他们成为伟大的平民的一部分。没有平民，优秀的人永远不会获得荣誉。[1] 平民观察他人的荣誉是要付出代价的：榜样必须认同群体，以保持他们的个性。有些团体甚至诋毁那些优秀的人，以至于他们认为自己不如大众。在古罗马，传说中被授予最高荣誉――胜利的公民，会乘坐战车在城市各处穿梭，奴隶会在胜利者的耳边低语，提醒他自己的必死性。[2] 与此相类似的是，教皇加冕礼包括在整个城市的三处站点，在那里教皇当选人会被告知，"圣父（Sancte Pater），这个世界的荣耀已经落幕"，同时他会看到一块燃烧的亚麻，提醒他荣誉转瞬即逝。[3] 荣誉持有者（the honored）是大众的公仆典范。

荣誉是社会性的，而社会需要多元化。个体独立存在并独自行动。因为没有社会，就缺乏社会价值。[4] 偏离平均值表示相对性；实际上，卓越就是做别人做的事，但是为了做得更好，比较是根据一个可以衡量实例的标准来进行。社会现实不断被构成社

1　Sartre，*Existentialism is a Humanism*，42.

2　Mary Beard，*The Roman Triumph*（New York，NY：Belknap，2009）.

3　Thomas Kempis，*Imitation of Christ：Translated from Latin into English*，*Christian Classics Ethereal Library*（Milwaukee，WI：The Bruce Publishing Co.，1940）.

4　Speier，"Honor and Social Structure，" 39 – 41.

会的个人（杰出者和普通人）想象、构建和再审议。个体的差别和自我意志的实现与个体对授予他或她荣誉的团体的依赖相平衡。[1] 个体成员的伟大是由群体来宣告的，因为这些行为提升了群体相对于其他群体的社会地位。群体是一个集体，每个成员的行为都被纳入其中，以代表该群体的统一意志。一个成员能做的任何事情，群体都可以做；成员做的每一件事，群体都会做。成员之间的交流允许通过集体授予优秀者荣誉的方式来表达个性；卓越只有与群体相关的个体才能体验到。正如巴迪欧（Badiou）所说，每一个个体都是一个独特的存在实例（instantiation of being），它与包含在集合（群体）中的其他个体产生共鸣，而集合本身包含在无限多重性的本体论中的更大的集合中。[2]

重视追随者

难以置信的是，如果很少有人体验过荣誉，那么它仍然是社会现实的一个重要方面。通过将荣誉视为一类基于价值形成社会关系的相关过程，必然有一个过程将一个群体的个体成员联系在一起，使他们形成一种独特性，而这种独特性本身就能与他人形成社会关系。**隶属荣誉**是一个过程，在这个过程中，个体从他们的团体成员资格中获得社会价值，这些团体在对其成员行为的分析性抽象概念中获得下一个层次上的荣誉。团体的荣誉凝聚了其所有成员，这些成员成功地维护了团体的面子，以及他们作为荣誉成员认同该团体的能力。隶属荣誉增强了同等团体的成员相对

---

1 Sartre, *Existentialism Is a Humanism*, 42.

2 Prozorov, "Generic Universalism in World Politics," 230 – 231；Badiou, *Being and Event*, 81 – 83.

于我们所讨论团体成员的尊重。

团体可以作为法人实体在荣誉体系中相互竞争。关键是要有明确的标准来决定包含和排除。欧洲协调（The Concert of Europe）不仅平衡了权力，还维持了贵族爵位（peerage）的现状。在这种机制下，欧洲的王子们要么通过能力实现领导，要么根据维也纳会议的最后文件定义的大国（Great Powers）实现领导。[1] 这种贵族爵位是不可改变的。今天，在国际上这种"贵族身份"表现为联合国安全理事会的五个常任理事国。和联合国其他会员国相比，常任理事国享有专属的特定权力。这里显示的基本前提类似于美国全国大学体育协会（NCAA）举办的橄榄球比赛。在每年一度的该项比赛中，六个联赛冠军队被指定享有精英自动资格赛（主要制度），其中五个队享有非自动资格赛（主要是赛事中期）。事实上，唯一真正的尼采式"金发野兽"是圣母大学队。它保持独立于任何全美大学橄榄球联赛（BCS）的地位，在 BCS 体系中自动享有独特的资格。

人们越不出众，就越依赖所在群体为他们提供独特的社会价值，从而赋予其生活意义。斯贝尔注意到了这一点："每个没什么值得骄傲的可怜虫都会忍无可忍地为自己偶然所属的国家感到骄傲。"[2] 因为每个人编织的独特的成员关系和从属关系模式，令即使平凡的人也能获得个性。[3] 在每一种情况下，两个人不可能有相同的关系身份和相同的群体。因为社会是共同构成的，个体

1　Adam Zamoyski，*Rites of Peace：The Fall of Napoleon and the Congress of Vienna* (New York，NY：Harper Collins，2007).

2　Speier，"Honor and Social Structure，" 48.

3　Simmel，*Conflict and the Web of Group-Affiliations*.

形成了独特的交叉身份，他们可以成为偶尔相互竞争的群体的成员。[1] 在这种冲突时期，身份相冲突成员可以根据自己的意愿选择其中一个成员身份，以最大限度地提高社会效益，减少社会危害。

个体加入荣誉团体并不新鲜。一千多年来，体育赛事反映了这一社会事实，至少可以追溯到拜占庭帝国。在君士坦丁堡，绿色阵营和蓝色阵营的成员通过与他们所选择的派系结盟来攫取荣誉，最终将体育赛事的啦啦队变成了事实上的政党。从属关系的荣誉对于保持士气和社会凝聚力非常重要。通过一个特定的关系获得的荣誉越多，个体在他们的社会现实中就越重视这种关系。个体越重视一种联系，他们就越有可能将群体的价值系统内化到他们的本体论中，并将反映在他们的观念方向上。[2]

尼采有一半是正确的，他断言普通人不会真正活着，因为如果他们没有意识到他们的意志是显而易见的，他们就不会活着。他的论点太容易构建一个世界，在这个世界里，你要么塑造这个世界，要么因为没有这样做而充满怨恨。但是，尼采未能解释一个比领导者或自我厌恶者更强大的群体：追随者。群体提供了一种机制，通过这种机制，个体可以通过追随在他们的社会现实中找到某种形式的和平。

追随者可以通过将群体的价值体系内化到他们的本体论中，并从本质上成为群体整体的反映，来获得自我价值感和社会价值感。公开的从属行为表现为个体试图拉近特定成员与其公共身份

---

1 本书第 3 章对此有详细的分析。
2 Buchler, *Toward a General Theory of Human judgment*.

之间的距离。品牌的使用意味着特定组织特有的商标，被视为效忠的象征：兄弟会（fraternities）可以字面标记他们的誓言，士兵在他们的手臂上纹上他们中队的徽章，体育迷穿着印有他们最喜欢球员的球衣。[1]

对基于组织的自尊的研究已经建立了一个在社会领域中发展积极自我评价的概念层次：整体自尊、特定角色的自尊和特定任务或情境的自尊。[2] 自尊通常被定义为"一种认可或不认可自我的态度；这是一种个人评价，反映了人们对作为个体的自我的看法；它表明了个体认为自己能力的程度，反映了个体对价值的判断"[3]。强烈的自尊通常被视为在相互支持的关系中对应高水平的生产力（质量和/或数量）。[4]

> 组织管理研究表明，以满足员工需求和关注员工最佳利益为中心的关怀价值体系有望塑造组织实践、计划和管理行为，从而使员工使用的各种公平性标准在一系列公平性领域（如奖惩、正式程序和非正式人际关系处

1 Verghese Chirayath, Kenneth Eslinger, and Ernest De Zolt, "Differential Associa-tion, Multiple Normative Standards, and the Increasing Incidence of Corporate De-viance in an Era of Globalization," *Journal of Business Ethics* 41, no. 1/2 (2002); Mary Tschirhart, Robert K. Chrsitensen, and James L. Perry, "The Paradox of Branding and Collaboration," *Public Performance and Management Review* 29, no. 1 (2005).
2 John L. Pierce et al., "Organization-Based Self-Esteem: Construct Definition, Measurement, and Validation," *The Academy of Management Journal* 32, no. 3 (1989), 623.
3 Ibid., 625.
4 Ibid.

理）和组织问题上得到满足。[1]

组织公平性指标（organization fairness indicators）反映了个体成员用来准确判断他们与群体的社会关系的荣誉准则。一致的透明制度受到成员们的推崇，"因为可体验的公平是个体在组织中地位的一个非常显著的指标，因此对组织也很有价值。"[2] 个体在群体中的身份可以激励"一个人在特定情况下采取行动或不采取行动"[3]。

不公平和不透明的价值体系很难引领组织成员，并导致缺乏一致的方向，因为任何行动都可能带来羞耻，因此被认为是杰出的比保持普通更危险。缺乏一致性威胁着共同体的连续性和生存。[4] 保持标准的连续性是将共同体中的杰出成员提升为典范的基本原因。榜样必须来自公众，这样榜样才能激励大众。个人和共同体是同一的；隶属荣誉是一种砂浆（mortar），它将社会中的个体相互联系在一起，形成一个集体的、有着独特观念方向的法人实体。[5]

1 Daniel J. McAllister and Gregory A. Bigley, "Work Context and the Definition of Self: How Organizational Care Influences Organization-Based Self-Esteem," *The Academy of Management Journal* 45, no. 5 (2002), 896.

2 Ibid.

3 Welsh, *What Is Honor? A Question of Moral Imperatives*, 6.

4 Ibid., 17.

5 Buchler, *Nature and Judgment*, 111–114.

第 9 章　荣耀

> 未来每个人都会在 15 分钟内闻名世界。[1]

名声

在对荣誉的处理中，名声经常被作为其范畴内的一个概念或者作为其自身独特但相关的社会现象来讨论。由于这种分歧，将名声视为另一种社会现象并不是不公平的，因为它在日常话语和社会科学文献中缺乏精确性。在现有文献内有可能梳理出这种特殊性。

斯贝尔煞费苦心地陈述荣誉不是名声，并且对荣誉和名声做了区分。名声是一个社会群体的基本事实，"每一种社会结构都有其名声的宣告者（proclaimers）"[2]。名声是一种社会现象，个体之间有著名和声名狼藉的差别，也有着无价值的差别。在斯贝尔看来，"名声并不建立等级的差别。与荣誉相反，名声不被授予或遵守，而只是传播"[3]。美国当前的社会规范可能模糊了斯贝尔所说的界限，因为著名人士之所以受到尊重，除了因为他们出

1　Ralph Keyes, *The Quote Verifier : Who Said What, Where, and When* (New York, NY: Macmillan, 2006), 288.

2　Speier, "Honor and Social Structure," 38.

3　Ibid., 41.

名之外，没有别的原因。[1]

阿代尔（Adair）视名声为一种激励力量，引导那些"极度自私自利"的美国开国者们从事"公共服务和促进联邦作为获得荣耀的手段"。[2] 乔安妮·弗里曼（Joanne Freeman）把这个例子带到了一个更高的层次。她强调，开国者们知道他们所享有的获得先例荣誉（precedential honor）的独特机会：

> 当然，最荣耀的成就是建立了一个国家。在这种背景下理解，国家政治提供了一个无与伦比的机会来赢得最崇高的声誉。正如本杰明·拉什（Benjamin Rush）向约翰·亚当斯解释的那样："我们生活在一个重要的时代和一个新的国家。个人可以做很多好事，而且也可以在短时间内完成。"一个国家的政治家可以将他的声誉提高到前所未有的程度，甚至可能获得全世界的认可。[3]

全世界都在关注美国这个国家试验。因此，名声是有保证的。对一个人的伟大的解释掌握在许多人手中——个体成员和集体群体的声誉注定是超越性的——并导致许多早期的美国政治家为羽翼未丰的联邦的最大利益而行动，从而获得附属的荣誉和与公务人员的理想期望相称的个人认可。[4]

---

1 Joshua Halberstam, "Fame," *American Philosophical Quarterly* 21, no. 1 (1984), 94.

2 Douglas Adair, *Fame and the Founding Fathers* (New York, NY: Norton, 1974), 24.

3 Joanne B. Freeman, *Affairs of Honor : National Politics in the New Republic*, Kindle edition (New Haven, CT: Yale University Press, 2001), 6.

4 Ibid., 6 - 7.

哈伯斯坦（Halberstam）把名声看作一个人与其声誉所在群体的关系的产物。作为个体的开国者知道，他们的治理是评判他们的基础，因此培养了这种治理。认知的源泉构成了一个人在名声圈（circle of fame）内判断的基础：

> 一个人所拥有的名声的性质是由他/她被认可的那个方面决定的：以模特为例，名声可能是他们的脸，而不是他们的名字。而作家的名声是他们的名字，而不是他们的脸。然而，在所有情况下，一个人不能只是出名……一个人一定是因为某种原因而出名……[1]

这种说法在今天的社会似乎已经过时，沃霍尔（Warhol）认为每个人都将享受 15 分钟的名气。在 21 世纪的美国文化中，名声本身是值得庆祝的。当业余媒体（amateur media）如病毒般传播时，就会出现许多新的职业。[2]

布劳迪对名声的研究表明，它是一种社会现象，是在社会中某些享有声望的荣誉团体的普遍认可下发展起来的。[3] 他把荣誉作为一种催化剂，从渴望独一无二转变为仅仅被接受。他表明名声始于共享生活结束的地方；他的论点表明，作者身份的声明改变了一个人在个人影响之外被认可的能力（即使只是作为

1　Halberstam，"Fame，" 94.

2　Adreas M. Kaplan and Michael Haenlein，"Two Hearts in Three-quarter Time：How to Waltz the Social Media/Viral Marketing Dance，" *Business Horizons* 54，no. 3（2011）.

3　Leo Braudy，*The Frenzy of Renown：Fame and its History*（New York，NY：Vintage，1997）.

一个名字）。[1] 布劳迪断言，名声本身被证明是空洞的，因为一个人的名声脱离了他/她自己的掌控，并且是"观众从英雄的个性中挑选出最可贵的品质"。[2]

因此，要出名，就要有个性，在社会大众中有名气。施奈德（Schneider）认为成名与机遇直接相关。在他看来，"任何一个社会阶层或职业群体所产生的杰出人物的比例都受到特定时期的历史环境的限制。"[3] 他关注的是在特定时期内成名的人数，并指出这些人与行为的拓展和动作有关，这些行为本应由某人完成，至少是由那些在做这些事情时被公众特别了解的人完成。[4]

从这个意义上说，名声是通过培养和缺乏竞争而进入一些职业的。在一个特定的时间段，罗马只能有一个皇帝，皇帝可以选择把他的头像印在硬币上，这样他就可以——实际上是——在他的领域内获得公众的认可。与此相类似的是，如果一个电视节目的前提是把七个陌生人扔进一个房间，这样就能看到生活的本来面目，或者至少看起来是这样，那么被选中的七个人将会通过这个节目的认可而出名。将名声简化为数字是一种过于简单化的说法，但它的确表明，有许多人（尤其是政治家和艺人）的日常行为将会因其行为的性质而被公开展示。[5] 著名人物根据他们的价

1　Leo Braudy, *The Frenzy of Renown : Fame and its History* (New York, NY: Vintage, 1997), 55 – 66, 115 – 122.

2　Ibid., 6.

3　Joseph Schneider, "Social Class, Historical Circumstances and Fame," *American Journal of Sociology* 43, no. 1 (1937), 38.

4　Ibid.

5　Michael Patrick Allen and Nicholas L. Parsons, "The Institutionalization of Fame: Achievement, Recognition, and Cultural Consecration in Baseball," *American Sociological Review* 71, no. 5 (2006).

值观接受公众的评判；除非一个价值已经被附加到这些名人身上，使他们成为一个受尊敬的典范，否则他们的声誉将受到大众的支配。[1]

名誉

就我们目前的讨论来看，名声并不符合作为荣誉概念的标准，因为它不代表将社会价值铭刻在个人身上的过程。名声是一种社会意识（social awareness）现象，是一个人的声誉传播的程度，但它不是一种积极的观察。哈伯斯坦明确阐述了两者之间的区别：

> 从最广泛的意义上来说，名声相当于广为人知、广泛认可，是公众感兴趣的对象。当然，有人可以在某个特定的领域内出名，比如某个特定的职业，但这不应该与职业成功、尊重或杰出混为一谈。[2]

尽管名声通常包括声誉的正面含义（其反面是声名狼藉），但这种倾向性（the spin）并不足以将名声作为一种荣誉概念，因为它不包括代表公众的积极参与。名声提供了一个人的声誉传播的边界（可以观察到荣誉），但它不会提升他/她相对于同龄人的社会地位，除非名声本身在一个特定的社会中被重视。[3] 名声是一个人的意识，但不包括对他/她的优点或社会价值好坏的观察。

1　Mark Jarzombek，"The（Trans）Formations of Fame，" *Perspecta* 37（2005），12 - 13.

2　Halberstam，"Fame，" 94.

3　Ibid.，94 - 95.

然而，当名声与荣誉配对时，会产生两个概念，这两个概念是基于对著名典范所代表的属性的正面和负面评价：名誉（celebrity）和恶名（notoriety）。亚尔佐姆贝克（Jarzombek）将名誉的使用追溯到古罗马时代，"Celebriras"（词根是 Celebris，意思是"无数的"）指的是一个名人的名字被提及的次数，并且意味着闻名于世（celebrated）不仅是为了出名（known），也是为了值得公众反思。[1] 在这两种情况下，每个人的声誉都已经传播开来，他们是广大观众的积极榜样。这种模范地位是由寻求在一个社会中形成对这种特殊价值的解释的群体的主权权威所养成的。[2] 艾伦和帕森斯解释了这个过程：

> 文化神圣化（cultural consecration）可以被看作是文化价值最权威的形式（Corse and Griffin 1997；Lamont 1987）。具体来说，它是一个团体或组织试图在文化生产领域中那些值得敬重的优秀典范的对象和个体与那些不值得敬重的对象和个体之间强加一种持久的象征性差别。简而言之，神圣化断言只有某些对象和个体是"伟大的"。也就是说，所有其他的对象和个体都不伟大。作为一般规则，神圣化工程（consecration projects）由文化生产领域的团体或组织发起，目的是确立其合法性。[3]

在这里，我们发现了荣誉过程中的群体反身性（the corpo-

---

1 Jarzombek，"The（Trans）Formations of Fame，" 11.

2 Allen and Parsons，"The Institutionalization of Fame：Achievement，Recognition，and Cultural Consecration in Baseball，" 809.

3 Ibid.，808.

rate reflexivity）。群体通过培养自身寻求提升的标志性价值典范来构建合法性。如果他们的愿景在社会上获得了立足之地，该群体就会被认为是这一价值观的权威，因为他们建立的荣誉成为这一价值观的标志性荣誉。例如，表演奖项有许多，但电影、电视和舞台制作标志性的奖项分别是奥斯卡、艾美奖和托尼奖。设立这些奖项的机构通过促进个人在表演领域的卓越表现来提高其权威的合法性。类似地，在某些学术期刊上发表文章意味着一定水平的写作水准或能力，可能仅仅是因为该期刊所累积的声誉。

获得标志性奖项或在权威期刊上发表文章的个人会获得认可和声望。这些个人成就会被那些多次获得标志性奖项或在权威期刊上发表文章的个人超越。他们的行为受到文化权威的宣扬，被视为伟大的典范。此外，一个标志性的奖项授予一个人越多，另一个人就越不可能获得它，这就增加了它的稀有性，从而增加了它作为声望象征的地位。个体之所以远近闻名，是因为仅仅与奖项的联系就表明他们接近他们所代表的理想价值。

黎乐迪（Lilti）考察了名誉作为一种社会现象的现代用途，并将其使用追溯到 18 世纪：

> 在法语中，名誉（célébrité）这个词……自 18 世纪下半叶以来一直被频繁使用，法兰西文库（Frantext）词汇数据库揭示了 18 世纪 60 年代到 80 年代的历史高峰……尼古拉斯·尚福尔（Nicolas Chamfort）给名誉下的定义是："被不认识你的人认识的特权。"这个定义强调了声誉（在相互熟识的小型人际网中）和名誉之间

的本质区别。因此，名誉可以被定义为一种［社会现象］，在这种现象中，一个人在一生中被那些不认识他但可能与他产生共鸣的人所熟知。[1]

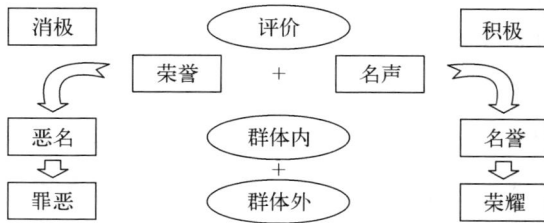

图 9.1　荣誉和名声之间的规范性互动效应

名誉超越了声誉——超越了个体在地理或职业上经常出没的地方的直接影响。然而，名誉是世俗（temporality）的浓缩。名誉意味着一个人不仅仅是在一个广阔的领域（名声）中作为个体被区别开来，而且个体还与某种价值相关联，该价值在规范上被认为是好的或坏的。然而，当这些人死了，那些他们直接影响的人也随之死去，他们的名声也就不复存在了。他们不会留下持久的印象，因为他们的名誉只是反映了一种可以转移到另一个典范的价值。

荣耀

名誉可以超越被奖励个人所处的位置，从而令其体验超越时间和空间直接影响的名望（renown）。这种名誉是无限完美（infinite

---

1　Antoine Lilti, "The Writing of Paranoia: Jean-Jacques Rousseau and the Paradoxes of Celebrity," *Representations* 103, no. 1（2008），55.

perfection）的结果：从绝对意义上来说，这一行为是其声望的典范。[1] 我之所以称这种超验形式为"荣耀"，正是因为它在一神论和战争中的应用。[2] 帕尔默（Palmer）对伯里克利演讲的剖析显示了对三种荣耀形式的关注：男人、女人和国家。男性的荣耀是通过在战斗中自愿接受肉体毁灭而获得的；在公共服务中牺牲自我。[3] 女性的荣耀是通过默默牺牲失去丈夫和/或儿子这样传统意义上的主要养家糊口者来实现的。[4] 对伯里克利来说，这些结合在一起，创造了一个国家可以获得荣耀的环境，"其公共目标是雅典帝国的真正普适性（universality）"。[5] 雅典通过建立一个宣扬其价值观并将其确立为普适价值的帝国而获得荣耀。

塞申斯考察了几个不同团体的荣誉，以展示他在勇士一章中无处不在的荣耀。当写到一个人成为勇士的原因时，他认为，"勇士经常从社会中获得非物质奖励"，包括他在文中强调的"荣耀"。[6] 他还提出：

> 他们是典型的勇敢者，为了更高的利益甘冒生命危险……他们专注于自己的天职，这是普通人通常只能钦

---

1 这种形式反对有限完美（Finite Perfection）。参见 Weinstein，*Finite Perfection ：Reflections on Virtue*。

2 正如名誉有恶名作为其负面化身，荣耀也必须如此。为了找到合适的对应概念，我将军事理论视为优秀的案例，并从中获得洞察力。当战士的"荣耀"意味着他愿意为了集体牺牲自我时，由此找到一个对应的术语似乎是恰当的，这个术语意味着一个人为了自我而自愿地、持续地牺牲群体中的其他人。我建议用"邪恶"（villainy）这个词来占据这个对应的空间。

3 Michael Palmer，"Love of Glory and the Common Good," *The American Political Science Review* 76，no. 4（1982），830.

4 Ibid.，832.

5 Ibid.，830.

6 Sessions，*Honor for Us ：A Philosophical Analysis*，*Interpretation and Defense*，75.

佩的，他们追求目标的自律性和毅力对许多人来说是有吸引力的。他们不仅在结果上超越自己，而且在行动上超越自己，不仅改变了自己的声誉，也改变了自己的灵魂，使之成为更高的荣誉。[1]

加入一个本质是遵守行为准则的荣誉团体，是对面子的接受和内化。加入一个荣誉团体，在该团体中磨炼出一套特定的技能，就是心甘情愿地接受一个作为榜样的职位，并把声望人格化。将这些技能与其他样本进行对比测试（测试的最终结果是潜在的毁灭），就是代表一个团体行动，在这个团体中，勇士的胜利就是团体的胜利，让团体通过与组成勇士同伴团队的个体的联系而获得盛名。

为了团体利益而牺牲自我的天职能提供高水平的盛名，因为它需要不断地、自愿地牺牲自我。柏拉图在《理想国》中对荣誉政体（timocracy）的描述中包含了这种承诺。他让苏格拉底解释：

> 在荣誉政体中，无论是城邦还是城邦中的个体，荣誉政制首先基于勇气，其次基于对荣誉的热爱；后一种德性（荣誉很难被视为德性），已经取代了所有其他的德性……荣誉政体（荣誉政制）产生于贵族政体（最好的政制）。[2]

在柏拉图的理想政体中，哲人王的动机是善，而不是荣誉、物质利益或权力。人被分成三个社会阶层：护国者（guardi-

---

1 Sessions，*Honor for Us : A Philosophical Analysis*，*Interpretation and Defense*，75.
2 Plato，"The Republic," in *Everyman's Library*，ed. Renford Bambrough（New York，NY：Alfred A. Knopf，reprint，1992），2204 - 2206，9108 - 9109.

ans)、辅助者（auxiliaries）和生产者（producers）。护国者为了人民的利益以坚定的信念统治着国家，并拥有最高的荣誉。辅助者作为一个军事阶级执行护国者的规则，并维持公民对共和国的服从。生产者为了社会的利益专门从事他们的贸易，并且作为追随者服从他们的哲人王护国者，他们将从正义的统治中获益，并为国家贡献物质财富。[1] 国家的所有成员在他们自己的专业领域中都是国家的公仆。柏拉图试图通过宣扬一种理念来超越荣誉。亚里士多德强调，荣誉和所有其他德性可以通过中庸（moderation）获得，这可以带来柏拉图的理想国所体现的美好生活。[2]

阿代尔在描述美国建国时也探索了荣耀的崇高地位："如果他们成功了，他们将永垂不朽；他们的名字将传遍所有的县市、河流和山区；受到尊崇和吟唱，世世代代备受推崇。"[3] 亚伯拉罕·林肯（Abraham Lincoln）指出，追求这样的卓越——以一种新的政府形式确立优先地位——只有成功并经受住时间的考验，才能获得不朽；荣耀需要这一行为在历史中回响。[4] 创造和毁灭的绝对性质为能够被认为是荣耀的行为提供了基础。

美国开国者们的荣耀源于他们作为开国元勋的独特地位。创建的行为是创造性的，只能做一次。这一点可以从弗里曼对美国

1　Plato，"The Republic，" in *Everyman's Library*，ed. Renford Bambrough（New York，NY：Alfred A. Knopf，reprint，1992），2204 – 2206，9108 – 9109.

2　Aristotle，"Nichomachean Ethics."

3　Abraham Lincoln，"Address to the Young Men's Lyceum of Springfield，Illinois，" in *Abraham Lincoln：Speeches and Writings*，*1832 – 1858*（New York，NY：Library of America，1989）.

4　Ibid.

国会的考察中看出，美国革命的政治家们对此感到失望：

> 聚集在首都的大约一百人并不令人印象深刻。佐治
> 亚州众议员亚伯拉罕·鲍德温（Abraham Baldwin）
> 说，"任命总的来说不太好"；马萨诸塞州众议员费希
> 尔·艾姆斯（Fisher Ames）认为，议员们没有以前的
> 国会议员那样"英勇"（heroic）。[1]

这种印象在比较年轻人与老年人、愚昧者与智者、涉世未深者与成功人士时是很常见的。新鲜血液无法与他们的前辈相比，因为他们将永远欠缺前辈所提供的生存能力。

尼采就为亏欠创始者的债务而悲叹，因为他们从自己的创造性行为中获得了不同。

> 这种信念占据了统治地位，即只有通过祖先的牺牲
> 和成就，部落才得以存在——而且一个人必须用牺牲和
> 成就来回报他们；因此，一个人认识到不断增长的债务
> 越来越大，因为这些祖先在作为强大的灵魂继续存在的
> 过程中，从未停止给予部落新的优势和新的力量……最
> 终，祖先必须被改造成神。[2]

荣誉有一种不公平的特性，因为即使行为没有被很好地理解或记录，社会也总是要求遵守行为的荣誉。尼采的意思是，一个群体的成员欠他们的祖先一份荣誉，因为祖先为他们提供了使这个群体的存在成为可能的基础。因此，该群体实现的任何行为，

---

1 Freeman，*Affairs of Honor : National Politics in the New Republic*，1.

2 Nietzsche，*On the Genealogy of Morals and Ecce Homo*，88 – 89.

包括为纪念创始者而采取的行为，都可能仅仅是因为创始者，因此债务会增加。

创造不是行动的唯一绝对形式，也不是获得荣耀的唯一途径。另一条路是通过毁灭（annihilation），通常是消灭敌人。历史、寓言和传说中的伟大传奇包含了人们在战斗中通过英雄主义寻求荣耀的例子。珀尔修斯杀死了美杜莎，阿喀琉斯杀死了赫克托耳，贝奥武夫杀死了巨龙（wyrm），等等。由于被杀的人不能再次被杀，只有第一个这样做的人才能得到这样的荣耀。正如伯里克利所指出的，这种荣耀可以通过传奇式的牺牲来实现，比如在温泉关战役中 300 名斯巴达人所展示的牺牲。荣耀的行为被他们铭刻的意义所转化，并获得神话般的品质。世俗存在的现实是，他们的行为体现了一种理想，但这种现实永远无法满足一个社会的需要，这个社会正在走向伟大，并被祖先债务驱动的自卑情结所助长。名声不是荣誉，但是当这两种社会现象结合在一起时，它们会相互加强，并允许个人行为在时间和空间影响之外影响个人。有些品质是永恒和普遍的，有些行为在重视这些品质的社会中总是可以作为这些品质的光辉典范。

阿喀琉斯的难题

阿喀琉斯重返战场的决定是《伊利亚特》中荣耀的核心。阿喀琉斯因亲手杀死他的朋友帕特洛克罗斯而备受折磨："我怎么能高兴呢？我的朋友死了，帕特洛克罗斯，我最亲爱的朋友。我爱他，/但我杀了他。"[1]《伊利亚特》最初的问题是阿喀琉斯与阿

1　Homer，*Iliad*，357.

伽门农的不和，导致阿喀琉斯请他的母亲忒提丝恳求宙斯（他欠她一个人情）记住他的命运：

> 妈妈，既然你只让我活了很短的一段时间，奥林匹斯山上的宙斯应该给我荣誉。/嗯，他一点也没给我。阿伽门农拿走了我的奖品，让我蒙羞……把希腊人夹在舰队和大海之间……/一旦他们开始被杀，希腊人会/欣赏阿伽门农的为人，/阿特柔斯（Atreus）之子会看到/他是一个多么愚蠢的人，因为他不尊重/所有战斗中最优秀的亚该亚人。[1]

忒提丝含泪接受了儿子的遗嘱，并做了铺垫。"哦，我可怜的孩子。我因悲伤而生你，因悲伤而养育你……因为生命对你来说太短暂了。现在你注定既要早逝/又要遭受无与伦比的痛苦。就是为了这个/我在你父亲的宫殿里/在一颗邪恶的星星下生下了你。"[2] 阿喀琉斯为把自己的羞辱变成阿伽门农的羞耻的愿望而付出了高昂的代价——帕特洛克罗斯的死。

阿喀琉斯由于负罪感而勃然大怒，这种强烈的情绪折磨着他。他不仅为自己的自私导致了朋友的死亡而感到羞愧，还为自己的损失而悲伤，为赫克托耳和特洛伊人夺走帕特洛克罗斯的生命而愤怒。为减轻阿喀琉斯的痛苦，忒提丝来到她的儿子身边，询问他为什么在胜利的时刻悲伤。她提醒他："宙斯同意了你的祈祷。希腊人/都被打回了自己的船上/遭受了可怕的苦难。他们

---

1 Homer，*Iliad*，11 - 12.
2 Ibid.，12 - 13.

离不开你。"[1] 但是阿喀琉斯不再关心他和阿伽门农的恩怨。他的担忧变成了现实。

阿喀琉斯降低了包含他的物质存在的物质形式的重要性。他的愤怒变成了沮丧，他对忒提丝说，"你再也不会/欢迎我回家了，因为我再也没有意愿/活在人世，除非赫克托耳/在我的矛尖上失去他的生命/为掠夺墨诺提俄斯（Menoetius）的儿子付出代价。"[2] 忒提丝以她自己的悲伤回应道，"我不会让你和我在一起太久，我的孩子，/如果你说这样的话。赫克托耳的死如同你的死。"[3] 忒提丝提醒她的儿子，阿喀琉斯注定要在赫克托耳之后死去。他的生命要么在世上很长，但没有名望，要么短暂而闪耀，他的名字将永远被荣耀地记住。

阿喀琉斯的回应不是激情，而是接受他的职责，这种职责以荣誉约束着他，就像萨佩顿（Sarpedon）之前描述的那样。他接受自己作为英雄和战士（champion）的角色，这是一个他长期忽略的角色：

> 让我死吧。他在外面被杀时，我对他毫无帮助。他死了/离家很远，他需要我的保护。/但现在，因为我不回家，也不是/帕特洛克罗斯或任何其他被赫克托耳击败的朋友的一束光，/但在我的船尾墩旁，大地一片死寂……/我在整个希腊军队中是孤独的/当战争来临时——尽管有些人确实说得更好。/我希望上帝之间/人

---

1 Homer, *Iliad*, 357.

2 Ibid.

3 Ibid.

> 与人之间的所有冲突都能停止，愤怒也能停止——它让/理智的人大发脾气，/它像蜂蜜一样甜润地滴落在我们的喉咙里/像烟雾一样在我们的肚子里滋生。/是的，军阀阿伽门农激怒了我。/但我们会让它成为现实，不管它有多伤人，/征服我们的骄傲，因为我们必须这样做。/但是我现在要去找那个摧毁了/我钟爱的人——赫克托耳。[1]

关于他的难题，阿喀琉斯承认他的命运不是他自己的。他作为英雄和战士的角色是以自我牺牲和在前线战斗为代价的。他对自己想要的世界充耳不闻，就像阿朱那（Arjuna）不想杀死他的亲戚一样，克里希那（Krishna）对他的愿望充耳不闻。[2] 阿喀琉斯必须行动起来。为了让阿喀琉斯成为真正的阿喀琉斯，他必须为帕特洛克罗斯的荣耀而战，并为他的羞耻付出代价。阿喀琉斯认为他的社会价值高于其生命，但是他的技能和实力，加上他母亲把他浸入冥河（the river Styx）给他的保护，让他有了一种骑士般的能力。既然他必须真正权衡两者，他坚持自己的本体论秉性（ontological predisposition），并接受死亡。

> 至于我自己的命运，/我会接受它，只要它让我高兴/宙斯和其他不朽的神将这种命运赐予我。/即使是赫拉克勒斯（Herades）也无法摆脱他的厄运。/他是宙斯最亲爱的人，但命运/赫拉的愤怒摧毁了他。/如果我有

---

[1] Homer，*Iliad*，358.

[2] "The Bhagavad Gira,"（New York，NY：Three Rivers Press，2000）. 同时参见本书第1—2章。

和他一样的命运是真的，那么我也/将像他一样死去。[1]

阿喀琉斯没有隐瞒他的预期行为可能产生的结果。他对忒提丝的回应与他的决定直接相关，"但现在要赢得荣誉/和……让他们感觉到我已经很久没打仗了"[2]。

阿喀琉斯杀死了赫克托耳，并最终死在了帕里斯（Paris）的手上（借阿波罗之力）。他的命运保持不变，他的物质现实随着他的肉体形态的死亡而毁灭。然而，特洛伊战争的故事依然存在。这个故事不简单。阿喀琉斯的社会价值通过时间和空间的距离回响，以启发、宣告和预示的方式向我们歌唱。他的故事多姿多彩，正如他本人是多面的一样。他的故事包括一个伟大的战士和一个伟大的国王之间的宿怨，关于谁应该得到更大的荣誉还有一个悬而未决的结局。还包括模范战士的故事，他们为了爱和荣誉牺牲正常的生活，为的是一个他们永远不会真正属于的社会。《伊利亚特》是一个关于荣誉无处不在的故事，不仅在当下，而且在整个时间和空间里将人们联系在一起。每个人的选择都会影响社会，并在生活的池塘中创造浪花。人是群居动物；没有个体就没有社会，没有社会群体就没有个性。荣誉超越时间和空间，因为荣誉将过去与未来联系在一起。荣耀是人类文明的典范，任何时候都属于每一个人。

---

1 Homer，*Iliad*，358.

2 Ibid.

第三部分 | **内 在 荣 誉**

第 10 章　荣誉感

> 我不仅用语言，而且用行动表明，如果允许我使用这样的表达，我对死亡毫不在乎，我唯一的恐惧是害怕做一件不正义或不神圣的事情。因为强大的压迫力量并没有吓得我去做错事。[1]

正如我们到目前为止所看到的，荣誉是一个社会过程，在这个过程中，个体被一个群体赋予了价值。荣誉系统是关系性的，取决于个体对群体所记录的价值认同的内在化。然而，每个人都是独一无二的个体，并将在不同程度上内化每个群体的内在价值。群体价值观的内化代表了社会现实对个体本体论观念秉性的影响。荣誉感（honorableness）是个体内在接受外在自我评价的程度。

荣誉感

斯图尔特的"荣誉感"（The Sense of Honor）一章包括了对查尔斯·劳伦斯·巴伯（Charles Lawrence Barber）内在划分的研究。"巴伯是个例外，因为他对自然和道德内在的区别很敏感……在分析材料时，他将其分为不同的标题。两个主要的标题

---

1 Plato，"The Apology."

是 R（声誉助记符号）和 H（荣誉助记符号）。"[1] 斯图尔特解释说，所有的荣誉都是内在的，大多数是道德上内在的。因此，拥有荣誉感要求个人区分道德上正确和道德上错误的行为，以及偏向正确的观念方向。重要的是要注意到道德不能取代荣誉。在许多情况下，如果个人要维护荣誉准则，他们必须回避"好"的行为。荣誉准则包括了有预谋的杀戮是可取的情况，包括战争、处决和决斗。

荣誉感是指在任何特定的社会环境中，准确感知个体（基于关系身份）所需要的才能。斯图尔特阐述了他的必备要素："我认为荣誉感至少由两个密切相关的要素组成：对什么是光荣行为的理解，以及对这种行为的依恋。"[2] 第二个因素，预设的依恋，是对荣誉表现的存在特征的强调。必须有一个行动来代表个人对社会规范和期望的认识；否则，个人认为社会任务是建议而不是要求。[3] 塞申斯对此作了进一步阐述：

> 一种有效的荣誉感是一种内在的性格，一种个性特征。衡量标准是一个人在多大程度上能够并愿意按照某种荣誉的概念与特定的人生活和互动——在多大程度上，荣誉已经成为一种个人德性。[4]

一个人的荣誉感是本体论的，代表了为他人而存在融入自我的必要表现的程度；通过这种方式，荣誉是反身的（reflex-

1　Stewart，*Honor*，42.

2　Ibid.，47.

3　Sartre，*Existentialism is a Humanism*，37.

4　Sessions，*Honor for Us：A Philosophical Analysis*，*Interpretation and Defense*，26.

ive）——"我思"试图把自我看作可分离的和外在的。[1]

荣誉感是个人痛苦的来源；那些知道在任何情况下需要什么的人明白，他们在给定情境中采取的行动定义了在未来类似情境中应该采取的行动。高尚的人（honorable people）是全人类的榜样，他们不仅要活在自己的行为中，还要活在一个真实存在的知识世界中，这个真实存在意识到他们的本体论，并且必须在他们自己的判断和他们选择加入的团体的权威之间做出选择。高尚的人与那些遵守规则的人是不同的，因为他们存在；他们的能动性永远是他们自己的，他们的性格体现在他们的全部行动中。[2]他们根据自己遵循特定准则的选择来定义自己对个人荣誉体系的承诺强度；当这些准则发生冲突时，他们宣布效忠于一个相对于他者的群体。[3] 森阐述了这一过程："与其说一个人必须否认一种身份才能优先考虑另一种身份，不如说一个具有多重身份的人必须在发生冲突时，决定不同身份对于所讨论的特定决定的相对重要性。"[4] 真正的主体知道，他们的承诺将会发生冲突，在那些时刻，他们不能仅仅置身于世界之中，而是必须拥有自己的决定和因此而产生的他们所赋予权力的群体的反应。[5]

建立信任

通过聚焦作为荣誉要求的真实的主观性，就有可能展示个人

1　Sartre, *Being and Nothingness : An Essay on Phenomenological Ontology*, 651.

2　Sartre, *Existentialism is a Humanism*, 39.

3　Ibid., 32 - 33.

4　Sen, *Identity and Violence*, 29.

5　Ibid.

被贴上荣誉标签的发展过程。随着个人的行动，他们意识到自己独特的承诺模式。塞申斯将承诺视为一种特殊的荣誉形式，它将个人与"更抽象的东西——原则和主张，以及……允诺和协定联系起来，并且只间接给那些作为榜样或持有这些原则的人"[1]。塞申斯强调承诺是一种荣誉的形式，但有很多缺点。它并不总是增加一个人的社会价值。如果个体的承诺被误导、不恰当和/或不充分，它可能达不到要求或会被负面解释。[2] 当"一个人致力于在他所说的和他所做的中展现自己"时，他的承诺对他者就变得清晰可见。[3] 随着个体发展出"相当一致的行为模式"和"言语与行动的一致性"，他们将因其行动的方向和承诺的深度而赢得声誉。[4]

通过获得声誉，个体就与他们所承诺的原则、主张或允诺联系在一起。个体重视这些承诺使他们成为值得他人重视的人——这是尊重的来源。[5] 威尔士重视名声和荣誉对声誉的重要性。随着个人认知范围的扩大，名声带来的声誉在绝对值上增加，但方向取决于个体对其所依附的价值的积极或消极判断。[6] 荣誉带来的声誉是通过直接和间接关系对个体影响的考察；然而，这种形式不能下降到零点以下，因为荣誉和羞耻在本质上都是绝对的且不能下降到零点以下，而零点本身就是不存在。[7]

1　Sessions，*Honor for Us：A Philosophical Analysis，Interpretation and Defense*，20.

2　Ibid.，21.

3　Ibid.

4　Ibid.，20 – 21.

5　参见本书第 7 章。

6　Welsh，*What Is Honor？ A Question of Moral Imperatives*，3.

7　Ibid.，2 – 3.

个体几乎可以出于任何原因而建立一个不受他们控制的声誉，不过如果他们愿意的话，他们可以培养一个这样的声誉，这使得一些荣誉批评家把声誉视为"稻草人"。[1] 声誉很容易被个别案例打破，这些案例打破了模式的一致性，并使人们对特定身份、价值或理想的承诺受到质疑。然而，声誉虽然得到了维护，但也为其他人提供了行动一致性的证据，如果不是因果关系的话，那么在特定条件下，决定和选择是相互关联的。这些行为的相互关系不仅反映了承诺的深度，也创造了个人的可信任度。

获得可信赖身份的人是受人尊敬的。塞申斯说，"我们不仅依靠和依赖他人，我们还认为那个人值得信赖……信任荣誉不仅仅是忠诚……这也是对他人的支持，值得信任的人是真的值得信任。"[2] 值得信赖的自我的声誉被认为是如此稳固，以至于其他人愿意拿自己的声誉来冒险。信任不是非此即彼的现象；类似于承诺和声誉，它"有程度和数量之分"。[3] 萨特解释了他能够理解信任的程度：

> 在斗争中，我将永远依靠我的战友，因为他们像我一样，致力于一个明确的共同事业，团结在一个我或多或少能控制的政党或团体中……但我不能指望那些我不了解的人，因为他们相信人性的善良或人类对社会福利的兴趣，因为人是自由的，没有我可以信任的人性。[4]

1　Sessions, *Honor for Us*: *A Philosophical Analysis*, *Interpretation and Defense*, 155 – 157.

2　Ibid., 22.

3　Ibid., 23.

4　Sartre, *Existentialism is a Humanism*, 37.

信任要么需要个人行为的经验来形成声誉，要么是自由给予的，或者是交换来形成或加深关系。

艾伦·霍夫曼（Aaron Hoffman）考察了通过制度转型建立信任的过程，从"鼓励机会主义的规则"到"有效消除彼此支配能力并使彼此与内部隔绝的机制……压力"。[1] 然而，霍夫曼的分析表明，信任被抑制是因为对他人的怀疑和对预测他们未来行为的安全感。他建议放弃基于身份的渐进式信任形成理论，以换取"针对他们最担心的结果的保险：外部政党的统治和内部对手的政治损失"。[2] 霍夫曼正在间接地将主要的不安全感强加给政治团体。通过创建强制遵守契约和条约的制度，霍夫曼并没有获得对其他人的信任，而是建立起对强制执行机构的信任——国家仍然像以往一样不可信任。但是，通过与这些机构形成关系身份，国家通过加入一个团体并接受其荣誉准则而放弃了主权。[3] 在他的理论假设下，信任是不可能建立的，但可以被模仿。他的论点被破解，取而代之的是"安全共同体"（Security Communities）中的身份形成和温特所阐述的集体身份的形成。[4]

荣誉感是一种内在品质，不能从外部强加给个人。一个人决定了他或她的承诺的深度，这反映在他或她的行为中，这些行为形成了一个别人认为值得信任或不值得信任的声誉。一个人的可信度并不等同于对所有事情的信任。"我们可以相信某人会按照

---

1 Aaron M. Hoffman, *Building Trust : Overcoming Suspicion in International Conflict*, ed. James N. Rosenau, *SUNY Series in Global Politics* (Albany, NY: State University of New York Press, 2006), xi - xii.

2 Ibid., 2 - 3.

3 Ibid.

4 Wendt, *Social Theory of International Politics*.

深深根植于性格中的原则可靠地行事。……我们可以相信某人的话……我们可以相信他会说他相信的话，也会相信他说的话。"[1]因此，可信度取决于个人的承诺程度，但绝不应被视为绝对的。例外总是存在的可能性，必须由主权来裁决——无论是国家本身，还是代表主权的权威机构。

个人荣誉

尽管"一个人可能会忍不住说，荣誉感只是被视为荣誉不可或缺的任何美德的组合，例如诚实和勇气。这种方法的问题在于荣誉……取决于遵守某些规则"。[2] 由于荣誉感是个体对他们在社会环境中的独特地位的解释，因此规则是他们的，尽管这是对其社会现实规范的反应。因为这种反应采取的形式是走向和远离他的团体的规范的内在化，所以这是一种个人判断的练习。

斯图尔特注意到，在通常的用法中，荣誉感从按照某些规定的行为（荣誉道德规范）行事转变为拥有被社会构建为充满普遍道德美德的特征。[3] 他指出，个人的荣誉感清空了荣誉准则的首要地位，但他并不认为这"会导致荣誉概念的崩溃"。内在荣誉要求个人全面协商社会现实，这样，在给定的情境中，他或她需要选择一个群体的价值体系的权威凌驾于其他群体之上。更确切地说，是无处不在的道德观念的传播。这种道德观念通过消除例外情况（exceptionalism）而削弱了社会中的荣誉。

有荣誉感的人可以自主决定他或她承诺的深度。正是在承诺

---

1 Sessions，*Honor for Us：A Philosophical Analysis*，*Interpretation and Defense*，22.

2 Stewart，*Honor*，47 - 48.

3 Ibid.，48.

等级体系化的行动中，在本体论观念（ontological proception）的指导下，确定了个体独特的价值体系，也就是他或她的个人荣誉。个人荣誉"是一个人的个人评价的结果，独立于授予和对社会荣誉的观察，因此它的绝对特征来源于它与公共荣誉毫无关系的事实"。[1] 个人荣誉是绝对的，因为它是不妥协的和不可逆转的本体论——一旦一个人形成了荣誉感，就不可能允许另一个人去制定自我的价值体系。然而，它是相对于其他人的价值观而言的，这些价值观是基于他们对一个人的忠诚等级应该是什么的外部感知。

> 个人荣誉是在特定社会背景下具有必要能力的个人可实现的德性：它意味着某人拥有有效的荣誉感，理解并致力于某些人的荣誉准则……尊重团体，并公开信任团体成员，就像他们信任他一样，并据此行动。[2]

从这个意义上说，个人荣誉是亚里士多德所描述的德性，是两个极端之间的中庸之道，只能被感知且需要行动来体现；不是所有的人都会寻找这个中间值，也不是所有的人都会找到它，而且这个中间值并不是对所有人都一样。[3] "个人荣誉有多种程度：社会和团体或多或少地关注荣誉；个体或多或少是有荣誉感的。"[4] 斯贝尔切入了问题的核心："一个人对自己标准的忠诚必须独立于他人的意见。"[5] 他并不认为人们会突然变成一个孤岛，

1　Speier，"Honor and Social Structure，"44.

2　Sessions，*Honor for Us：A Philosophical Analysis*，*Interpretation and Defense*，37.

3　Aristotle，"Nichornachean Ethics."

4　Sessions，*Honor for Us：A Philosophical Analysis*，*Interpretation and Defense*，35.

5　Speier，"Honor and Social Structure，"44.

或者社会现实不重要，而是认为他们对自己选择的标准的忠诚，即使这些标准是他们通过隶属关系获得的，也是他们独自指引的，因为别人不能成为他们。个人荣誉肯定原则，而不是原则的来源。

在个人荣誉领域出现了两个占主导地位的阵营：一派认为个人荣誉是对社会规范的内部评价，是本体论个人通过上述行动对社会的独特回应；另一派认为个人荣誉是拥有永恒和普遍的道德良善（goodness）的内在品质。被确立为道德高尚的价值观往往是占主导地位的社会制度的预期价值。威尔士的解释是：

> 卢梭和其他现代人倾向于所谓的内在荣誉标准的主要原因是，他们希望反驳那些认为荣誉是一种现存的特权，如贵族或巨大财富的观点。例如，在朱莉（Julie）看来，"个人德性往往更崇高，因为它不渴望得到他人的认可，而仅仅是为了自身的利益"。[1]

如果有一种内在的价值是不可争辩和不可改变的，那么它就没有荣誉的贤能主义（meritocratic）本质和对作为一种德性的卓越的强调。荣誉成为自尊的同义词，根据目前对自尊一词的研究，自尊仅仅是自我在社会中有价值的反映。[2] 这进一步表明，并不是所有的个体都有社会价值，这是对榜样和普通人之间共生本质的否定，是对人的境况和尊严的否定。

> 由于个人建立了自己的荣誉准则，个人荣誉独立于社会价值的观点预设了一种社会状况，在这种状况下，

1　Welsh，*What Is Honor？A Question of Mora l Imperatives*，131.

2　Ibid.

代表性行为贬值，被认为只是空洞的形式，这些形式可能是令人愉快的或可笑的，但与人的内在道德品质相比，无论如何都是微不足道的。[1]

在我们把荣誉视为一个过程时，就有必要拒绝把荣誉作为一种永恒的、普遍的祝福给予某些人，而不给予其他人。相反，它是一个过程的结果，在这个过程中，人们通过决定他们将捍卫哪个群体的价值体系，以及他们将忽略或攻击哪个群体来体现他们的本体论。每个人都会在不同程度上内化群体的价值体系，但通过这样的选择，每个人都肯定了本体论和社会存在的融合，并获得了在社会中存在的尊严和价值。

萨尔伯冬在对格劳克斯（Glaucus）的演讲中强调，将荣誉内化的人这样做是因为他们寻求生命的意义，而这种意义只能在外在的认可中找到：

> 啊，我的朋友，如果你和我能够/活着离开这场战争，然后/永生永世。/我再也不会和最重要的人战斗/也不会把你送进人们赢得荣耀的战场。/但事实上，死亡无处不在/以我们数不清的形式存在，/既然没有人能幸免或逃脱，/让我们前进吧，要么给另一个人以荣耀/要么从他那里得到荣耀。[2]

萨尔伯冬此刻正带领特洛伊军队拆毁希腊城墙，以便烧毁他们的船只。即使在这胜利的时刻，他的话暗示他宁愿在别处，但他被他对永恒社会价值的追求所困，这种追求只能通过不朽或荣耀来

1　Speier，"Honor and Social Structure，" 45.
2　Homer，*Iliad*，233.

实现。他的荣誉感如此之强，以至于他不仅克服了物质苦恼
（material coil）的呐喊，还出于同样的原因，心甘情愿地把格劳
克斯送上前线。他认识到荣誉和荣耀的竞争性，但承认这是一个
社会事实和必然，并且敞开心扉拥抱全部的荣誉。

第 11 章 尊严

> 就我们所知，死亡终结了一个独特的、不可替代
> 的人。[1]

作为二分法的尊严

正如我们所看到的，荣誉是一个过程，通过这个过程，个人
被外在地赋予了社会价值。赢得荣誉（to be honorable）就是接
受社会价值体系并将其内化为个人本体。这意味着还有一个本体
论的过程，通过这个过程，社会价值被自我铭刻。我称之为过程
尊严（process dignity）。当个人有尊严时，他们代表着对其群体
主权的明显而现实的潜在危险。

卡尔·施米特的政治本体论建立在主权者（sovereignty）、
政治和例外三个概念的关系和相互渗透的基础上。这三个概念不
仅相互渗透，而且是共生的——如果没有其他两个概念，其中任
何一个概念都不可能存在。对施米特来说，主权者是"决定例外
的人"。[2] 政治团体是"决定性的实体"。因此，决定例外的实体
是例外本身。[3] 施米特对主权者的理解是一种需要行动的理

---

1 Gilbert Meilaender，*Neither Beast nor God：The Dignity of the Human Person*，Kin-
   dle ed.（New York，NY：Encounter Books，2009），74.

2 Schmitt，*Political Theology：Four Chapters on the Concept of Sovereignty*，5.

3 Schmitt，*The Concept of the Political*，43.

解——必须有一个决定和社会分离——这是完全不同的。主权者既是例外又是榜样；他或她站在群体之外，但总是与群体联系在一起。主权者是独一无二的，就像其他人一样，但是相对于其他人来说，他要对他或他的独特个性负责。主权者能够并且确实形成政治关系。

成为主权者就是被一个更高的权威所依靠（beholden）和支配，因此，不是真正的主权者。所以，真正的主权者必须自我体现。表现是自我存在的宣言；通过认识到一个人是独特且不同的，这个人创造了一个基于这种不同的群体。正如加缪所说，"我反抗——所以我们存在。"[1] 尊严是福柯式自由的源泉，也是实现个体内部能动性的号角。然而，在尊严中实现的自由和能动性可能会导致存在的痛苦。[2] 一个人如何应对这种痛苦反映并形成了他或她的性格。[3]

尽管在一些政治学文献中遭到了曲解，尊严依然是哲学、宗教、社会和政治文献中讨论最多的话题。对尊严的考察通常表现为两分法，其中最常见的是：古典 vs 现代、个人 vs 人类、贤能主义（meritocratic）vs 民主化。尽管侧重点有所不同（取决于选择哪一对），但相同的核心论点将成对词组彼此分开，从而更准确（尽管不完美）地反映关于尊严的话语将是以下组合：古典/个人/贤能主义 vs 现代/人类/民主化。这些组合将被证明是在形而上学的争论中断裂的，形而上学的争论认为所有的人类都作为一种生活形式占据着一个独特的位置，而这种生活形式是在

---

1 Camus，*The Rebel：An Essay on Man in Revolt*，22.

2 Sartre，*Being and Nothingness：An Essay on Phenom enological Ontology*，649.

3 Homer，*Character：An Individualistic Theory of Politics*.

兽类和神之间的中间位置被创造出来的，而存在主义的争论则是一种独特的思考的投射。这些概念并不相互排斥；人类尊严的普遍性和个人尊严的个性相互强化、相互创造。

个人尊严

亚里士多德关于"尊严不在于拥有荣誉，而在于应得荣誉"的陈述是贤能主义对尊严解释的基础来源。在这段引语中，荣誉代表了在一个公开颂扬他或她的卓越的社会中，个人所实现的声望的来源。尊严是个人对自我的判断，是圣奥古斯丁所说的"最大的大陆"（largest continent）。[1] 这是一种由优秀者意识到的现象，他们拥有属性，并在"应该"博得公众荣誉的水平上做事情。我们关心的是一个人"应得的"是什么，或者，正如字典所说的，他或她"正当应得的，或平等有权的，或能够凭借所做的行为或表现出的品德正当地要求"。[2] 理想的情况是，尊严作为尊重（或自尊）的感觉来自受人尊敬的人，他们是值得尊敬的或具有某种被他人公认的有价值的品质，并且允许个人感觉到。正如亚里士多德雄辩地指出的那样，他们应该得到相应的荣誉，不管他们是否得到它们。然而，在现实生活中，作为自尊的尊严感通常不是由真正拥有有价值的品质引起的，而是由通常与之相关的外在表象引起的；人们会努力寻找其中一部分尊严或

---

1 George Kateb, *Human Dignity*, Kindle edition (Cambridge, MA: Belknap, 2011), 164.

2 B. F. Skinner, *Beyond Freedom and Dignity*, Kindle edition (Indianapolis, IN: Hackett, 1971), 51 – 52.

者假装优秀。[1]

斯贝尔同意亚里士多德的观点，并强调尊严的个体性，反对尊重的社会过程：

> 对于荣誉所要求的卓越，总是有一种特定的行为形式，这种行为形式可以被称为尊严，根据荣誉的具体内容而变化。无论是一个王子还是一个小偷，尊严总是用来证明包含在荣誉中的高低之别。更具体地说，在荣誉准则本身中，对持有人来说，就像他对观察者所期望的那样有吸引力。这种令人信服的力量体现在"个人荣誉"中，决定了一个人的道德操守。荣誉准则通过尊严成为个体人格的一部分。[2]

对斯贝尔来说，一个人的尊严包括他或她卓越的道德操守。如果个体在某项行动中表现出色，他们知道这一点并且会保持自己的标准，因为这对他们个人来说很重要。他们接受了一种价值并将其内在化，直到对这种价值的辩护作显现为他们对我们称之为人格的社会的本体论投射的一部分。

个人尊严是一种社会建构。它通过将某种价值融入自我人格这一过程，在个人内部发展。这个过程不能仅仅归因于经验，而是要归因于感知（proception）。感知是"过程和接受之间不可分

---

1 Andrew Brennan and Y. S. Lo, "Two Conceptions of Dignity: Honour and Self-Determination," in *Perspectives on Human Dignity: A Conversation*, ed. Jeff Malpas and Norelle Lickiss (Dondrect, The Netherlands: Springer, 2010), 44; Skinner, *Beyond Freedom and Dignity*.

2 Speier, "Honor and Social Structure," 43.

割的结合，是自然的运动，是被接受的事件塑造的事物"[1]。观念性方向是个体累积历史的结果；它不仅代表方向，也代表一个人在生活中被推动的程度。观念性方向不仅说明了一个人所拥有的价值观，也说明了我们认为值得尊敬的内在化程度。尽管布赫勒（Buchler）否认观念性方向与个人的"生活目的"有任何关系，但人们根据观念性价值被引入和拒绝的深度来定义他们的目的并承诺他们的价值。[2] 感知是事实——并且实实在在地发生了。尊严是通过承诺的行为来表达的。[3]

　　个人尊严代表了在社会系统中，个人品质应该如何被他人重视的个人观点。当一个社会的荣誉体系所珍视的个人品质是不可改变的物理特征，而这些特征又是再生产过程中的偶然因素时，人的价值就变成了无法引导的价值层次，因为卓越是由存在的行为来定义的。当这种情况发生时，社会阶层中那些价值低于他人的人实际上变得比那些价值更高的人价值更低。在极端情况下，一些群体失去了作为人的地位，被视为失去了做人的资格：

　　　　就个人尊严而言，我们可能会强调个人平等，肯定或坚持认为，仅仅因为他或她的人性，每个人都是一个其尊严需要我们尊重的人。我们做的或遭受的任何事情都不能剥夺属于我们每个人的尊严。我们可能冒犯或不承认这种尊严，但我们不能摧毁或抹杀它。[4]

1　Buchler，*Nature and Judgment*，112.

2　Ibid.，113.

3　Sartre，*Existentialism is a Humanism*.

4　Meilaender，*Neither Beast nor God : The Dignity of the Human Person*，7.

不管社会如何评价一个人，尊严仍然存在，并且由主权者个人支配。

马丁·路德·金博士探讨了美国黑人人格的丧失，但强调了个体和群体对尊严的肯定，以及对价值体系的拒绝，这种价值体系没有看到基于单一特征的整体存在和存在群体的社会价值：

> 忽视黑人对美国生活的贡献并剥夺其人格的倾向，与最早的史书一样古老，与早报一样现代。为了打破这种文化上的杀戮，黑人必须站起来，肯定自己的高贵人格（Olympian manhood）。[1]

马丁·路德·金表明，从人身上去除人性的荣誉制度是一种征服形式，是通过对下层种姓个体的心理攻击来维持的。然而，较高的种姓也失去了他们的个性，因为他们畏缩在荣誉准则的虚空盾牌后面，而较低的种姓永远不属于这样的荣誉准则，因此，他们既不会服从也不会为了这样的准则耗费精力。拒绝这种征服只需要一种自我实现的行为。他解释说：

> 只要思想被奴役，身体就永远不会自由。心理自由是一种坚定的自尊感，是对抗漫长的肉体奴役黑夜的最强有力的武器。林肯的《解放黑奴宣言》或约翰逊的《民权法案》都不能完全带来这种自由。黑人只有深入到自己的内心深处，用自信的高贵人格的笔墨签署自己的《解放宣言》（*Emancipation Proclamation*），才能

---

1 Martin Luther King, Jr., "Where Do We Go from Here?" in *A Testament of Hope : The Essential Writings and Speeches of Martin Luther King*, ed. James Melvin Washington (New York, NY: Harper Collins, 1991), 246.

获得自由。而且，带着一种向真正的自尊努力的精神，黑人必须大胆地摆脱自我放弃（self-abnegation）的镣铐，对自己和世界大声说："我很重要。我是一个堂堂正正的人。我是一个有尊严和荣誉的人。"[1]

"争取自由和尊严的斗争被表述为对独立自主的捍卫，而不是修正人们生活在其中的各种可能性的强化。"[2]

道格拉斯（Douglass）强调，投射自我的生理和心理行为之间有一种联系：

> 那次斗争后，我变了一个人。我以前是一个无名小卒；**我现在是个真正的男人**。这让我想起了我破碎的自尊和自信，并激励我下定决心成为**一个自由人**。一个人，没有力量，就没有人性的基本尊严。人性是这样构成的，以至于它不能尊敬一个无助的人，尽管人性可以怜悯他；即使这样，如果权力的迹象没有出现，它也不会长久。[3]

对道格拉斯来说，作为一个真正的人——维护人格——需要自由，必须用暴力捍卫自由，不让任何人夺走它。道格拉斯认为暴力是不体面的，但它仍然是维护尊严的一种可接受的必要手段。个人尊严激发了对消除人格的荣誉制度的反抗。

1　Martin Luther King, Jr., "Where Do We Go from Here?" in *A Testament of Hope : The Essential Writings and Speeches of Martin Luther King*, ed. James Melvin Washington（New York，NY：Harper Collins，1991），246.

2　Skinner, *Beyond Freedom and Dignity*, 125.

3　Douglass, "My Bondage and My Freedom," in *The Collected Works of Frederick Douglass*（Halcyon Classics，2009），4008 – 4013.

斯金纳把自己的价值体系投射到了关于尊严的辩论中，他认为生存和财富积累的价值大于尊严和自由的价值，因为前者比后者产生更持久的影响。[1] 他利用这一点来宣扬"科学"文化优于"文学"文化的观点，以及乌托邦社会的成就更有利于生存与进步，而不是自由与个性。斯金纳的观点是对价值体系的简化，这种价值体系将个体行为者从那些尊重他们的人的行为中分离出来。斯金纳向我们揭露了卓越是如何被货币化，从而被他人控制和交换的。[2] 梅兰德（Meilaender）对此提出了警告："我们可能会自然而然地转向'价值'的量化语言，并得出结论，一些人的生命比其他人的生命'更有价值'。"[3] 斯金纳得出的结论是，斯贝尔将荣誉理解为主权权威的一种社会控制形式，并认为这种控制是一种善，而没有充分关注个体与群体之间的相互作用，在这种相互作用中，隶属荣誉允许一方强化另一方的价值，反之亦然。[4] 因此，斯金纳以科学的名义评价道格拉斯的对立面，这是纳粹的共同立场。

人的尊严

尊严不仅是对个性的肯定，也是对人类物种作为自然界中一个独特的物种的肯定。[5] 卡提卜（Kateb）简洁地解释说，"人类尊严的核心理念是，在地球上，人类是最伟大的生物——或者我

1　Skinner, *Beyond Freedom and Dignity*, 181.

2　Ibid., 51.

3　Meilaender, *Neither Beast Nor God : The Dignity of the Human Person*, 7.

4　Hans Speier, "Freedom and Social Planning," *The American Journal of Sociology* 42, no. 4 (1937).

5　Kateb, *Human Dignity*, 106 – 108.

们称之为物种。"[1] 尊严是一种源于对人性的解释的现象，既有宗教的也有世俗的捍卫者。人类尊严的宗教根源来自人类在上帝创造宇宙中的特殊地位。皮科·德拉·米兰多拉（Pico della Mirandola）从《创世记》中阐明了一神论的起源：

> 亚当，我们没有给你固定的座位，没有你自己的形式，没有特别属于你的礼物，这样让你感觉自己像自己，拥有你自己的座位，占有你自己想要的形式和礼物。其他生物的有限本性被限制在我们写下的法则之内。按照你的自由判断，无论我把你放在谁的手里，你都被无限限制；你将为自己确定自然的界限。[2]

人类尊严起源的世俗来源非常相似：

> 人类确实是一种特殊的物种，它拥有有价值的、值得称赞的唯一性或独特性，不同于任何其他物种的独特性。它比所有其他物种都有更高的尊严，或者说与所有其他物种有质的不同。更高的尊严理论上是建立在人性与自然的部分不连续性上的。和所有其他物种只有自然性不同，人性不是只有自然性。[3]

人性的定义在自然秩序中没有固定的位置。个体可以向任何方向演进。他可能会假设一种返祖现象，并成为一种类人的动物，或者他可能会为成为神而奋斗。他们可以不受任何限制地发

1　Kateb，*Human Dignity*，108 – 109.

2　Pico della Mirandola，*On the Dignity of Man*，trans. Charles Glenn Wallis，Kindle edition，Hackett Classics（Indianapolis，IN：Hackett，1998），307 – 310.

3　Kateb，*Human Dignity*，133 – 135.

挥自己的作用，投射自己的意志，而不管社会影响如何，或者他们可以把自己的地位让给别人的意志，并把自己的关系地位内在化，这样他们的自我就是他们在社会世界中独特位置的代表。

> 我创造你，不是天上的，也不是地上的，也不是人间的，也不是永生的。你就像一个被任命为受人尊敬的法官，是你自己的塑造者和创造者；你可以把自己塑造成你喜欢的任何形状。你可以向下成长为低等动物。你可以再次从你灵魂的理性中成长为更高的神性；[1]

梅兰德强调，这种自我实现的自由不是绝对的。他认为，"人类的生活以特有的力量和能力为标志，但也以特有的局限甚至弱点为标志。"[2] 人性包含一种本性，即我们有生理和心理上的优势和弱点，但我们也与他人分享共同体。这个共同体最初是由个体所处的特定条件来定义的：

> 人类一出生就与父母以特殊的方式联系在一起。我们居住在某个地方；我们不仅仅是自由流动的灵魂或世界公民。我们不会像蘑菇一样从地里长出来，因此我们对某些东西有特殊的依恋，甚至是我们从未同意也从未选择的义务。这些特殊的依恋、忠诚和义务是作为一个人意味着什么的一部分。[3]

人的尊严是一种结合，一方面能够成为一个人试图人格化和展示的人性的任何实例，另一方面认为这种个性不是那个人所独

1　Picodella Mirandola，*On the Dignity of Man*，311-313.

2　Meilaender，*Neither Beast nor God：The Dignity of the Human Person*，5.

3　Ibid.

有的。虽然人类以一种独特的方式生活，但没有任何一个人的人性是独一无二的。

天主教会宣称，荣誉是"给予人类尊严的社会见证"，并负责阐明每个人的价值，因为"每个人都享有以自己的名义和声誉获得荣誉和尊重的自然权利"。[1] 从世俗的角度来看，人的尊严是每个人生活在一个不适合的世界中的共同价值；它在他人中被认可为自我，并被提升为一种善，因为个体不仅被上帝抛弃，而且在荒谬的存在主义中与他人（因为不能完全了解他人是一个完整的人，而只是在关系上了解）和痛苦（因为知道他或她作为个体的行为是所有其他人的人性的一种形式）同时分离。[2]

人的尊严是独一无二的，它"存在于尊重和维护我们独特本性的生活中，即使没有一本指导手册能告诉我们如何恰当地将身体和精神结合起来"。[3] 亚里士多德认为尊严是个人、人类和无限宇宙之间的联系。[4] 处于人类的中间状态是有价值的。亚里士多德的德性通常在于拒绝极端，并在它们之间找到一个中庸之道。人性允许它，所以人类有尊严。人类有能力体现这一点，而那些通过实现自己的价值而赢得尊严的人，则不考虑任何相应的荣誉。

阿皮亚将尊严定义为"每个人都拥有的"一项"基本的尊重

1 U. S. Catholic Church，*Catechism of the Catholic Church*（New York，NY：Image Books，1995），655.
2 Camus，"The Myth of Sisyphus"；Sartre，*Nausea*；Sartre，*Existentialism is a Humanism*.
3 Meilaender，*Neither Beast nor God：The Dignity of the Human Person*，5.
4 Aristotle，"Physics，" 17925 – 17927.

权利"。[1] 他认为，这是一种个人拥有尊严的感觉，使个人能够在
社会中寻求正义，以获得对这种尊敬的承认。每个人都被赋予了
尊严，因为每个人都代表着独特的人性。"的确，尊严这个术语
在这里实际上只是一个占位符（placeholder），是对人类某个特
定愿景的一种速记表达。"[2] 这种人类尊严的概念主张，每个个体
对人类来说，仅仅是作为人就代表了最低限度的社会价值。向每
个个体展示的最起码的荣誉必须在某种形式的观察中得到体现，
但由于每个个体的尊严（他们对社会价值的独特感知）是独一无
二的，以一种普遍的方式来评价尊严就成了问题。

个体保留拒绝阿皮亚对其尊严的最低限度尊敬的权利，他们
认为这是不够的。正是他们的尊严允许这样的拒绝。显而易见，
尊严是由每一个人来定义的。尊严需要心理上的自由，这样个人
才能尝试表达自己的意愿；他们不需要成功地做到这一点。因
此，自由意志照亮了作为主权存在的有尊严的个人。只有个人才
能决定他们将把主权让渡给谁，但他们的人性不允许他们在他们
认为特殊的任何时候放弃收回主权的能力。[3]

共同继承的尊严

正如我们所看到的那样，尊严被视为价值，既来自作为人的
价值，也来自表现独特个性的个体性价值。人类是有尊严的，因
为它有能力逃避自然世界的生存，不管是通过造物主的神圣干预
还是进化选择的好处。人格是有尊严的，因为每一个人都代表着

1 Appiah，*The Honor Code：How Moral Revolutions Happen*，177.
2 Meilaender，*Neither Beast nor God：The Dignity of the Human Person*，4.
3 Schmitt，*Political Theology：Four Chapters on the Concept of Sovereignty*.

一种独特的人性形式，这种人性形式只会以其自身的方式展现出来，并描绘出一幅独特的肖像，展现出作为一个不能也不应该被复制的人。

"从人类尊严的角度来看，承认自我作为共同的人性是个人身份的原始组成部分。然而，它的积极核心是相信一个人的独特性以及每个人的独特性。"[1] 尊严是独一无二的荣誉。

因为只有极少授予上述荣誉，荣誉才是最伟大的，独特性代表了真正伟大的形式。然而，由于所有人都享有任何形式的人的尊严，这种尊严只有在人与自然对抗的情况下才是独一无二的，这使得它的社会价值受到怀疑。因为个人尊严是从差异中表现出来的，所以它的独特性在社会上是显而易见的；然而，人格是人类的一种品质，这意味着个人尊严是一种只有人类才能享有的价值。因此，尊严来自对物种的共同认同。人性因人的个体性而有尊严，个体性因其卓越的人性特征而有尊严。

梅兰德将尊严作为一对新创造的概念开始了对话。在他看来，"我们每个人既是人类又是单独的个人，在我们做的每一件事情中，我们都经历这种内在的距离，这种身体的体现和超越。"[2] 卡提卜将个人尊严和人类尊严之间的联系视为一个认同的过程："人类尊严关注的是地位和高度，与正确承认每个人的身份和人类物种的身份有关。"[3] 因此，个人尊严可能是对个人如何最好地成为人的榜样的评价，是对一个人作为权威方向来源的真

---

1 Kateb，*Human Dignity*，295 – 297.
2 Meilaender，*Neither Beast nor God : The Dignity of the Human Person*，103.
3 Kateb，*Human Dignity*，235 – 236.

实性的反映。[1]

"然而，克尔凯郭尔（Kierkegaard）认为个人不仅是'唯一的'，而且是'每一个人'。这里争论的不是人的尊严，而是我所说的个人尊严。"[2] 正如萨特所展示的，个性是痛苦的来源，因为个体必须是独特的，并且表达个性，这样其他人模仿他或她是为了成为一个"更好的"人。个性是通过它的条件强加给人性的。"每个人都是独一无二的个体，不需要刻意尝试。"[3] 人们因此体验到两种形式的尊严；他们通过认同人性并与之结盟来享受尊严，并通过他们的个性来表达尊严。

尊严的两种形式的结合成功地将关于尊严的对话从形而上学转移到了存在主义。卡提卜考察了这种联系：

> 存在主义价值观，即身份认同的价值观，包括诸如发展的或与众不同的自我、自主性、真实性、自由、平等、为己所用的权力、德性、完美主义的性格或生活方式、荣誉、荣耀和名声等所珍视的愿望和成就。所有这些价值观可能与个人的独特性有关，因此与人类尊严的理念相关联；但是他们把独特性视为一个方案，而不是一个既定的事实。[4]

尊严需要身份的表达。如前所述，身份是对个体自我的整体或关系的反映。独特性、性格、个性是在社会环境中实现真实自我的

---

1 Guignon, *On Being Authentic : Thinking in Action*, Kindle edition（New York, NY: Routledge, 2004）, Chapter 1.

2 Meilaender, *Neither Beast nor God : The Dignity of the Human Person*, 6.

3 Kateb, *Human Dignity*, 231.

4 Ibid., 226 - 228.

过程。

克劳斯把尊严视为一种荣誉的形式。通过这种形式，个人或团体主张"自我统治"，拒绝屈从于外部的权力投射。[1] 她将弗雷德里克·道格拉斯视为尊严的典范："对道格拉斯来说，光荣的反抗行为证明了他的'男子气概'，或者他所说的作为一个人的'基本尊严'，而不是他作为某个特定社会阶层的成员或某个特定社会角色的居民的身份。"[2] 这种形式的抵抗是一种明确的主张，所有形式的荣誉（包括尊严）都有社会因素，只有通过行动才能表现出来；"他只是什么是不够的；他也必须采取行动……个人行动是关键"[3]。社会因素是对他人否定自我价值的抵制。维护尊严的行为是任何权力意志或反对他人权力的意志，因为它展示了作为主权代理人的独特的人的个性。"如果没有'权力的迹象'，那问题就从个人能动性的行使中产生……个人是'没有人性的基本尊严'的"。[4] 克劳斯借用伊丽莎白·卡迪·斯坦顿（Elizabeth Cady Stanton）的术语"自我主权"（self-sovereignty）来反映个人"创造自己命运的能力"。[5]

克劳斯对荣誉有一个重要的观察，她强调反抗专制并要求平等。尊严是反叛者的荣誉，是与他或她可能偶然所处的价值体系相违背的卓越个性。如果我们追随亚里士多德，我们可能会违背他的意愿，得出同样的结论。因其卓越而赢得荣誉的个人是有尊

---

1 Krause，*Liberalism with Honor*，117.

2 Ibid.，146.

3 Ibid.，147. 克劳斯在这里引用了道格拉斯的观点。

4 Ibid.

5 Ibid.，161.

严的——但我要提醒他们，他们必须理解他们的卓越。"我们可以称之为尊严的斗争与自由的斗争有许多共同特征。"[1] 争取自由的政治冲突是对群体的要求，通常是对国家的要求，包括曾经被排斥的群体，而将其他人视为拥有完全公民权的人。

　　尊严代表了对个人真实价值的最低期望。在个人尊严中，这是由个人设定的一个限制，它决定了他们在违背群体的意志和意愿，在用群体的荣誉体系来换取自己的价值体系之前，将会坚持的最低价值。人的尊严的最低价值在国际政治中表现为得到促进但没有得到保障的权利。当尊严被剥夺时，个性被压制（这是日常生活中的事情），这种压制无异于对个人人格和人性的否定。有些人可能会在沙子上画一条众所周知的线（proverbial line），一旦越过这条线，不管结果如何，都会引发对他人意愿的绝对抵制。其他人会选择自杀而不是受辱，或者让自己在物质上、社会上或精神上被毁灭。反叛者值得敬佩，他们寻求恢复自身尊严和那些与他们处境相同的人的尊严，但不是每个有尊严的人都会接受反叛。

---

1 Skinner，*Beyond Freedom and Dignity*，54.

第 12 章　反叛与革命

> 我反抗——所以我们存在。[1]
>
> 为了参与国家的政治，每一个国民都必须奋起反抗自己。[2]

焦虑和围困

外在的荣誉概念起着砂浆（mortar）的作用，将一个群体的个体成员结合成一个社会奇点（social singularity）。荣誉的过程使个人意志法团化，就好像它们是形成团体的感知性方向的布赫勒式观念（Buchlerian procepts）。[3] 将所有成员的意愿结合在一起会使每个成员的需求和愿望平等或公平地分配到团体的方向上，这是一种谬论。荣誉产生社会等级制度，在这种制度中，一些成员比其他成员更重要。有些人在某些社会制度中不算数；他们要么没有社会价值，要么他们的价值被如此贬低，以至于他们不再获得人格，实际上不存在。一个不能被算作人的人，一个被剥夺了人的尊严的人，正在被社会毁灭，生活在生存的包

1　Albert Camus, *The Rebel : An Essay on Man in Revolt* [L'homme Revolte], trans. Anthony Bower（New York, NY: Vintage International, 1991）, 22.

2　Hannah Arendt, *On Revolution*（New York, NY: Penguin Classics, 2006）, 69.

3　Justus Buchler, *Nature and Judgment*（New York, NY: Columbia University Press, 1955）, Chapter 3; Justus Buchler, *Toward a General Theory of Human Judgment*, 2nd edition（New York, NY: Dover, 1979）, Chapter 1.

围之中。[1]

在一个团体的成员中，不平等的影响力分配造成了张力，这是连续性和变化的原因。从现状中受益的个人可能希望保持价值体系不变，并寻求保持它作为一种手段，通过这种手段他们的特权社会身份可以保持安全。已经有证据表明，比起获得社会价值，个人更担心失去社会价值。那些没有从现状中受益的人更有可能希望对价值体系进行修正，而这些价值体系并没有充分重视他们。欲望并不等同于行动。然而，一个人的体面程度却等同于行动。高尚的个体比不太高尚的个体将他们的社会身份更深地融入其本体论现实。因此，他们的社会价值得到了更认真的对待和更勤奋的管理。然而，荣誉本身并不等同于系统中的卓越或获得荣誉的能力；正直只会加深一个人社会现实的情感影响，不管是好是坏。一个高尚的人总是对社会身份感到焦虑，他会采取行动来维护社会身份，然后再提升社会身份。

一个系统中的卓越者可能会被他们的团体注意到，也可能不被注意到，可能会被重视，也可能不被重视。被承认和不被承认都是有荣誉的，有些人提到真正的荣誉属于那些没有荣誉的人。这种情绪反映了亚里士多德的思想，他认为荣誉存在于骄傲与谦逊、有野心与胸无大志之间的中庸之道（golden mean）中。荣誉似乎应该给予那些做了伟大的事情，但不渴望荣誉的人；具有高水平的卓越和低水平的荣誉的个人最好服务

1 Frederick Engels, *Germany : Revolution and Counter-Revolution*, ed. Eleanor Marx (New York, NY: International Publishers, 1969).

于共同的利益。[1] 这些人维持一个系统的现状，为群体服务，而不想改变现状，因为他们所做的任何卓越的行为，如果没有得到认可，他们也会去做，因为他们的行为不受声望的积累、尊重的给予或面子的保全的影响。那些因为陶醉于荣誉而不值得尊敬的优秀社会成员呢？卓越高尚的人呢？对那些只追求社会价值的人不给予任何社会价值会有什么影响？这些人通过否认现状来改变群体；他们反抗体制或反抗接管体制。卓越和高尚是对现状最明显、最现实的威胁。

荣誉感是个人内在的品质。最好的例证是作为一个可以滑动的天平上位置接近（但从未达到）内在化的两端：0 和 100%。每个人都有一个社会价值减少的限度，在这个限度之下，他们拒绝群体的外部评价。因此，拒绝群体的价值体系。有些阈值较低，有些阈值较高。荣誉和社会价值之间有一种互动效应，这种效应因个人的优秀而增加。如图 12.1 所示，非常值得尊敬的成员在管理他们的社会地位时是积极主动的，这基于他们的优秀和外在荣誉的结合。

普通的荣誉获得者遵循先例的途径以获得有社会价值的身份。荣誉获得者寻求提升现状等级，因为这使他们能够享受获得的身份特权。他们保持传统的贵族或精英统治，并成为保持现状的保守因素。身份不被重视的受人尊敬的平民看到了怨恨；尽管他们从弱势的立场出发，但他们支持改变社会价值观，远离卓越，并提倡亚里士多德式的温和德性，如节制、

1　William Lad Sessions，*Honor for Us：A Philosophical Analysis*，*Interpretation and Defense*（New York，NY：Continuum，2010）；Alexander Welsh，*What Is Honor？A Question of Moral Imperatives*（Yale University Press，2008）.

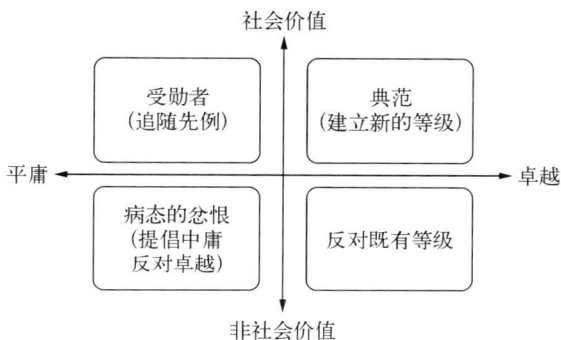

图 12.1 品格高尚的个体中，卓越与社会价值之间的关系

耐心和谦逊。[1] 尼采指责这个群体驯化了类人的动物，教化了那些优秀而令人敬重的"金发野兽"。[2] 舍勒指出，病态的怨恨导致实际德性的贬值和价值错觉，由此自卑情结采取了优越感的形式。[3] 他们形成了由荣誉团体形成的抵制精英主义的保守因素。

抵制现状

卓越的领导者改变了群体的价值体系。空间和时间环境的变化不仅会影响对现有荣誉准则的解释，从而导致群体价值观的自然演

1　Aristotle，"Nichomachean Ethics," in *Introduction to Aristotle*，ed. Richard McKeon（New York，NY：Random House，1947）. 支持适度的价值观会导致与卓越相关的社会价值的减少。正如尼采指出的那样，优秀的人因为优秀而受苦，因为他们没有在社会的约束下工作。怨恨是社会中的一种恶性肿瘤，与荣誉制度直接对立。怨恨的领导者通常是普通人，因此在群体中拥有最大的支持基础。

2　Friedrich Nietzsche，*On the Genealogy of Morals and Ecce Homo*，trans. Walter Kaufmann（New York，NY：Vintage Books，1989），40 - 43.

3　Max Scheler，*Ressentiment*，ed. Andrew Tallon，*Marquette Studies in Philosophy*（Milwaukee，WI：Marquette University Press，2007），23 - 24，60；ibid.

变，而且优秀成员还会推动和拉动这些准则的价值观，努力获得与他们的卓越相匹配的身份，并通过他们的荣誉感从平凡开始走向卓越。优秀而高尚的成员构成了这个群体中的根本原型。优先的基础始于对现状的反叛和对自身行为的争取被视为优秀，以及在社会群体中获得荣誉身份的权利。高尚和优秀的人拒绝接受群体价值体系的现状。它们之间的区别不在于方法，而在于结果和焦点。反叛者和榜样的类型之间有两个实质性的区别：（1）成功地将一种价值纳入群体的价值体系；（2）关注包容或排斥。那些获得荣誉的人成功地获得了行动的价值，或者被纳入了群体的价值体系，确立了优先权。塞申斯指出，优先地位的建立是对个人卓越公开授予荣誉，要求承认荣誉，但没有得到它。[1] 那些没有被群体授予荣誉的人还没有成功，他们反抗群体不仅仅是因为反抗群体的意志，而是因为通过决定价值体系的例外而挑战群体的主权。寻求在价值体系中包含新的荣誉领域的个体是先例的拥护者。那些试图通过消除排他性的负面身份关联来促进平等获得社会价值的个体，正在通过挑战荣誉准则基于身份的等级制度来反抗这个群体。[2]

真正的榜样不遵循荣誉准则，而是创造荣誉准则。正如皮特-里弗斯所强调的，确立优先地位是个人和群体的现状价值体系之间的竞争[3]，不能保证个人所描绘的卓越会被群体重视，无

1　Sessions, *Honor for Us : A Philosophical Analysis*, *Interpretation and Defense*, 11 - 17.

2　反叛并不等同于怨恨。反叛者不一定反对优秀或基于功绩的等级制度。他们所反对的是在等级制度中推进排斥。正如加缪在《反抗者》(*the Rebel*)中所说："就其本身而言，反叛至少可以肯定任何优越存在(superior existence)在概念上是矛盾的。"

3　Julian Pitt-Rivers, "Honour and Social Status," in *Honor and Shame : The Values of Mediterranean Society*, ed. John George Peristiany (Chicago, IL: University of Chicago Press, 1966).

论卓越是否遵循优先原则或建立优先原则。为了满足社会规划的需要，需要有限数量的公开称赞的追随者。创造先例的范例是危险的，因为它们所提倡的价值的结合也是体现这种价值的个人对现状的领导的结合；先前铭刻的成就荣誉永远不会被抹去，因为它拥有独一无二的荣誉地位——第一。[1] 第一已经形成了一条其他人只能遵循的道路。他们可能做得"更好"；他们可能更快、更高效、更创新、更时尚，但他们没有做过任何没做过的事情。他们试图重现一个受尊敬的动作。当他们成功时，他们无意中降低了与行为相关的荣誉。[2] 埃德蒙·希拉里（Edmund Hillary）享有独一无二的殊荣，他是第一个登上世界最高峰——珠穆朗玛峰的人，为此他获得了骑士身份，赢得了声望。他享有显赫的地位，并从此超越荣耀，因为他的登山纪念日现已成为尼泊尔的节日。希拉里并不是单独行动的。他和丹增·诺盖（Tenzing Norgay）一起攀登，并且是约翰·亨特（John Hunt）探险队的第二队队员，但因为他的脚先着地（也许是因为他是新西兰白人，因此是英联邦的公民），他就成为第一人，独自存活在人类的记忆中。[3] 需要效仿的行动榜样的无关细节在该团体神话和传说的故事中被削减。

系统的修正不能简单地通过尝试来保证——荣誉（即使是不相关的价值）也是有竞争力的；将更多的价值纳入该组织的荣誉体系，削弱了荣誉身份的精英主义，同时也削弱了那些拥有荣誉身份

1　Sessions，*Honor for Us：A Philosophical Analysis*，*Interpretation and Defense*，17－20.

2　类似的例子还包括尼尔·阿姆斯特朗与巴兹·奥尔德林首次登月的故事。

3　Tenzing Norkey and James Ramsey Ullmann，*The Tiger of Everest：The Story of Sir Edmund Hillary's Sherpa*（New York，NY：Gibson Square Books，2010）.

的人的影响力。因为荣誉制度是等级制的，包括实现社会价值的新
形式在内，建立了更多的途径来获得荣誉和提高社会地位。这些新
的途径允许其他人挑战群体的领导地位，并随着群体的发展引导群
体的价值观远离旧的方式。等级制度中的新路径具有未知的潜力，
并会在已建立的领导层中造成焦虑。与特定价值相关联的特定荣誉
的轨迹有一个限度，这个限度只有在确立之后才能解释。在价值体
系中建立和整合新的先例是对荣誉准则的彻底修正。因此，真正的
范例构成了现状的根本要素。

反叛（REBELLION）

反叛不仅仅是对一个团体的领导人的主权意志的抵抗，而
且是对他们的意志的公然蔑视和对他们主权的拒绝，因为反叛
者把自己确立为一个例外。反叛者拒绝否认他们认同的自我或
他人的价值。[1] 他们的抉择决定什么是有价值的，并体现在加
缪对尼采的修正中，体现在反对权力的意志中，这种意志始
于自我对价值判断的主权的践踏。[2] 反叛是一场意志之战，最
终只能以毁灭告终：反叛者可以被杀死，是对自我的一种物
质上的毁灭；反叛者可以获胜，并把他的价值观融入群体的
价值体系中，这是冲突的社会毁灭；或者反叛者的意志可以
被打破，从而通过反叛者的存在自我的本体性毁灭而迎来团

---

1 Camus，*The Rebel：An Essay on Man in Revolt*，16 - 17.
2 Friedrich Nietzsche，*The Will to Power*，trans. Walter Kaufmann and R. J. Hollingdale，Vintage Books edition（New York，NY：Random House，Inc.，1968）；Nietzsche，*On the Genealogy of Morals and Ecce Homo*；Jean Bethke Elshtain，*Sovereignty：God，State，and Self*（New York，NY：Basic Books，2008），195 - 201.

体的胜利。[1]

反叛是社会领域中本体尊严的现实化（actualization）。虽然反叛者提倡的价值观受到社会领域成员和身份的影响，但有尊严的价值体系是内省的而不是铭刻的，是绝对的而不是相对的。当有尊严的个人被迫妥协于这些特定的价值观时，他们会遭受痛苦，并可能达到一个临界点，在此之后，如果他们遵循法律、规范和荣誉准则所规定或授权的行动，要求他们违背良心行事，他们就不再是自己。到达临界点将导致个体的分裂和自我的破碎，自我与导致痛苦的群体的关系的破裂，或者是反叛：对社会压迫的本体论上的反抗，这种反抗源于对识别个人的行为或特征的缺失评价或负面评价。

尊严在反叛中显露出来，因为它要求个体把自己从群体中分离出来，根据自己的价值体系给予自己与众不同的地位，并把自己作为卓越的典范。反叛者直接挑战现有的领导地位，因为他们对群体价值体系的绝对蔑视需要发展一种竞争性的价值体系，反叛者将这种价值体系人格化并誓死捍卫。[2] 反叛者是同时站在司法秩序内外的法律主权者。[3] 反叛者是一个例外，他们捍卫一个尚未显现的内在可能的社会现实。[4] 反叛者是卓越的人类，自由

1　Terry Eagleton，*On Evil*（New Haven，CT：Yale University Press，2010）. 反叛者是更高主权的邪恶反映。伊格尔顿（Eagleton）对平彻·马丁（Pincher Martin）的研究表明,反叛必须以这样的毁灭告终,上帝的恩典会让它成为纯粹的肉体死亡和物质毁灭。认为一个群体最有能力决定个体成员的价值观的假设基于这样的假设,即该群体的领导层拥有主权,而不是有能力通过承诺消灭反叛者来实施主权。

2　Welsh，*What Is Honor？ A Question of Moral Imperatives*，Chapter 1.

3　Carl Schmitt，*Political Theology：Four Chapters on the Concept of Sovereignty*，trans. George Schwab（Chicago，IL：University of Chicago Press，2005），13.

4　Giorgio Agamben，*State of Exception*，trans. Kevin Attell，Kindle edition（转下页）

地在神性和返祖性之间来回移动，用他们的意志塑造他们的现实。[1] 反叛者是真正的政治动物，宁愿与他们的利维坦为敌，也不愿屈服于它不容置疑的意志。[2] 有尊严的个人的反叛试图通过促进"无论什么样的人"的多元化来"限制归属的条件"，因为他们具有社会价值，因此是"国家的主要敌人"。[3]

反叛者获得了一种与阿甘本的《神圣人》（*Homo Sacer*）相似的身份，"完全通过……排斥获取"[4]。反叛的挑战迫使普通公民——追随者——在榜样定义的价值体系之间做出选择，从而在现状和反叛者对现状的修正之间做出选择。"例外和范例构成了两种模式，通过这两种模式，一个集合试图建立和保持它自己的一致性。但是例外是……**包容性排斥**（inclusive exclusion）……相反，范例的功能是作为**排他性包容**（exclusive inclusion）。"[5]

（接上页）（Chicago，IL：University of Chicago Press，2005）；Niklas Luhmann，*Theories of Distinction： Redescribing the Descriptions of Modernity*，trans. Joseph O'Neil，et al.（Stanford，CA：Stanford University Press，2002）.

1 Jacques Derrida，*The Beast and the Sovereign*，vol. 1，trans. Geoffrey Bennington（Chicago，IL：University of Chicago Press，2009）；Gilbert Meilaender，*Neither Beast Nor God：The Dignity of the Human Person*，Kindle edition（New York，NY：Encounter Books，2009）.

2 Aristotle，"Politics：A Treatise on Government，" in *Works of Aristotle*（Mobile Reference，2008）；Thomas Hobbes，*Leviathan*，Kindle edition，*Oxford World's Classics*（New York，NY：Oxford University Press，2009）.

3 Alain Badiou，*Being and Event*（London，UK：Continuum，2005）；Giorgio Agamben，*The Coming Community*，Theory out of Bounds（Minneapolis，MN：University of Minnesota Press，1993）；Sergei Prozorov，"Generic Universalism in World Politics：Beyond International Anarchy and the World State，" *International Theory* 1，no. 2（2009）.

4 Giorgio Agamben，*Homo Sacer：Sovereign Power and Bare Life*，trans. Daniel Heller-Roazen，Kindle edition（Palo Alto，CA：Stanford University Press，1998），210.

5 Giorgio Agamben，*Homo Sacer：Sovereign Power and Bare Life*，253.

群体的集合是由定义群体的斗争中固有的紧张关系形成的。这个范例形成了核心价值中心，而例外则形成了价值系统的边界。现状和修正之间的冲突，分别由榜样和反叛者人格化，产生了一种紧张关系，同时强化和分裂了围绕价值的群体。[1]

群体的集合可以通过与正态分布曲线比较来检验。在下图中，该群体中绝大多数是普通成员。两边都是优秀的人。一边是代表群体价值体系的范例，他们引领着现状。另一边是反对现状的反叛者，他们寻求修订价值体系。在这一点上，群体被描绘成一个整体；尽管价值体系可能会改变，但群体仍然存在。那些被认为是模范和反叛者的人可能会随着群体的发展而改变，但是群体本身并没有受到反叛的威胁。

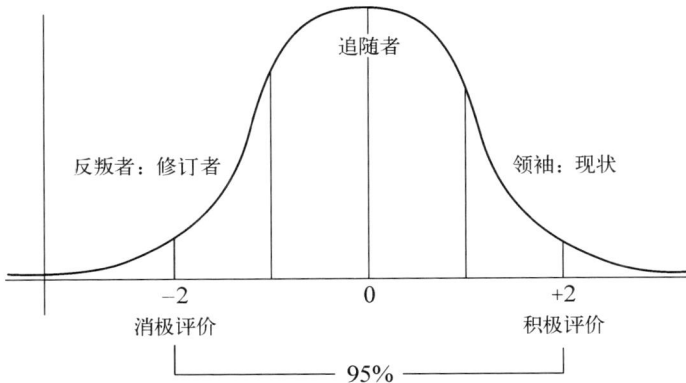

图 12.2　现状维护和修订之间演变的紧张关系

个体可能把自己与他们的群体或国家置于一种政治关系之中。尽管施米特认为这实际上是自杀，但根据社会规范，逻辑和

1　Georg Simmel，*Conflict and the Web of Group-Affiliations*，trans. Kurt H. Wolff and Reinhard Bendix（New York，NY：The Free Press，1964）.

概率在绝对和非理性的情况下几乎没有发言权。利（Leigh Jen-
co）以有效的政治行动为基础，完美地发展了章士钊的社会变革
政治哲学。章士钊关注的是累积而非协同的胜利。天赋是个人
的，而"自用才"（self-use of talent）是尊严反叛者不可改变的
武器。[1] 人才指的是一种行为中的卓越——无论达到何种程
度——并且是一种民主化的力量，因为人才可以培养，但不能放
弃。章士钊所处的社会是一个个人特质和政治异见形成了与众不
同的自我表达的社会。正是在这种差异被接受的地方，社会作为
包容性的共同体得以蓬勃发展。章士钊展示了一个群体中被排除
在外的个人的非凡才能是如何挑战等级排他性的，同时"总是具
有破坏民主行动稳定的潜力"。[2] 在章士钊看来，价值观通过个人
的行动改变。当它们是累积的，但不是一致的，变化通过反叛的
社会进化而发生。反对现状的一致行动是革命性的政治挑战。

有尊严的个体反抗他人根据个人荣誉之外的价值体系定义的
存在，也许是对他个人荣誉的诅咒。[3] 有尊严的反叛者存在于一
个社会世界中，但他们从本体论的角度看待社会活动，包括一个
内含的价值体系，对他们来说，这是绝对的。其他人有可能在情
感上认同他们，在情感上被他们感染，和/或接受他们的价值体
系作为自己的价值体系。[4] 魅力型领袖取决于一个价值观正在提

1　Leigh K. Jenco，*Making the Political : Founding and Action in the Political Theory of Zhang Shizhao*（New York，NY：Cambridge University Press，2010），18 - 20.

2　Ibid.，20.

3　Camus，*The Rebel : An Essay on Man in Revolt*，14.

4　Max Scheler，*On Feeling，Knowing，and Valuing*，ed. Donald N. Levine，trans. Harold J. Bershady，*The Heritage of Sociology*（Chicago，IL：University of Chicago Press，1992）.

升的反叛者。当反叛者的价值观开始成功地挑战群体的价值体系时，他或她正在寻求改变价值体系，但价值观为政治辩论提供了一面旗帜。如果他或她的个人荣誉系统成为一个群体的价值体系，它可以劫持反叛并挑战现在的领导集团；反叛引发了一场革命，这场革命不再依赖于反叛者的尊严。反叛者可能成为这一新准则的杰出典范，不管他或她是否继续支持该群体的新方向，还是与逐渐分化自己的群体共存，还是被该群体驱逐（以某种形式）以消除反叛的绝对特征。死去的英雄获得了传奇般的地位，并且永远不会降低他们自己的行为对社会建构的重要性，正如主权权威所阐明的那样。[1]

革命

革命被定义为"政体激进而突然的变化，并伴随着暴力"，以及"一个社会中制度和价值观的任何根本性变化或转变"。[2] 第二种类型的革命在荣誉和价值哲学的背景下是可以有效考虑的。政体的形成可能源于价值的改变，而政体的改变可能建立一个新的价值体系，但这两者都不是必然的。

对现状的反叛是对价值的挑战。当个人在一个社会群体的范围内无视当前规范的意志并坚持自己的价值时，反抗就开始了。与建立新的等级制度先例的愿望不同，反叛试图削弱等级制度和那些享有主导身份群体成员资格的人所获得的利益。许多人可以

1　J. K. Campbell，"The Greek Hero," in *Honor and Grace in Anthropology*，ed. J. G. Peristiany and Julian Pitt-Rivers，*Cambridge Studies in Social and Cultural Anthropology* (Cambridge，UK：Cambridge University Press，2005).

2　"Revolution in Graham Evans and Jeffrey Newnham," in *Dictionary of International Relations* (Penguin Reference，1998)，481.

通过拒绝统治来反叛当权者，但是反叛是个人独有的。与反叛相关的价值代表着对现有价值体系的潜在挑战，但反叛者在政治上不会对该群体构成威胁。只有当其他人认同反叛者的事业，并组成一个团体，才可能成功地挑战。反叛者的价值体系可以通过加深群体对反叛者价值的认同，吸引群体内的追随者远离既定的主权权威。[1]

当反叛的外衣被一个群体控制时，它不再根植于个人的尊严，而是根植于所述身份群体的价值体系。一旦反叛组织的领导层将既定的领导层视为政治敌人，革命就会发生。反叛者寻求贵族身份；当然，革命也可能超越贵族统治。

汉娜·阿伦特强调革命目标与自由有关。[2] 她将革命"作为一种政治现象"追溯到古希腊的城邦国家（city-states）。城邦国家是：

> 一种政治组织形式，公民在没有规则（no-rule）的条件下共同生活，统治者与被统治者之间没有分歧。这种无规则的概念是由政治权利平等（isonomy）一词来表达的，它是政府形式中的突出特征……它完全没有规则的概念。[3]

阿伦特很快指出，政治权利平等并不是指绝对平等和对基于

---

1 Carl Schmitt, *The Concept of the Political*, trans. George Schwab (Chicago, IL: University of Chicago Press, 1996). 正如施米特所重申的,政治由认同主义者(identitarian)构成。建立一个个体认同的价值体系,可以创造一个身份群体。一旦这个群体存在,它就能识别他者并将其确立为敌人,从而形成一种政治关系。
2 Arendt, *On Revolution*, 19.
3 Ibid., 20.

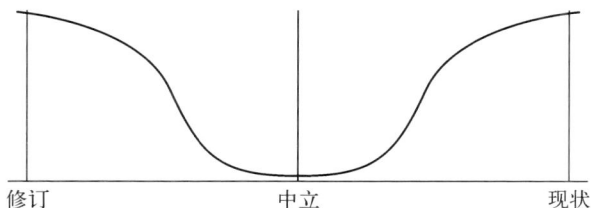

图 12.3　群体成员与竞争价值体系之间的联系

普遍人类尊严的承认。"平等和自由都不被理解为人性的固有品质，它们都不是自然赋予的……它们是……人类努力的成果和人造世界的品质。"[1] 相反，只有"那些形成一个群体的人"才能感受到平等。……除了与他身份相同的人，没有人是自由的。[2] 贵族身份作为平等和自由的先决条件，增加了成为贵族的重要性。同等社会地位的人体验相同的面子；他们一起享受完整的荣誉体系（honor system）。在不平等的关系中，一方处于支配地位，不管另一方的意愿如何；他们各自的社会地位取决于他们的关系身份。荣誉体系允许在交叉性文献中详细考察制度性压迫。[3]

德里达拓展了自由的重要性，他将其定义为"随心所欲的能力或权力，决定、选择、自我支配、拥有自决权、成为主人——首先是自己的主人"。[4] 政治自由强化了绝对自由的无限性。亚里

1　Arendt，*On Revolution*，21.

2　Ibid.，20 - 21.

3　Josh Caplan，"The Most Advantaged of the Least Advantaged：The Costs of Trading Precision for Generalizability in Intersectionality，" in *Midwest Political Science Association*（Chicago，IL，2011）；S. Laurel Weldon，"Intersectionality，" in *Politics，Gender，and Concepts：Theory and Methodology*，ed. Gary Goertz and Amy G. Mazur（Cambridge，UK：Cambridge University Press，2008）.

4　Jacques Derrida，*Rogues：Two Essays on Reason*，trans. Pascale-Anne Brault and Michael Naas（Stanford，CA：Stanford University Press，2005），23.

士多德将政治自由与民主联系在一起。在民主制度下，宪法规定
人是平等的，但在社会的形成过程中却受到必要性的制约。[1] 施
蒂纳拒绝自由是强调个人自决。他对自我的关注是对人类局限性
和有限性的接受。[2] 然而，自由或所有权的概念中固有的是与主
权的联系（尽管它可能是有限的）。[3] 正如我们所看到的，对自我
的主权仍然是社会规则的持续危险。施蒂纳的所有者反映了存在
论所有者（the ontological owner）对社会现实的辩护：

> 我们两个——国家和我是敌人。作为利己主义者的
> 我根本不关心这个"人类社会"的幸福。我不为它牺牲
> 任何东西，我只是利用它……我把它变成我的财产和我
> 的创造物；也就是说，我消灭它……信徒创造的世
> 界……叫作教堂，人创造的世界……被称为国家。但那
> 不是我的世界。我从不抽象地执行任何人类的事情，但
> 总是专注于我自己的事情；我的行为不同于其他人的行
> 为，只有通过这种多样性，它才是真正属于我的行为。[4]

施蒂纳的存在论把独特的个体作为人性的真实反映。施蒂纳
式的荣誉不亚于尊严。他拒绝社会和道德，因为社会减少了他的
整体性，把他看作是各种各样的品质和关系。[5] 施蒂纳拒绝低于

---

1 Aristotle，"Politics，" Book Ⅲ，Ch. 6.

2 Max Stirner，*The Ego and Its Own*，ed. Raymond Geuss and Quentin Skinner，*Cambridge Texts in the History of Political Thought*（Cambridge，UK：Cambridge University Press，1995），159. 施蒂纳肯定他的人性仅仅是他存在的事实。正如阿甘本所说，他同时是肉体、品质和自我——同样是多重性的存在。

3 Derrida，*Rogues：Two Essays on Reason*，23.

4 Stirner，*The Ego and Its Own*，161.

5 Stirner，*The Ego and Its Own*，Part Ⅱ.

他的整体；他就是他自己，并接受其他人也是一个独立的存在——因此，和他自己既相似又有区别；施蒂纳看到了一个"此在"（Daseins）的世界，一个每个人都是一个**我**（me），而不是所有他者都反对**你**（yous）的**自我**（I）的世界。[1] 对施蒂纳来说，存在不一定是一种同一性的冲突，而是一个利己主义者或阿甘本式的共同体。[2]

德里达认为民主有两个相互排斥的焦点：公开性和排他性。民主国家的贵族身份是"有限的和有条件的"；即使唯一的区别是公民和非公民，限制公民身份的因素是公民身份形成的差异。[3] 德里达把重点放在平民的分类上，这种分类代表了一种与群体的规范和习俗相对立的生活方式：暴徒。尽管他从对流氓（rogue）的研究开始，但他主要关注的是一些更一般的东西；他很快指出流氓是"一种暴徒"。[4] 暴徒是"永远的他者"；是一个"做不该做的事"的社会实体；是违背社会规范的代理人（the agent）。[5]

暴徒超越了不服从的个体。与群体意志保持良好沟通的公民将他们自己和他们的服从塑造成与暴徒活动相反的善；尽管暴徒可以作为个体行动，尽管他们可能是以施蒂纳式的自我大步前进的流氓，有需要的话可以随时随地利用社会，好公民在这些流氓身上刻下了共同的身份。对好公民来说，危险来自暴徒按照自己

1　Martin Heidegger, *Introduction to Metaphysics*, trans. Gregory Fried and Richard Polt, Yale Nota Bene edition (New Haven, CT: Yale University Press, 2000), 206 - 221.

2　Stirner, *The Ego and Its Own*; Prozorov, "Generic Universalism in World Politics: Beyond International Anarchy and the World State," 238.

3　Derrida, *Rogues: Two Essays on Reason*, 63.

4　Ibid., 19.

5　Ibid., 64 - 65.

意愿行事的意愿。通过将暴徒变为他者，当局创造了他们的竞争者。暴徒制（voyoucracy）是"犯罪的反制力量……将不法之徒和任性者聚集在一起"；"是一种腐败和腐败性的力量"。[1] 随着价值体系感染了群体追随者的思想，他们发现价值体系比当局更有吸引力。[2] 暴徒制会滋生腐败，"反权力或反公民身份"的力量会增强。暴徒建立在权力的基础上，聚集了心怀不满的人、社会的非存在者、被遮蔽的人、不受欢迎的人，这些群众由"金发野兽"领导，他们试图挑战群体的权力，并使他们对主权的争夺合法化。

加缪在《叛教者》（*The Renegade*）中表达了对"秩序之城"效忠的假定道德选择：

> 真理是方的、重的、厚的，它不承认区别，善是一个无所事事的梦想，一个不断推迟和用尽全力追求的目标，一个永远达不到的极限，它的统治是不可能的。只有邪恶才能达到它的极限并绝对统治，它必须被用来建立它可见的王国，但是"然后"（then）是什么意思，只有邪恶存在，与欧洲、理性、荣誉和十字架一起。[3]

叛教者在试图遵循他们的荣誉准则的理想时达到了他们的临界点。他们发现在阿尔及利亚很难成为欧洲人，在穆斯林的土地上很难忍受十字架。他们被"物神之屋"（the House of the Fetish）中的魔法师（Sorcerer）所诱惑。加缪的叛教者是追随者，

1　Derrida，*Rogues：Two Essays on Reason*，65 – 66.

2　Ibid.，66.

3　Albert Camus，"Exile and the Kingdom," in *The Plague*，*The Fall*，*Exile and the Kingdom*，*and Selected Essays*（New York，NY：Alfred A. Knopf，2004），392.

他们根据群体的期望来行动和反对；他们是被统治者，"数以百万计的人在邪恶和善良之间，被撕裂，被迷惑"。[1] 反对现状、反对体制、反对道德和社会接受的革命必须吸引追随者涌向变革的旗帜，否则革命就无能为力。

革命是荣誉的排他性和尊严的包容性之间的紧张关系的产物，导致群体之间的冲突产生了一个合成的群体。然而，合成群体不应被假定为比荣誉团体更具包容性，或比暴徒更具排他性。狂热和绝对的冲突是可能的，就像毁灭一样，这可能导致一个团体宣扬一种比任何革命前的团体都更极端的价值体系。[2] 成功是一种药物，它能让人产生错觉，认为自己的道路不仅对暂时的自我是正确的，而且是永恒的和普遍的。历史上充斥着意识形态力量投射的时期和相应的言论，这些言论捍卫了该组织比他们自己更好地统治他人的独特能力。[3] 这反映的无非是政治现实主义，"强者总是最擅长证明自己是对的"[4]。

现状与修订之间的冲突是一种社会事实；不受限制的群体是不可能存在的，这些限制不仅定义了谁在群体中，谁在群体之外，而且这些分类的定义可能是模糊的，因此是有争议的。

1　Albert Camus，"Exile and the Kingdom，" in *The Plague*，*The Fall*，*Exile and the Kingdom*，*and Selected Essays*（New York，NY：Alfred A. Knopf，2004），395 - 396.

2　Joel Olson，"Friends and Enemies，Slaves and Masters：Fanaticism，Wendell Phillips，and the Limits of Democratic Theory，" *The Journal of Politics* 71，no. 1（2009）.

3　Gaetano Mosca，*The Ruling Class*［*Elementi di Scienza Political*］，trans. Hannah D. Kahn（New York，NY：McGraw-Hill，1939）；Slavoj Zizek，*The Sublime Object of Ideology*（Brooklyn，NY：Verso Books，1989）.

4　Derrida，*Rogues：Two Essays on Reason*，69.

当社会上的非存在站起来，维护他们的社会价值，与群体的制度规范直接冲突时，就发生了争论。不管寻求修订或现状的子群体之间的共同纽带如何，冲突将吸收每个看似独特的身份群体，直到只有三种类型可行：现状的捍卫者、修订者和中立者。中立可能不可行；除了我们之外，其他人总是可以被铭记。

兰德尔·施韦勒（Randall L. Schweller）认为，在一个平等分化的社会中，现状领导将保持其主导地位，因为现状的捍卫者可能会随波逐流，而修订者则从冲突中寻求最大的战利品，因此会寻求以最小的胜利幅度获得成功的联盟。[1] 基于荣誉的本体论认为，在一个充满政治风险的系统中，即使是当前的领导层也接受修订是进化的正常部分。[2] 尽管冲突代价高昂，革命的成功也没有保证，但成功可能取决于差异是明确的、容易察觉的，而且实际上是不可改变的。

历史性荣誉革命

革命需要根据差异来分类，这种差异是指将一个群体分成两个部分的因素，而这两个部分不能再作为一股统一的力量来对待世界。通过关注政治，有必要考察基于同一性分裂的革命。革命政治中有两种典型的社会分化：几乎不变的个人特征和地缘政治分布。

制度压迫的经典三重奏是性别、种族和阶级。[3] 着眼于历史

1　Randall L. Schweller, *Deadly Imbalances: Tripolarity and Hitler's Strategy of World Conquest* (New York, NY: Columbia University Press, 1998), 194 – 198.

2　John J. Mearsheimer, *The Tragedy of Great Power Politics* (New York, NY: W. W. Norton and Company, 2001).

3　Weldon, "Intersectionality."

上对妇女的压迫，我们看到，就社会价值而言，与男性相比，女性地位遭到了削弱。历史上，男性与"好"联系在一起，女性与"坏"联系在一起。女性虽然不如男性受重视，但也有重要的价值；他们也是人。雌雄同体（Hermaphrodites）和阴阳人（intersex）在传统上被认为是二分法的变量中实际上占据了非存在状态。[1] 如果我们把社会化的性别和遗传的性别都包括在内，那么男性和女性的两种绝对地位在价值尺度上表现为两个理想的极端。与性别相关的附加规范性配对反映在对性别的研究中，因为男性和女性被视为截然相反的。这造成了女性的身份危机：要成为一个好女人，她必须接近理想中的女性；然而，她的女性气质让她不再那么有价值。

德里达挑出那些声称独立的女性，认为她们很少见。他说，女性流氓被称为女性暴徒（voyoute），这是"罕见的、人为的和强迫的"。[2] 相对于男性，违背社会建构规范的女性同样会受到审视；女性暴徒"敢于宣称自己和男人一样自由，是自己生活的主人"。[3] 对德里达来说，女性暴徒的性犯罪（sexual delinquency）源于她对自己性别角色的拒绝。

克劳斯驳斥了基于性别的传统的荣誉限制。对她来说，荣誉是意向性与主动性的融合，尤其是以抵抗的形式：

> 历史上，荣誉主要与男性有关……然而，断言女性没有雄心壮志、勇气、捍卫原则、追求卓越、对自己负

1　Judith Butler，*Undoing Gender*（New York，NY：Routledge，2004）.

2　Derrida，*Rogues：Two Essays on Reason*，67.

3　Ibid.

责、骄傲、独立和自我控制的能力肯定是错误的,这些都与广义上的贵族荣誉有关。[1]

克劳斯明白,荣誉包括对社会规范的遵循和对包括"自然本身"在内的任何外部力量的"自我控制的主张"。[2] 她用不变的特征阐明了克服不存在或社会贬值的重要性:

> 女性的公共荣誉(就像黑人改革者的荣誉一样)是双重非凡的,因为它代表了两条战线上的反抗——反对剥夺她们自由和平等权利的权力侵占,反对嘲笑她们反抗的舆论暴政。[3]

由于荣誉是被赋予、承担和遵守的,所以社会价值的革命性变化不仅要被主权权威所接受,还要被普通公民所接受。

如果主权者的理想对这个团体来说是令人厌恶的,那么他们的话就会被拒绝,他们的意愿就会被认定是不合法的。[4] 因此,宣传是改变现状的一个重要工具。[5] 在认同的分裂导致社会等级之前,人性是所有人共享的纽带,是所有人尊严的一个共同来源。从耶稣的教导到狂热的温德尔·菲利普斯(Wendell Phillips)反奴隶制运动,再到塞内卡福尔斯会议(Seneca Falls convention),对共同人性的呼吁成功地倡导了对人的价值的接受,

---

1 Sharon R. Krause, *Liberalism with Honor* (Cambridge, MA: Harvard University Press, 2002), 159.

2 Ibid., 160.

3 Ibid., 161.

4 Hans Speier, "The Social Types of War," *The American Journal of Sociology* 46, no. 4 (1941).

5 Hans Speier, "Morale and Propaganda," in *War in Our Time*, ed. Hans Speier and Alfred Kahler (New York, NY: W. W. Norton & Co., 1939).

并把身份群体纳入现有的社会体系。[1]

基于地理位置的革命往往不会导致单一群体身份的包含和扩大，而是导致以前被剥夺主权的人民的分裂和平等假设。美国独立战争是一个共同体在国际政治舞台上寻求平等的极好例子。英帝国的美国殖民地（人民）不享有完全的公民权。尽管殖民者是欧洲后裔，但他们没有英国公民享有的议会代表权。然而，如果他们被给予这样的平等，他们将不得不放弃他们所享有的权利和自由，因为他们是半自治的。美国人由英国王室统治，但他们不再是英国人；他们是另外一个国度，一个全新的他者，他们创造了一个价值体系，以反对暴政，促进生命、自由和追求幸福为中心。[2]

这种认同主义的分裂不再罕见。欧洲前帝国的前殖民地在很大程度上获得了法律上的独立。索马里正在慢慢分裂，可能会以划区结束。[3] 虽然不太可能，但是要求得克萨斯州脱离美国和魁北克脱离加拿大的呼声已经出现。在一个联合国已经取消侵略性权力投射合法性的世界，政治分裂比征服或整合更有可能发生。[4]

1　Olson，"Friends and Enemies，Slaves and Masters：Fanaticism，Wendell Phillips，and the Limits of Democratic Theory."

2　Joanne B. Freeman，*Affairs of Honor：National Politics in the New Republic*，Kindle ed. (New Haven，CT：Yale University Press，2001). 如果你关注美国《独立宣言》，就会知道随着美国殖民者单方面宣布主权，这种关系发生了变化。英帝国抵制殖民地的丧失，国际社会在不同程度上支持其中一方，以保证他们自己的利益。

3　"Current Political/Security of Somalia by Michael Weinstein，Professor，Purdue University，" in *Center for Strategic and International Studies* (Washington，DC：Bartamaha TV，2009)，Accessed August 16，2011.

4　联合国安全理事会五个常任理事国被排除在外，因为它们形成了一个在联合国法律范围之外运作的同等团体。

尽管欧盟在扩大和深化区域一体化方面取得了成功，但它一直在呼吁一种包含基督教的欧洲身份，因此将土耳其排除在外。

按地理位置区分的人群不是通过包容，而是通过表达排他性的政治身份来实现平等。关于一块不可改变的土地，政治主权受到挑战；公民个人与土地的联系并没有不可挽回地刻在他们身上，这和他们皮肤的颜色或 X 和 Y 染色体的生理组成不一样。如果没有对一个国家的强烈认同，地方（省或州）分裂的可能性就会增加，特别是如果来自某个地方的个人受到二等公民身份的刺激。

第13章 荣誉的教训

> 事实是顽固的；当历史学家或社会学家拒绝向它们
> 学习时，它们不会消失。[1]

价值哲学总体的社会事实

荣誉是价值哲学上的全部社会事实。[2] 社会促进群体的主要
价值观，建立满足上述原则的制度，并加强每个人在群体中作为
关系身份的地位。[3] 构成多种现象荣誉概念的过程相互渗透，以
便将个人和群体联系在一起，从而由等级和贵族决定社会内部和
社会之间的价值地位。共构循环通过个体和群体之间的说服和接
受的共振回路发生。社会是由个人组成的，个性因社会而有意
义。为此，荣誉代表了人类的全部社会事实；它从各国的国际政
治共同体（包括所有非国家行为者）到数十亿行走在地球上的
个人。

克劳斯不同意这一观点；她认为"荣誉的偏好（partiality）

---

1 Arendt，*On Revolution*，15.

2 Andrew Edgar，"Cultural Anthropology," in *Key Concepts in Cultural Theory*，ed.
Andrew Edgar and Peter R. Sedgwick（New York，NY：Routledge，1999）. TSF
（Total Social Fact）被定义为"在经济、法律、政治和宗教领域对整个社会有影响的活
动"。它贯穿、组织和连接整个社会的制度与实践。

3 Rawls，*A Theory of Justice*，453.

是为什么荣誉永远不应该被视为代表道德或政治动机的完整图景的一个原因，更不用说是灵魂的全面表征了"。[1] 她的论点基于这样一个立场，即人类的状况是"原则与激情的互动，理性在其中起引导和指引的作用，但从未完全超越心灵的渴望部分"[2]。她担心荣誉中固有的激情"永远不会被理性完全驯服"，因此证明荣誉是"难以驾驭的"（unruly）。荣誉的理性和情感方面分别促进行动的意向性和主动性。荣誉不是一个单一的概念，假设荣誉准则应该影响一个人的行为，这不仅否定了个人的主动性，也否定了只能通过激情非理性地表达的人性。克劳斯在自己的著作中引用了孟德斯鸠的话："荣誉是'蔑视生活的荣耀'。"[3] 克劳斯哀叹理想环境中的荣誉：

> 即使荣誉发生在没有固定阶级结构的民主环境中，它也是由强调所有人的自由和平等的原则所指导的，并有助于促进这些原则和抵制权力的侵蚀，我们很难忽视荣誉获得者自身所体现的值得骄傲的卓越。[4]

虽然克劳斯与荣誉有冲突，但她看不到逃避的方法："当代的荣誉替代品，如尊严、自尊和认可，缺乏荣誉的精神和雄心。"[5] 克劳斯没有通过使用诸如"应该"（should）、"必须"（must）和"可能"（ought）这样的术语来逃避她个人价值体系的投射，这些术语涉及个人行动，尤其是民主党人，特别是美国

1　Krause，*Liberalism with Honor*，109.

2　Ibid.

3　Ibid.，115.

4　Ibid.，119.

5　Ibid.，190.

民主党人的行动。[1] 通过试图只保留部分荣誉，通过建立一个基于美国民主党人在荣誉问题上应该如何表现的理想，她建立了一种善，通过这种善，个人之间可以相互评判，从而建立了一个在成功融入其理想基础上的社会等级制度。

荣誉之所以能如此构成社会现实，并不是因为社会秩序必须符合对荣誉的有限理解，而是因为荣誉是可塑的，可以屈从于群体的特殊性。内在和外在荣誉过程之间的相互作用阐明了个体和群体的共同构成；正如个体的社会现实是他或她的关系身份一样，群体的社会现实也是其成员的总体，以及他们的价值体系在他们的本体中的内化。下图显示了荣誉流程的总体结构：

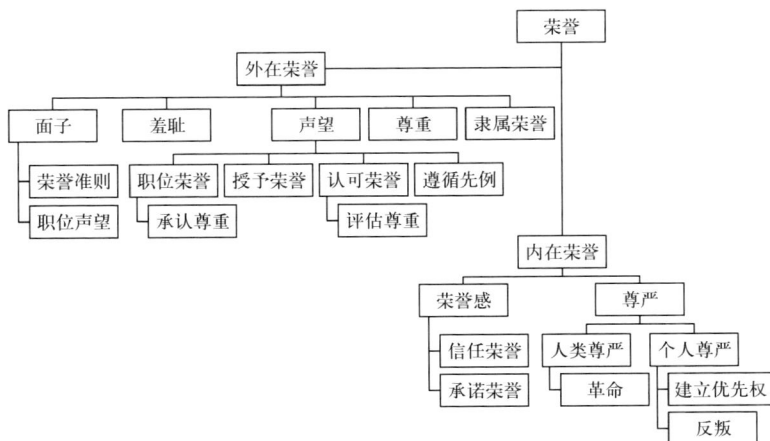

图 13.1　荣誉过程关系图

荣誉的主要区别在于内在和外在的价值铭刻。其中包含了个人荣誉过程，这些过程构成了本研究第二部分和第三部分的章节

1　Krause，*Liberalism with Honor*，190.

荣誉：一种现象学分析

标题。图 13.1 并没有充分体现过程的相互渗透。在看外在荣誉时，声望似乎是荣誉的主要来源；然而，声望通常不是通过个人的卓越获得的，而是通过附属关系获得的。隶属荣誉也是团体的声望（和羞耻）的来源，通过其个人成员的优秀和可耻的行为体现。此外，羞耻和声望有着相同的概念，尽管它在个体身上记录了消极而不是积极相关的价值观。荣誉的外部过程提供了一个奖惩的系统，这样个体就因为没有将一个群体的价值体系内化到他们各自的本体中而受到诱惑和惩罚。

荣誉的内在过程是个体认识到自己是独特的社会存在的机制。他们的行为形成了一个整体，反映了他们将自己群体的价值观内化的意愿，以及他们对被视为某个特定群体的延伸的抵制，这种延伸是基于在某个特定时刻与另一个人相关联的假定身份。[1]

因此个体被评估，从而获得价值。他们相对于彼此被判断为更熟练或更差，更高或更矮，更强或更弱。他们的相对优势和劣势导致他们被刻上了源自他们的绝对价值，如高大、聪明、阴险和嗜血。当个体与某个特定的优势或弱点联系在一起时，他们就被它所识别；他们变成了懦夫、巨人、运动员和学者。发展成身份的特征、特质和行为可以通过常规的方式进行评估，把道德品质（如好、坏和/或邪恶）写在个人身上。[2] 评价与规范合格者（qualifiers）的内在相关性将对话从决定谁在某一特定行为上更好或更差转移到谁是更好或更坏的人。

---

1 Sartre，*Existentialism is a Humanism*.
2 Reinhold Niebuhr，*Moral Man and Immoral Society：A Study in Ethics and Politics* (Louisville，KY：Westminster John Knox Press，2001；repr.，1960)；Nietzsche，*On the Genealogy of Morals and Ecce Homo*.

以这种方式评判个体不仅会导致人的减少，还会导致对人性的否定。对高尚的人的价值的否定更有可能导致他们对负面社会评价的外部铭刻的反叛，因为他们高尚的性格与他们对外部价值的内化直接相关。正如第 11 章所展示的那样，高尚的人行动最快，冲突更容易升级，因此他们是社会生活迷宫的金丝雀（the canaries of the labyrinthine maze）。

作为永恒和普遍性的荣誉

正是在多元化中，个体和群体之间的意识和差异，才导致评价的产生，社会等级制度也出现了。确定交流和分离的来源有助于在社会现实中创造群体；没有任何物质成分将个体联系在一起；正是自我与他人共同认同的内在化，将个体上分离的个体结合成一个真正的社会群体。[1] 只有消灭同一性的重要性，才能实现利益的普遍和谐。[2]

> 如果我们给特定身份之间的多元对立起一个"政治"的名字，那么"没有预设和主体"的社区的出现将意味着政治的终结，在这个意义上，身份逻辑将不再在社区中起作用，在这个社区中，人们已经放弃了争取承认的斗争，而倾向于揭露它的存在。[3]

普罗佐洛夫考察了克服政治与身份冲突的三次尝试（温特、巴迪欧和阿甘本）。

---

1 Simmel, *Conflict and the Web of Group-Affiliations*.
2 Prozorov, "Generic Universalism in World Politics," 226 – 228.
3 Ibid., 240.

温特构建了一个以世界国家中的霸权政治行为者为基础的全球社会。[1] 他试图超越基于两个相辅相成步骤的无政府状态：（1）建立一个全球权威。这种全球权威将建立一个所有个人共同的政治身份；（2）培养一种社会世界主义，将所有形式的差异纳入积极秩序。[2] 第一步是不可能、不必要和不充分的结合。创造一个普遍的身份是不必要的，因为所有人都是人，都享有人的尊严；认同政治营造了某些人的人性被其他人质疑和/或否定的环境。建立一个具有全球影响力的霸权政治实体也许是有可能的，但这并不能解决主权问题。个人总是可以从国家的利维坦手中收回主权。施米特认为这种选择是鲁莽的，因为声明与国家建立政治关系将导致暴力冲突，并且——对于主权个人而言——会导致死亡。[3] 然而，章士钊断言，这种声明经常发生，个人可以利用他们的内在才能来破坏国家及其控制能力。[4] 无论个体对主权的假设是否合理，这都是可能的。因此，霸权政府没有足够的权力来建立一种普遍的政治认同，而这种认同不能被个人抵制并宣称自己是他者而立即失效。最后，创造一个普遍的政治认同是不可能的，因为认同是通过同时经历与他人的相同和不同而形成的，而政治必然是与他人的关系，它包含着冲突升级到绝对的可能性。

最有趣的是温特的第二个步骤。他建议我们超越施米特的复杂对立理论，在这个理论中，无论方向如何，价值尺度上的两个

---

1 Alexander Wendt, "Why a World State Is Inevitable," *European Journal of International Relations* 9, no. 4 (2003).

2 Ibid., 527 - 528.

3 Schmitt, *The Concept of the Political*.

4 Jenco, *Making the Political : Founding and Action in the Political Theory of Zhang Shizhao*.

极端都被认为是规范的、积极的；温特所呼吁的是价值观念的彻底转变，以及对整个价值尺度上从理想到对立理想的每一个位置都给予同等的积极评价。有了这种无止境的复杂性，温德并不是要破坏差异，而是要让差异成为一种普适性的社会福祉（a universal social good）。人们将不再与价值疏远，每个人都将拥有价值。温特在这里遇到了困难，因为他依赖身份。温特的论点是以促进一种普遍认同为前提的，通过这种认同，所有人都可以形成一种共同的纽带，并获得社会价值。为了让最高统治者宣扬一种社会价值的认同，就必须要么诉诸人类尊严——而温特并没有这样做，因为这种认同关注的是共性，而不是对差异的积极评价——要么需要为全民树立榜样。然而，榜样的创建同时也是例外的树立。[1] 当个体认同一个范例的特殊差异时，他们会与其他不认同的人保持距离；曾经在理论上的独特性现在已经支离破碎。重视差异将强调全球秩序中的差异，并形成具有荣誉结构的群体。温特未能实现他的乌托邦，因为他在他的体系中保持了同一性和多元性（通过差异）。

"阿甘本和巴迪欧都试图克服同一性政治本体论……通过阐明一种普遍主义的一般形式，打破了本体论差异、死亡的永恒可能性和多元或霸权的身份政治的荟萃。"[2] 巴迪欧试图证明差异是人最常见和最共有的经历，以便反驳差异的重要性。他利用数学的集合论，即个体属于他们所识别的集合，并且陈述具有特定特征的集合属于包含具有那些特定特征的所有集合的其他集合。巴

---

1 Agamben，*Homo Sacer：Sovereign Power and Bare Life*.
2 Prozorov，"Generic Universalism in World Politics," 240.

迪欧的类属普遍主义的关键要素是一个不可辨别的普遍子集的表达，因此只由存在组成。[1] 因此，巴迪欧的类属子集是通过对特殊性和差异漠不关心来代表本体真理。巴迪欧认为，这将允许一场政治运动，从基于差异的无限认同到基于所有已经、正在、将要或可能存在的人共享的普遍平等的单一世界共同体；这"与世界人口的统一无关"，而是所有人共享存在的真理。[2]

阿甘本对普遍主义采取了不同的方法，他的语言本体论预见了一个"未来共同体"（coming community）：

> 把人类团结在一起的不是自然，不是声音，也不是象征语言的共同经历；这是对语言本身的看法，因此也是对语言的局限和终结的体验。一个真正的共同体只能是一个没有预设的共同体。[3]

阿甘本否认人类是任何东西。他认为人类是"没有身份或天职可以耗尽的纯粹潜力的存在"。[4] 这是对萨特的延伸和修正。萨特认为，人们只能通过他们实践的总体性来回顾和判断。[5] 阿甘本建议人们保持现状，该哪样就哪样。如此的存在不是一个行动或行动的衍生。人不是一种特质、特征或整体的一部分；他们正是他们可能是什么——一个无论什么的存在。阿甘本的"无论是什么"寻求"适当的归属本身，寻求它自己的语言，因此拒绝所

1　Badiou，*Being and Event*，371.

2　Prozorov，"Generic Universalism in World Politics，"234.

3　Giorgio Agamben，*Potentialities*（Stanford，CA：Stanford University Press，1999），47.

4　Giorgio Agamben，*Means without End：Notes on Politics*（Minneapolis，MN：The University of Minnesota Press，2000），141.

5　Sartre，*Existentialism Is a Humanism*.

有的身份和条件的归属"，这使他成为"国家的主要敌人"，这样一个群体的唯一目的是承担施米特的政治责任。[1] 阿甘本认为"人与人之间的每一场斗争实际上都是一场争取认可的斗争"，并由此形成了一个即将到来的共同体，在这个共同体中，所有人都没有身份或个性，而是作为一个奇点而存在。[2]

巴迪欧和阿甘本都在寻找某种东西，试图概括相同之处，减少差异的重要性。阿甘本特别寻求以一种应该让马克思感到自豪的方式结束人类与社会价值的异化。这两种理论的主要区别在于，它们设想的是一个宁愿没有社会但一定要有社群的世界。这种差异是巨大的。正如我们所展示的那样，社会是通过认同一个人是什么和不是什么、同辈之间的竞争以及认同的等级制度而形成的。荣誉（不管是正式的还是非正式的）都是社会世界的骨骼结构。阿甘本和巴迪欧提出，与社会相反，社群将关注同一性，这样做的最终结果将不是持续的认同分裂，而是社群的统一。

巴迪欧和阿甘本都试图否定世界上对差异和联系过程的重视。就像所有乌托邦式的愿景一样，他们对善的愿景必须被所有人内化为工作，这意味着他们对社会的社群主义替代是现状的唯一竞争对手。他们寻求在人类互动中引发一场革命；他们正在向世界推广一种价值体系。采用巴迪欧的社会归属或阿甘本的任何奇点，就是让他们的本体论上升为霍布斯式的利维坦，为了不再肮脏、野蛮或短暂的生活而消灭个体的真实性。目前的研究已经

1 Agamben, *The Coming Community*, 86; Schmitt, *The Concept of the Political*.

2 Prozorov, "Generic Universalism in World Politics," 239. Citing Agamben, *The Coming Community*, 64; Giorgio Agamben, *The Idea of Prose* (Albany, NY: SUNY Press, 1995), 82.

表明，尊严拒绝这种特殊形式的暴政。[1] 存在主义的自我不可能与所有其他人完美地共享；人类注定要被抛弃。

斯拉沃热·齐泽克在《视差之见》（*The Parallax View*）中审视了我们与自我和他者的存在关系。齐泽克认为，唯一性和个体性是独特且个人的，本体论又与二者不可分割。他首先将视差定义为"物体的表观位移……由提供新视线的观测位置的变化引起"。[2] 他将其扩展到包括"哲学扭曲"（philosophical twist），即主体和客体"内在地'调停'（mediated）"，并指出"主体观点的'认识论'转变总是反映客体本身的'本体论'转变"，这"回报了凝视"。[3]

人类的有限性是他们存在的关键，"这种暴露非但没有限制他，反而是真正基础意义的宇宙和人类的'世俗性（worldliness）'出现的基础"[4]。只有因为我们死了，有了视野，术语才有意义，理解我们每个人作为一个独特的存在才有意义。[5] 我们的存在之所以有意义，是因为我们的局限决定了我们独特的位置——我们不是无所不在的。我们的弱点决定了我们的行动——我们不是无所不能的。我们与物质现实的联系源于我们无法直觉——我们不是无所不知的。我们不是无限的；我们是有条件的，因此是确定的。我们把自己投射到这个世界上，用语言向他人表达自己的意义。通过描述我们的生活，我们成了自己主体性

1　参见本书第 12 章。

2　Zizek，*The Parallax View*，250 - 251.

3　Ibid.

4　Ibid.，4735 - 4736.

5　Ibid.，4736 - 4737.

的对象。齐泽克用拉康来解释：

> 正是在这一点上，一个纯粹的差异出现了——这种差异不再是两个积极存在的对象之间的差异，而是一个将同一个对象从自身中分离出来的最小差异——这种差异"如此"立即与一个深不可测的对象相一致：与对象之间的纯粹差异相反，纯粹的差异本身就是一个对象。因此，视差分裂（parallax gap）的另一个名称是最小差异，这是一种"纯粹的"差异，它不能建立在积极的实质性质上。[1]

我们与自己和他人分离，永远不知道什么是真实的。齐泽克把人类作为观察者和被观察者，这加强了对他人和其他存在或可能存在的自我化身的反身性和自我判断。我们常听到人们说"10年前和体重轻 20 磅的时候"会怎么做，这并不罕见。受伤的人可能会说一旦痊愈他们会做什么。我们理解差异，因为我们既有洞察力又有判断力。寻求消除身份将要求一个人寻求消除感知世界和我们自己的能力。

章士钊的本体论拒绝人类形成普遍共同体的能力。他的愿景是一种联邦制，通过这种制度，个人可以自我指导自身的才能在群体中的应用，以保持群体的"全部潜能"。[2] 个人之间不可转移的才能照亮了差异。哪里有个人，哪里就有差异，只要能力、洞察力或方法不同。

---

1 Zizek，*The Parallax View*，269 - 272.

2 Jenco，*Making the Political : Founding and Action in the Political Theory of Zhang Shizhao*，192.

> 章士钊最初回应的问题是不可减少的多元化和政治崩溃，但正是由于自我意识和自我使用的人才转向个人的区别，而不是共同体的凝聚力，章士钊可以提出他们作为政治行动的基础。[1]

章士钊并不主张完全包容或认同会使身份和多元性无效，而是主张一种"由相互对立产生并通过相互让步发展起来的"通融安排。[2] 章士钊将墨菲所培养的竞争意识作为一种手段，通过这种手段来扩大竞争，从而使边缘群体在政治公共空间中获得合法性。[3] 他的政治理论是这样一种理论：所有人都受到尊重，所有人都具有社会价值，都作为人而存在，但并不要求这种相同之处是领导层和有尊严的反叛之间的自然和谐。[4]

温斯坦的批判生机论（critical vitalism）将哲学直接植根于社会。在书中，他探索了个体是如何从根本上彼此分离的，这种距离承认了自我的有限性。[5] 人类的有限性需要参考我们的本体论以及社会和物质环境的关系。

> 存在……在属于自我的意义上是个人的。自我与其内部和外部环境之间的关系是唯一一个恰当适用于"归属"一词的关系……自有生活或个人存在是……不可剥夺的、不可替代的、不可转移的。[6]

---

1 Jenco, *Making the Political : Founding and Action in the Political Theory of Zhang Shizhao*, 193.

2 Ibid., 194.

3 Ibid., 194 – 195.

4 Ibid., Chapter 8.

5 Weinstein, *Finite Perfection : Reflections on Virtue*, 28.

6 Ibid., 26 – 27.

　　温斯坦预示了齐泽克的视差，表明我们都不断地与自我分离，永远被困在自我之中，既是行为者又是反射性观察者。[1] 因为我们是完全分离的，处于"一种固定界限和揭示有限性的状态"，我们的生活经历不同于其他完全分离的人。由于这个原因，当每个人都必须基于一个独特的位置来解释现实时，就会发现缺乏对普遍准则或真理的强加。虽然自我不是唯一的现实，但反身自我的局限在现实中是唯一的；此外，反身自我意识到，行为自我是由"与特定情境相关的"关系人物组成。"个人的存在最完整地揭示了它的个人特征，在这种特征中，对个人经历的独特性和非凡的洞察产生了活生生的怀疑。……它代表他人的能力。"[2] 生活在局限性中，被局限在自我的限制中，会招致愤怒、沮丧、绝望和对存在的仇恨，这是一种极端的不安全感，会导致一个人"对确定性的追求"。[3]

　　温斯坦对生命的存在主义审视是建立在彻底分离的本体论基础上的，这种本体论在有限的完美中找到了它的价值哲学表达。有限的完美是完全分离的存在的德性。"一种德性可以理解为经验的完美，有三种普遍的德性与自我所指的三种实体相对应：自身、环境中的客体和其他自我"。[4]

　　温斯坦的德性体现在自我控制、接受失败（和限制）上；艺术和设计，还有爱。[5] 个体自我通过自我控制和逆境的相遇而"变得坚强"，这个过程允许"自我和它自己变得一致"。爱是一

1　Weinstein，*Finite Perfection：Reflections on Virtue*，51.
2　Ibid.，27.
3　Ibid.，29.
4　Ibid.，44.
5　Ibid.，44－45，125－126. 我们又一次发现了本体论、社会和物质现实的三重性。

种德性，它使完全分离的人能够交流，而不是将许多人结合成一个单一的个体。爱的基础……是分离，不是结合；爱将是把不同的人连接成一个脆弱的团结，但这种团结永远不会紧密到允许放弃自我。[1] 共享（communion）是"短暂和零星的"，不能持续；如果没有爱和对另一个完全分离的自我的认同，这就是"情节性的"；有了爱，共享变得"更有个性"。[2]

温斯坦的本体论强调个体与自身和他人的存在性分离。社会善是爱，将他人视为与我们不同但却有独特价值的存在。共享和共同体不是一种理论上的好东西，可以通过改变思想或明确的宣传信息来建立；为了自身的利益，必须通过服务他人来培养它。爱给予他人尊重，让他们对我们有价值。

当多个生命存在于一个有限的空间中，因此必须相互作用时，荣誉就产生了。随着社会的发展，荣誉的特殊性将不断被不断变化的价值体系重新定义。由于荣誉与身份联系在一起，荣誉的事务似乎是暴力的，并寻求支配；然而，一个真正宽容的社会不是由培养平等或降低差异的重要性而形成的，而是由宽容与爱形成的。章士钊的通融（accommodation）和温斯坦的爱之德性为在由完全分离的个体构成的现实中的包容提供了基础。正是荣誉中的反身性使共享成为可能。[3] 在物质环境的限制下，通过将自我与他人对立，将自我视为被观察的他人（包括潜在的自我），就有可能将他人视为你是他者的自我。荣誉通过强调自身的视差

1　Weinstein, *Finite Perfection : Reflections on Virtue*, 130.

2　Ibid., 132.

3　Stewart, *Honor*, 70 - 71. 尽管斯图尔特关于荣誉的章节大多集中在侮辱、挑战和对这二者的回答上，但关键在于最后，当他谈到荣誉是敏感的手段时，他将荣誉从二分法中去除，并将其置于连续统一体中。

来鼓励对自我彻底分离的意识。荣誉将自我融入群体，强调为他人而存在的价值。当自我和另一个人仅仅因为他们是什么样的人而彼此珍视时，共享就发生了。

社会弦理论（SOCIAL STRING THEORY）

在某种程度上，齐美尔的选择是正确的，他选择了网络来说明群体之间的联系。不同群体之间以及群体内部的复杂交织激发了人们对身份认同的纠结和相互作用的思考，这些认同串联在一起构成了社会中的整个人类。如果我们把这个例子再往前推一步，我们就会对社会现实有一个更复杂、更准确的理解：我们需要包括个体。

如果我们把个体看作线，他们是由他们身份的总体构成的，每个身份或多或少地具有重要性或影响进程方向，这取决于他们的空间和时间位置。他们的每一个身份都是独立的纤维线，有些更粗、更明显，有些更细，有些有时几乎不存在，有些更密，对个人的自我感觉更重要。因此个体与特定身份关系的荣誉可以用旦尼尔（denier）或特克斯（tex）来衡量。随着个人生活的进行，随着他们的线变长，他们的线股会变得忽明忽暗。一些线消失了，新的线开始在构成个体社会整体的线中扭曲。

由于群体是由个体组成的，群体现实的结构是由个体的线编织而成的。社会现实无非是个体之间相互联系时的相互作用；它只能在关系同一性方面，在相似性和差异性方面被精确地构建。构成社会组织结构的纤维不会被任何特定群体的布料所垄断；其身份形成了那块布的个体也形成了其他群体的结构。个体的生活模式将不同的群体联系在一起。连接在一起的群体的衣服，代表了元社会，产生了构成文明的格子图案。社会科学研究这些衣服并描述它们的独特品质。

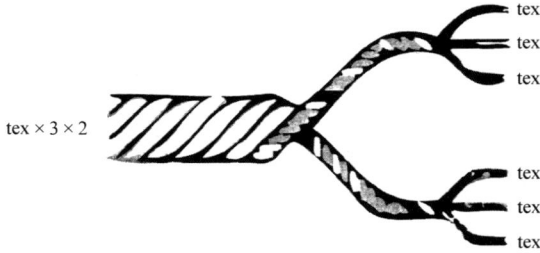

图 13.2　弦结构图

结论

　　没有一个群体比其成员的齐心协力更强大。人类的有限性被有意的集体行动所规避。荣誉加强了个人和群体之间的联系，促进了不以自我为存在，而是以他人为存在的意愿，这样集体行动，如果不是真正的共享，就会变得更有生活特色。

　　荣誉是一套复杂的过程集合，把人编织进群体。荣誉系统中有微妙和细微的差别，因此在特定的情况下似乎没有正确的行动路线。也许这反映了生活和共享的本质：不可能在每一个特定的时刻满足你的每一个期望。有些期望是相互排斥的。有些期望是不现实的。有些与实际期望的输出脱节。所有这些都是真实的，都影响着个体与各自群体的关系。荣誉有时是一个失败的命题。

　　然而，将荣誉内化能保证价值，因为它能产生行动。尽管一个人可能不被授予声望，也可能不会获得高荣誉贵族的身份，但他或她通过积极地与现实世界接触而被保证是真实的。如果可以成功避免怨恨，这种形式的交往可以让一个人有尊严地生活，即使这种荣誉是由根植于尊严的个人价值体系获得的。

通过接受荣誉的复杂性，我们将有可能加深对其过程的理解。有必要区分荣誉的概念和构想，以便准确地探究价值是如何在社会中产生的，价值如何使各方相互关联，这些关系在哪里产生张力，以及这种张力如何改变关系，从而改变价值。

政治生活在概念上与荣誉密切相关。两者都通过被铭刻的价值的认同来联系多元的存在。政治关系就是朋友和敌人、我们和他们。荣誉强制执行成为我们的意义，规定谁代表他们以及在多大程度上代表他们。荣誉的过程就是政治的社会化过程，由此这种认同得以延续和改变。有理由相信价值的不同、不安全感为冲突和合作提供了催化剂，因为价值更普遍，可以包括权力、资源、联盟等。这种不安全感的标志是对现状的有尊严的反抗，即领导层未能按照个人认为合适的方式来评价一个人。要完全理解荣誉在不同社会中是如何分解的，还有很多工作要做。我希望这种现象学探索能为荣誉研究提供工具，使这种分析不仅可能，而且富有成效。

附录　核心概念

性格（Character）　　个体对存在的痛苦的回应形成并反映出来的品质。（荷马）

共构循环（Co-configurative Cycle）　　为社会提供意义的过程。个人经验汇集成一个工具包。该工具包提供了个人未来处理类似情况的一种知识基础。与结构效应有关。（科恩普罗布斯特）

无限复合体（Complexio Infinitum）　　在一个价值尺度上同时包容所有可能的价值，没有矛盾。

对立复合体（Complexio Oppositorum）　　在自我中同时包含一个论题和它的对立，没有矛盾。（施米特）

行为体的结合（Conjunction of Actors）　　在关键时刻相互合作的利益相关方群体。

关键时刻（Critical Moment）　　对时间和空间中的指定位置的考察。（本特利）

尊严（Dignity）　　一个人将自己与社会价值联系在一起的过程。他或她通过建立一个绝对有约束力和不可协商的个人荣誉准则来做到这一点，其自身是该准则的卓越典范。

共同继承的尊严（Dignity, Co-inhered）　　个人和人类尊严的结合，确立了内在于个人内部的主权。一个人可以将主权让与他人，但保留随时收回主权的能力。

人类尊严（Dignity, Human）　　尊重人类作为一种独特生命形式的过程。人类的独特存在既高于自然又低于神性。对人类尊严的诉求代表了每个人仅仅因为是人类而有权享有的最低限度的荣誉。

内在尊严（Dignity，Intrinsic）　反映一个人内在化荣誉的程度的性格品质。（克劳斯）

个人尊严（Dignity，Personal）　一个人把他或她自己与社会价值联系起来的荣誉过程。这种形式的尊严包括有尊严的个人的独特价值体系，以及个人作为一个独特的人所代表的永远不能被复制的社会价值。

不名誉（Dishonor）　他者（an Other）公开拒绝某一客体的价值。不名誉是一种否认和拒绝一个群体的价值体系的积极行为。

不尊重（Disrespect）　他者公然未能按照个体认为适当的方式对个人进行评价。

尊重（Esteem）　个体或群体为在荣誉制度中表现卓越而赋予个体（或团体）社会价值的荣誉过程，即使这不是双方共享的制度。任何一方都不需要接受价值体系或遵守对方的荣誉守则。尊重仅仅认识到他者被认为具有社会价值，并在已知的（尽管是外来的）荣誉制度中获得了荣誉。

尊重经济（Esteem，Economy of）　一个社会价值交换体系，不仅决定一个人有多少价值，而且决定这个人可能持有价值的领域。（布伦南、佩迪特）

评价（Evaluation）　基于如何评定特定对象的标准来评估对象质量的认知过程。

卓越（Excellence）　特定品质或行动接近理想的程度。

典范（Exemplar） 被一个群体指定为特殊的个体，并在该群体中被授予个人认可。

面子（Face） 个体参与者在一个特殊的荣誉团体中保持他或她的荣誉地位的荣誉过程。面子是存在于社会平等者之间的荣誉过程，非常脆弱。面子涉及获得有价值的社会身份。保全面子指的是一方抵制特定身份的丧失，或者抵制对等团体中较低或价值较低的地位，从而有效地抵消对等地位。

自由（Freedom） 别样存在的可能性的本体地位。（普罗佐洛夫）

荣耀（Glory） 名声和荣誉的结合。这种荣誉的过程在时间和空间上相互呼应。荣耀拥有一种神圣的品质，它提升了一个社会的典范，使之成为某一特定品质或行为的卓越典范。荣耀体现在神话和传说中。

荣誉（Honor） 一个多重现象的概念范畴。作为一个体系，它通过把他者的价值观铭刻在一个人身上来等级地构建社会。

隶属荣誉（Honor, Affiliated） 个人成员和他或她的团体通过相互交往获得社会价值的迂回过程。团体的成员资格是一种身份，根据团体声誉的价值而给予个体荣誉。与此相一致的是，团体的声誉价值是基于其成员的总价值和他们的平均贡献。通过隶属荣誉获得社会价值是一把双刃剑；参与者可能从成员身份中获得声望和荣誉，但也可能被羞辱。

赐予荣誉（Honor, Bestowed） 主权者对一个公民的卓越的公开宣示。（斯贝尔）

荣誉称号（Honor, Borne） 公众接受成员或公民的模范地位。（斯贝尔）

承诺荣誉（Honor，Commitment）　重视承诺、协议、原则或理想。可能是不充分的、被误导的或不恰当的，如果是这样，便可能导致不名誉。（塞申斯）

授予荣誉（Honor，Conferred）　因具备授予团体高度尊重的品质而授予的荣誉。这种荣誉是在归属的基础上授予的。

外在荣誉（Honor，External）　通过个人与群体之间的话语性交流而形成的荣誉过程。

横向荣誉（Honor，Horizontal）　受尊重的权利，该尊重基于一个人在特定群体中的包容和特定的行为标准，从而在群体内外予以区别。（斯图尔特）

内在荣誉（Honor，Internal）　荣誉过程只发生在一个人的心灵中。

客体化荣誉（Honor，Objectified）　世界相信一个人的品质和相应的价值。（利普曼）

可观察到的荣誉（Honor，Observed）　其他公民或团体成员对一个榜样的杰出表现的公开认可。（斯贝尔）

个人荣誉（Honor，Personal）　个人应得的尊重权利。（斯图尔特）

职位荣誉（Honor，Positional）　存在、拥有或做某件事，使一个人在群体中处于他人之上。可能基于成就或地位。（塞申斯）

认可荣誉（Honor，Recognition）　公众对被视为卓越的内在品质的尊重。卓越先于认可。（塞申斯）

荣誉感（Honor，Sense of）　参见荣誉感（honorableness）。（斯图尔特）

主体化荣誉（Honor，Subjectified）　一个人相信他或她的品

质和相应的价值。（利普曼）

信任荣誉（Honor，Trust） 一个人依赖另一个人的程度。这也是一个人认为他人可靠的程度。（塞申斯）

垂直荣誉（Honor，Vertical） 职位较高者享有的获得特殊尊重的权利。也被称为正面荣誉。（斯图尔特）

荣誉感（Honorableness） 一个人将荣誉作为他或她自己的一种有价值的品质的过程。荣誉感的深度随着个人依恋感的增加而增加。个人的荣誉感范围在不存在到绝对之间。荣誉感衡量人们对自己的社会价值的承诺程度。

致敬（Honoring） 通过价值媒介改变社会现实的过程。

身份（Identity） 由与他者的特定关系定义的一个完整的人的形象。身份是一种铭刻的正式的或功能性的关系，将一个特定的个体置于一个普遍的范畴内，使他或她成为一个群体的一部分。

意识形态（Ideology） 行为者的哲学（不仅包括典型的世界观，还为他或她的行为和欲望提供辩护和理由）。（本特利）

利益（Interest） 一方想要的东西。（本特利）

交叉性（Intersectionality） 一种社会关系模式，侧重于具有共同多重身份的群体中的结构性支配和压迫。（韦尔登）

个体交叉性（Intersectionality，Individual） 一个人独特的融合了内省和铭刻的身份，包括在给定的空间和时间位置所经历的程度。

分析层次（Level of Analysis） 提供系统的社会抽象层级，分析单元在该系统中运行。传统的分析层次包括个人、群体、国家和国际体系。

存在的多重性（Multiplicity of Being） 人类同时且无矛盾地与物质、社会和本体论现实接触。

嵌套身份（Nested Identities） 由于相似的原因而相互关联且与个人相关的身份，但各自处于不同的抽象层次。

客观价值（Objective Value） 参见品质（quality）。

权力（Power） 一方用来获得他或她想要的东西。（本特利）

声望（Prestige） 一个人获得社会价值的荣誉过程，通过这一过程，当事人的品质、特征和行动被认为是优秀的，并被他或她所属的或他或她是其中一员的团体认为是"好的"。声望提高了个人相对于群体中其他人的等级地位。

感知（Proception） 过程与接受度之间不可分割的结合。它是经验与意义的交集。（布赫勒）

品质（Quality） 独立于主观反映而存在的客体的价值。偶尔被称为客观价值。

现实（Reality） 世界本来的样子。

物质现实（Reality，Material） 由自然科学剖析并给出法则的物理环境。

本体现实（Reality，Ontological） 个体对自身价值的自我反思性解释。它是由主体把其自身作为美学意义的人造物而形成的。

社会现实（Reality，Social） 个体的意义通过社会关系在价值上受到约束，这种社会关系是由身份归属和成员资格决定的。

反叛者（Rebel） 个体拒绝社会的价值体系而支持他们自己的解释。积极反叛建立了一个新的竞争价值体系，反叛者是他自己的榜样。

共振回路（Resonance Circuit） 一个正式的理论模型，显示了个人和他人之间的关系，它将判断、接受度和说服联系在一起。（科恩普罗布斯特）

怨恨（Resentment） 一种拒绝卓越、提倡平庸的反叛。由一个非常可敬的人发起，发起人既不被他或她的社会所重视，也不被视为优秀。

尊敬（Respect） 对他者应得的积极评价。

评价尊敬（Respect，Appraisal） 一种积极评价一个人的态度，无论是作为一个人还是从事某项特殊的追求，他或她都表现出卓越。（达尔沃）

认可尊敬（Respect，Recognition） 对所有人的尊重。包括对客体的某些特征给予适当的考虑或认可。（达尔沃）

羞耻（Shame） 与声望相对应，是个体参与者因其品质、特征和行为被认为优秀，但被群体视为"不好"而获得社会价值的过程。羞耻降低了个体相对于群体中其他人的等级地位。

存在围困（Siege，Existential） 通过物质和社会控制来否认自己真实性的感觉。这种形式的存在焦虑必然导致自我的本体毁灭，从而使得人格改变以适应一个占统治地位的他者的意志，或者导致反叛。

社会弦理论（Social String Theory） 一种通过荣誉过程将个体与群体联系在一起的正式理论。

战略（Strategy） 行动者利用他们的力量来实现利益的方法。（本特利）

结构化效应（Structuration Effect） 特定的经验被整合到个人的工具包中，改变了共性。（科恩普罗布斯特）

分析单元（Unit of Analysis） 在分析层次内积极运行的参与者的抽象概念。分析单元是被外部主体考察的对象。

估价（Valuation） 评估一个客体品质的情感过程。也称为客体价值（object value）或指定价值（assigned value）。

价值（Value） 以估价或评价的形式经过主观反映的客体的品质。

绝对价值（Value，Absolute） 从数学中借用的概念。绝对价值指的是品质的精确程度和等级上的估价类型。（托普斯）

名义价值（Value，Nominal） 附加到客体的名称。（托普斯）

规范价值（Value，Normative） 客体的社会属性，使其成员倾向于正面或负面的评价。

相对价值（Value，Relative） 是一种品质——允许沿着一种价值尺度或价值连续体评估具象的品质的相对位置，其中理想值及其对立的理想值位于两端。（托普斯）

超越个体的价值（Value，Surpraindividual） 一个群体共有的价值。（罗卡奇）

参考文献

Adair, Douglas. *Fame and the Founding Fathers*. New York, NY: Norton, 1974.

Agamben, Giorgio. *The Coming Community*. Theory out of Bounds. Minneapolis, MN: University of Minnesota Press, 1993.

———. *Homo Sacer: Sovereign Power and Bare Life*. Translated by Daniel Heller-Roazen. Kindle ed. Palo Alto, CA: Stanford University Press, 1998.

———. *The Idea of Prose*. Albany, NY: SUNY Press, 1995.

———. *Means without End: Notes on Politics*. Minneapolis, MN: University of Minnesota Press, 2000.

———. *Potentialities*. Stanford, CA Stanford University Press, 1999.

———. *State of Exception*. Translated by Kevin Attell. Kindle ed. Chicago, IL: University of Chicago Press, 2005.

Allen, Michael Patrick, and Nicholas L. Parsons. "The Institutionalization of Fame: Achievement, Recognition, and Cultural Consecration in Baseball." *American Sociological Review* 71, no. 5 (2006): 808–825.

Allen, R. T. *The Structure of Value*. Avebury Series in Philosophy. Ann Arbor, MI: University of Michigan Press, 1993.

Appiah, Kwame Anthony. *The Honor Code: How Moral Revolutions Happen*. New York, NY: W. W. Norton & Co., 2010.

Arendt, Hannah. *On Revolution*. New York, NY: Penguin Classics, 2006.

Aristotle. "The Ethics." Translated by D. P. Chase. In *Works of Aristotle*. Mobile Reference, 2008.

———. "Metaphysics." Translated by William David Ross. In *Works of Aristotle*. Mobile Reference, 2008.

———. "Nichomachean Ethics." In *Introduction to Aristotle*, edited by Richard McKeon. 308–545. New York, NY: Random House, 1947.

———. "Physics." Translated by R. P. Hardie and R. K. Gaye. In *Works of Aristotle*. Mobile Reference, 2008.

———. "The Poetics." Translated by Ingram Bywater. In *Works of Aristotle*. Mobile Reference, 2008.

———. "Politics." In *Introduction to Aristotle*, edited by Richard McKeon. 546–620. New York, NY: Random House, 1947.

———. "Politics: A Treatise on Government." Translated by William Ellis. In *Works of Aristotle*. Mobile Reference, 2008.

Asano-Tamanoi, Mariko. "Shame, Family, and State in Catalonia and Japan." In *Honor and Shame and the Unity of the Mediterranean*, edited by David D. Gilmore. 104–120. Arlington, VA: American Anthropological Association, 1987.

Ashley, Richard K., and R. B. J. Walker. "Introduction: Speaking the Language of Exile: Dissident Thought in International Studies." *International Studies Quarterly* 34, no. 3 (1990): 259–268.

Ashley, Robert. *Of Honour.* San Marino, CA: Huntington Library, 1947. c. 1600.

Badiou, Alain. *Being and Event.* London, UK: Continuum, 2005.

Barkin, J. Samuel. *Realist Constructivism: Rethinking International Relations Theory.* New York, NY: Cambridge University Press, 2010.

Baroja, Julio Caro. "Honour and Shame: A Historical Account of Several Conflicts." In *Honor and Shame: The Values of Mediterranean Society,* edited by J. G. Peristiany. 79–138. Chicago, IL: University of Chicago Press, 1966.

Barton, Carlin A. *Roman Honor: A Fire in the Bones.* Berkeley, CA: University of California Press, 2001.

Baudrillard, Jean, and Marc Guillaume. *Radical Alterity.* Translated by Ames Hodges. Boston, MA: MIT Press, 2008.

Beard, Mary. *The Roman Triumph.* New York, NY: Belknap, 2009.

Beiner, R. *Political Judgment.* Chicago, IL: University of Chicago Press, 1983.

Bentley, Arthur F. *The Process of Government: A Study of Social Pressures.* New Brunswick, NJ: University of Chicago Press, 2008. Transaction Publishers. University of Chicago.

Berger, Peter. "On the Obsolescence of the Concept of Honor." In *Revisions: Changing Perspectives in Moral Philosophy,* edited by Stanley Hauerwas and Alasdair MacIntyre. 172–181. Notre Dame, IN: Notre Dame University Press, 1983.

Berger, Peter L., and Thomas Luckmann. *The Social Construction of Reality: A Treatise in the Sociology of Knowledge.* New York, NY: Anchor Books, 1967.

Bernstein, Richard J. "Buchler's Metaphysics." *The Journal of Philosophy* 64, no. 22 (1967): 751–770.

The Bhagavad Gita. New York, NY: Three Rivers Press, 2000.

Bloodworth, D. *The Chinese Looking Glass.* New York, NY: Farrar, Strauss, and Giroux, 1980.

Bourdieu, Pierre. *Distinction: A Social Critique of the Judgment of Taste.* London, UK: Routledge, 1984.

———. "Rites as Acts of Institution." In *Honor and Grace in Anthropology,* edited by J. G. Peristiany and Julian Pitt-Rivers. Cambridge Studies in Social and Cultural Anthropology, 79–90. Cambridge, UK: Cambridge University Press, 2005.

Bowman, James. *Honor: A History.* Kindle ed.: Encounter Books, 2006.

Braithwaite, John. *Crime, Shame, and Reintegration.* New York, NY: Cambridge University Press, 1989.

Braudy, Leo. *The Frenzy of Renown: Fame and Its History.* New York, NY: Vintage, 1997.

———. *From Chivalry to Terrorism: War and the Changing Nature of Masculinity.* Vintage Books ed. New York, NY: Random House, 2005.

Brennan, Andrew, and Y. S. Lo. "Two Conceptions of Dignity: Honour and Self-Determination." In *Perspectives on Human Dignity: A Conversation,* edited by Jeff Malpas and Norelle Lickiss. 43–58. Dondrect, Netherlands: Springer, 2010.

Brennan, Geoffrey, and Michael Brooks. "Esteem-Based Contributions and Optimality in Public Goods Supply." *Public Choice* 130, no. 3/4 (2007): 457–70.

Brennan, Geoffrey, and Philip Pettit. *The Economy of Esteem: An Essay on Civil and Political Society.* Kindle ed. New York, NY: Oxford University Press, 2005.

Buchler, Justus. *Nature and Judgment.* New York, NY: Columbia University Press, 1955.

———. *Toward a General Theory of Human Judgment.* 2nd ed. New York, NY: Dover, 1979.

Burris, Val. "The Academic Caste System: Prestige Hierarchies in Phd Exchange Networks." *American Sociological Review* 69, no. 2 (2004): 239–264.

Burton, James P., Terence R. Mitchell, and Thomas W. Lee. "The Role of Self-Esteem and Social Influences in Aggressive Reactions to Interactional Injustice." *Journal of Business and Psychology* 20, no. 1 (2005): 131–170.

Butler, Judith. *Undoing Gender*. New York, NY: Routledge, 2004.

Callahan, Caryl, and Ihara Saikaku. "Tales of Samurai Honor: Saikaku's Buke Giri Monogatari." *Monumenta Nipponica* 34, no. 1 (Spring 1979): 1–20.

Campbell, J. K. "The Greek Hero." In *Honor and Grace in Anthropology*, edited by J. G. Peristiany and Julian Pitt-Rivers. Cambridge Studies in Social and Cultural Anthropology, 129–50. Cambridge, UK: Cambridge University Press, 2005.

———. "Honour and the Devil." In *Honor and Shame: The Values of Mediterranean Society*, edited by J. G. Peristiany. 139–70. Chicago, IL: University of Chicago Press, 1966.

Camus, Albert. "Exile and the Kingdom." Translated by Justin O'Brien. In *The Plague, the Fall, Exile and the Kingdom, and Selected Essays*. 357–488. New York, NY: Alfred A. Knopf, 2004.

———. "The Myth of Sisyphus." Translated by Justin O'Brien. In *The Plague, the Fall, Exile and the Kingdom, and Selected Essays*. 489–606. New York, NY: Alfred A. Knopf, 2004.

———. *The Rebel: An Essay on Man in Revolt* [L'homme Revolte]. Translated by Anthony Bower. New York, NY: Vintage International, 1991.

Caplan, Josh. "The Most Advantaged of the Least Advantaged: The Costs of Trading Precision for Generalizability in Intersectionality." In *Midwest Political Science Association*. Chicago, IL, 2011.

Chirayath, Verghese, Kenneth Eslinger, and Ernest De Zolt. "Differential Association, Multiple Normative Standards, and the Increasing Incidence of Corporate Deviance in an Era of Globalization." *Journal of Business Ethics* 41, no. 1/2 (2002): 131–140.

Church, U. S. Catholic. *Catechism of the Catholic Church*. New York, NY: Image Books, 1995.

Colburn, Kenneth, Jr. "Honor, Ritual and Violence in Ice Hockey." *The Canadian Journal of Sociology / Cahiers canadiens de sociologie* 10, no. 2 (1985): 153–170.

Crenshaw, Kimberle. "Mapping the Margins: Intersectionality, Identity, Politics, and Violence against Women of Color." *Stanford Law Review* 43, no. 6 (1991): 1241–1299.

"Current Political/Security of Somalia by Michael Weinstein, Professor, Purdue University." In *Center for Strategic and International Studies*. Washington, DC: Bartamaha TV, 2009.

Dahl, Robert A. *Polyarchy: Participation and Opposition*. New Haven, CT: Yale University Press, 1971.

Darwall, Stephen L. "Two Kinds of Respect." In *Ethics and Personality: Essays in Moral Psychology*, edited by John Deigh. 65–78. Chicago, IL: University of Chicago Press, 1992.

Delaney, Carol. "Seeds of Honor, Fields of Shame." In *Honor and Shame and the Unity of the Mediterranean*, edited by David D. Gilmore. 35–48. Arlington, VA: American Anthropological Association, 1987.

della Mirandola, Pico. *On the Dignity of Man*. Translated by Charles Glenn Wallis. Hackett Classics. Kindle ed. Indianapolis, IN: Hackett, 1998.

Derrida, Jacques. *The Beast and the Sovereign*. Translated by Geoffrey Bennington. Vol. 1, Chicago, IL: University of Chicago Press, 2009.

――. *Rogues: Two Essays on Reason*. Translated by Pascale-Anne Brault and Michael Naas. Stanford, CA: Stanford University Press, 2005.

Di Bella, Maria Pia. "Name, Blood, and Miracles: The Claims to Renown in Traditional Sicily." In *Honor and Grace in Anthropology*, edited by J. G. Peristiany and Julian Pitt-Rivers. Cambridge Studies in Social and Cultural Anthropology, 151–166. Cambridge, UK: Cambridge University Press, 2005.

Dictionary of International Relations. Penguin Reference, 1998.

Douglass, Frederick. "My Bondage and My Freedom." In *The Collected Works of Frederick Douglass*. Halcyon Classics, 2009.

Eagleton, Terry. *The Ideology of the Aesthetic*. Malden, MA: Blackwell Press, 1990.

――. *On Evil*. New Haven, CT: Yale University Press, 2010.

Edgar, Andrew. "Cultural Anthropology." In *Key Concepts in Cultural Theory*, edited by Andrew Edgar and Peter R. Sedgwick. New York, NY: Routledge, 1999.

Elshtain, Jean Bethke. *Sovereignty: God, State, and Self*. New York, NY: Basic Books, 2008.

Engels, Frederick. *Germany: Revolution and Counter-Revolution*. edited by Eleanor Marx New York, NY: International Publishers, 1969.

Ferguson, Charles. "Inside Job." 120 minutes. USA: Sony, 2010.

Fogarty, Timothy J., and Donald V. Saftner. "Academic Department Prestige: A New Measure Based on the Doctoral Student Labor Market." *Research in Higher Education* 34, no. 4 (August 1993): 427–449.

Foucault, Michel. *The Archaeology of Knowledge*. New York, NY: Vintage Books, 2010.

――. *The Archaeology of Knowledge and the Discourse on Language*. Translated by A. M. Sheridan Smith. New York, NY: Pantheon Books, 1982.

――. *Discipline and Punish* [in French]. Translated by Alan Sheridan. Vintage ed. New York, NY: Random House, 1995.

――. "The Subject and Power." *Critical Inquiry* 8, no. 4 (1982): 777–795.

Frankena, William K. "Value and Valuation." In *Encyclopedia of Philosophy*, 229–232. New York, NY: MacMillan, 1967.

Freeman, Joanne B. *Affairs of Honor: National Politics in the New Republic*. Kindle ed. New Haven, CT: Yale University Press, 2001.

Freud, Sigmund. *Civilization and Its Discontents*. Translated by James Strachey. New York, NY: W. W. Norton & Company, 2005.

Freyberg-Inan, Annette. *What Moves Man: The Realist Theory of International Relations and Its Judgment of Human Nature*. Albany, NY: State University of New York Press, 2004.

Frisby, Cynthia M. "Does Race Matter? Effects of Idealized Images on African American Women's Perceptions of Body Esteem." *Journal of Black Studies* 34, no. 3 (2004): 323–347.

Fuse, Toyomasa. "Suicide and Culture in Japan: A Study of Seppuku as an Institutionalized Form of Suicide." *Social Psychiatry and Psychiatric Epidemiology* 15, no. 2 (1979): 57–63.

Garfield, Eugene. "How Can Impact Factors Be Improved?" *British Journal of Medicine* 313, no. 7054 (1996): 411–413.

Gecas, Viktor, and Monica A. Seff. "Social Class, Occupational Conditions, and Self-Esteem." *Sociological Perspectives* 32, no. 3 (1989): 353–364.

Geertz, Clifford. "Deep Play: Notes on the Balinese Cockfight." In *The Interpretation of Cultures*, edited by Cliffortd Geertz. New York, NY: Basic Books, 1973.

Gilmore, David D. *Honor and Shame and the Unity of the Mediterranean*. American Anthropological Association, 1987.

————. "The Shame of Dishonor." In *Honor and Shame and the Unity of the Mediterranean*, edited by David D. Gilmore. 2–21. Arlington, VA: American Anthropological Association, 1987.

Giovannini, Maureen J. "Female Chastity Codes in the Circum-Mediterranean: Comparitive Perspectives." In *Honor and Shame and the Unity of the Mediterranean*, edited by David D. Gilmore. 61–74. Arlington, VA: American Anthropological Association, 1987.

Grasmick, Harold G. "The Occupational Prestige Structure: A Multidimensional Scaling Approach." *The Sociological Quarterly* 17, no. 1 (1976): 90–108.

Gray, John. *I Love Mom: An Irreverent History of the Tattoo*. Toronto, CA: Key Porter Books, 1994.

Greenberg, J., S. Solomon, T. Pyszczynski, A. Rosenblatt, J. Burling, D. Lyon, L. Simon, and E. Pinel. "Why Do People Need Self-Esteem? Converging Evidence That Self-Esteem Serves an Anxiety-Buffering Function." In *The Self in Social Psychology*, edited by R. F. Baumeister. Philadelphia, PA: Taylor and Francis, 1999.

Greene, Brian. *The Elegant Universe: Superstrings, Hidden Dimensions, and the Quest for the Ultimate Theory*. New York, NY: W. W. Norton and Co., 2003.

Groebner, Valentin, and Pamela Selwyn. "Losing Face, Saving Face: Noses and Honour in the Late Medieval Town." *History Workshop Journal*, no. 40 (1995): 1–15.

Guignon. *On Being Authentic*. Thinking in Action. Kindle ed. New York, NY: Routledge, 2004.

Gustafson, Mark. "The Tattoo in Later Roman Empire and Beyond." In *Written on the Body: The Tattoo in European and American History*, edited by Jane Caplan. Princeton, NJ: Princeton University Press, 2000.

Halberstam, Joshua. "Fame." *American Philosophical Quarterly* 21, no. 1 (1984): 93–99.

Hawking, Stephen W. *The Theory of Everything: The Origin and Fate of the Universe*. Special anniversary ed. Beverly Hills, CA: Phoenix Books, 2005.

Heidegger, Martin. *Introduction to Metaphysics*. Translated by Gregory Fried and Richard Polt. Yale Nota Bene ed. New Haven, CT: Yale University Press, 2000.

Ho, David Yau-fai. "On the Concept of Face." *American Journal of Sociology* 81, no. 4 (1976): 867–884.

Hobbes, Thomas. *Leviathan*. Oxford World's Classics. Kindle ed. New York, NY: Oxford University Press, 2009. 1651.

Hoffman, Aaron M. *Building Trust: Overcoming Suspicion in International Conflict*. SUNY Series in Global Politics. edited by James N. Rosenau. Albany, NY: State University of New York Press, 2006.

Homer. *Iliad*. Translated by Stanley Lombardo. Indianapolis, IN: Hackett Publishing Company, 1997.

Homer, Frederic D. *Character: An Individualistic Theory of Politics*. Lanham, MD: University Press of America, 1983.

hooks, bell. *Ain't I a Woman? Black Women and Feminism*. Boston, MA: South End Publishing, 1981.

Hu, H. C. "The Chinese Concepts of 'Face.'" *American Anthropologist*, no. 46 (January–March 1944): 45–64.

Huddy, Leonie. "From Social to Political Identity: A Critical Examination of Social Identity Theory." *Political Psychology* 22, no. 1 (2001): 127–56.

Hume, David. *The Ultimate Collected Works*. 2011.

Huntington, Samuel P. *The Clash of Civilizations and the Remaking of World Order*. New York, NY: Simon and Schuster, 1996.

Hurt, Byron. "Hip-Hop: Beyond Beats and Rhymes." 61 minutes: PBS Indies, 2010.

Hutson, Scott R. "Self-Citation in Archaeology: Age, Gender, Prestige, and the Self." *Journal of Archaeological Method and Theory* 13, no. 1 (2006): 1–18.

Ikegami, Eiko. *The Taming of the Samurai: Honorific Individualism and the Making of Modern Japan.* Cambridge, MA: Harvard University Press, 1997.

Jacques, Jeffrey M., and Karen J. Chason. "Self-Esteem and Low Status Groups: A Changing Scene?" *The Sociological Quarterly* 18, no. 3 (1977): 399–412.

Jamous, Raymond. "From the Death of Men to the Peace of God: Violence and Peace-Making in the Rif." In *Honor and Grace in Anthropology*, edited by J. G. Peristiany and Julian Pitt-Rivers. Cambridge Studies in Social and Cultural Anthropology, 167–192. Cambridge, UK: Cambridge University Press, 2005.

Jarzombek, Mark. "The (Trans) Formations of Fame." *Perspecta* 37 (2005): 10–17.

"Jcr-Web 4.5 Journal Summary List." http://admin-apps.isiknowledge.com.login.ezproxy.lib.purdue.edu/JCR/JCR.

Jenco, Leigh K. *Making the Political: Founding and Action in the Political Theory of Zhang Shizhao.* New York, NY: Cambridge University Press, 2010.

Jung, Hwa Yol. "The Political Relevance of Existential Phenomenology." *The Review of Politics* 33, no. 4 (1971): 538–563.

Kaplan, Adreas M., and Michael Haenlein. "Two Hearts in Three-Quarter Time: How to Waltz the Social Media/Viral Marketing Dance." *Business Horizons* 54, no. 3 (2011): 253–263.

Kateb, George. *Human Dignity.* Kindle ed. Cambridge, MA: Belknap, 2011.

Kempis, Thomas. *Imitation of Christ: Translated from Latin into English.* Christian Classics Ethereal Library. Milwaukee, WI: The Bruce Publishing Co., 1940.

Keyes, Ralph. *The Quote Verifier: Who Said What, Where, and When.* New York, NY: Macmillan, 2006.

Kim, Joo Yup, and Nam Sang Hoon. "The Concept and Dynamics of Face: Implications for Organizational Behavior in Asia." *Organization Science* 9, no. 4 (1998): 522–534.

King, Jr., Martin Luther. "Where Do We Go from Here?" In *A Testament of Hope: The Essential Writings and Speeches of Martin Luther King, Jr.*, edited by James Melvin Washington. 245–252. New York, NY: Harper Collins, 1991.

Kornprobst, Markus. "The Agent's Logic of Action: Defining and Mapping Political Judgement." *International Theory* 3, no. 1 (2011): 70–104.

Krause, Sharon R. *Liberalism with Honor.* Cambridge, MA: Harvard University Press, 2002.

Kwak, James. "SEC Charges Goldman with Fraud." In (2010). http://www.bullfax.com/?q=node-sec-charges-goldman-fraud.

Landman, Jacob Henry. "Primitive Law, Evolution, and Sir Henry Summer Maine." *Michigan Law Review* 28, no. 4 (1930): 404–425.

LaVaque-Manty, Mika, and Mika Le Vaque-Manty. "Dueling for Equality: Masculine Honor and the Modern Politics of Dignity." *Political Theory* 34, no. 6 (2006): 715–740.

Le Bon, Gustave. *The World in Revolt.* Translated by Bernard Miall. New York, NY: MacMillan, 1921.

Leary, Mark R. "Making Sense of Self-Esteem." *Current Directions in Psychological Science* 8, no. 1 (February 1999): 32–35.

Lilti, Antoine. "The Writing of Paranoia: Jean-Jacques Rousseau and the Paradoxes of Celebrity." *Representations* 103, no. 1 (2008): 53–83.

Lincoln, Abraham. "Address to the Young Men's Lyceum of Springfield, Illinois." In *Abraham Lincoln: Speeches and Writings, 1832–1858.* New York, NY: Library of America, 1989.

Luhmann, Niklas. *Theories of Distinction: Redescribing the Descriptions of Modernity*. Translated by Joseph O'Neil, Elliott Schreiber, Kerstin Behnke, and William Whobrey. Stanford, CA: Stanford University Press, 2002.

Mac Ginty, Roger, and Pierre du Toit. "A Disparity of Esteem: Relative Group Status in Northern Ireland after the Belfast Agreement." *Political Psychology* 28, no. 1 (2007): 13–31.

MacIntyre, Alasdaire C. *After Virtue: A Study in Moral Theory*. University of Notre Dame Press, 2007.

Marx, Karl. *Capital*. Marx and Engels Collected Works. 3 vols. Vol. 1, New York, NY: International Publishers, 1996.

McAllister, Daniel J., and Gregory A. Bigley. "Work Context and the Definition of Self: How Organizational Care Influences Organization-Based Self-Esteem." *The Academy of Management Journal* 45, no. 5 (2002): 894–904.

McManus, Helen. "Enduring Agonism: Between Individuality and Plurality." *Polity* 40, no. 4 (October 2008): 509–525.

Mearsheimer, John J. *The Tragedy of Great Power Politics*. New York, NY: W. W. Norton and Company, 2001.

Meilaender, Gilbert. *Neither Beast nor God: The Dignity of the Human Person*. Kindle ed. New York, NY: Encounter Books, 2009.

"Membership." The American Political Science Association, http://www.apsanet.org/member/.

Moore, Michael. "Capitalism: A Love Story." 127 minutes. USA: Anchor Bay, 2009.

Morgenthau, Hans Joachim. *Politics among Nations: The Struggle for Power and Peace*. New York, NY: Knopf, 1959.

Mosca, Gaetano. *The Ruling Class* [in Italian] [Elementi di Scienza Politica]. Translated by Hannah D. Kahn. New York, NY: McGraw-Hill, 1939.

Mouffe, Chantal. *On the Political*. Thinking in Action. Kindle ed. New York, NY: Routledge, 2005.

myglesias. "Fabulous Fab's Damning Email." http://www.bullfax.com/?q=node-fabulous-fab%E2%80%99s-damning-email.

"National University Rankings." U.S. News and World Report, LLC, http://colleges.usnews.rankingsandreviews.com/best-colleges/rankings/national-universities.

Nayak, Saira. "The Fabulous Fab-Ftc Connection." http://thebalanceact.wordpress.com/2010/04/27/the-fabulous-fab-ftc-connection/.

Niebuhr, Reinhold. *Moral Man and Immoral Society: A Study in Ethics and Politics*. Louisville, KY: Westminster John Knox Press, 2001. 1960. 1932.

Nietzsche, Friedrich. *On the Genealogy of Morals and Ecce Homo*. Translated by Walter Kaufmann. New York, NY: Vintage Books, 1989.

———. *The Will to Power* [in German]. Translated by Walter Kaufmann and R. J. Hollingdale. Vintage Books ed. New York, NY: Random House, Inc., 1968.

Norkey, Tenzing, and James Ramsey Ullmann. *The Tiger of Everest: The Story of Sir Edmund Hillary's Sherpa*. New York, NY: Gibson Square Books, 2010.

Olson, Joel. "Friends and Enemies, Slaves and Masters: Fanaticism, Wendell Phillips, and the Limits of Democratic Theory." *The Journal of Politics* 71, no. 1 (2009): 82–95.

Onuf, Nicholas. "Constructivism: A User's Manual." In *International Relations in a Constructed World*, edited by Vendulka Kubalkova, Nicholas Onuf, and Frank Klink. Armonk, NY: M. E. Sharpe, 1998.

Oprisko, Robert Lee. "Axiological Realism: The Human Desire to Lead Follow, and Rebel." In *Midwest Political Science Association*. Chicago, IL, 2010.

The Oxford Dictionary of Phrase and Fable. 2nd ed. Oxford, UK: Oxford University Press, 2005.

Palmer, Michael. "Love of Glory and the Common Good." *The American Political Science Review* 76, no. 4 (1982): 825–836.

Pauls, Reinhard. *Concepts of Value: A Multi-Disciplinary Clarification.* Vol. 20, Canterbury, NZ: Centre for Resource Management, 1990.

The People's Law Dictionary. ALM, 2011.

The People's Law Dictionary. ALM, 2011.

The People's Law Dictionary. ALM, 2011.

The People's Law Dictionary. ALM, 2011.

Péristiany, John George. "Honour and Shame in a Cypriot Highland Village." In *Honor and Shame: The Values of Mediterranean Society,* edited by John George Péristiany. 171–190. Chicago, IL: University of Chicago Press, 1966.

———. *Honour and Shame: The Values of Mediterranean Society.* The Nature of Human Society. edited by Julian Pitt-Rivers and Ernest Gellner. Chicago, IL: University of Chicago Press, 1966.

———. "The *Sophron*—A Secular Saint? Wisdom and the Wise in a Cypriot Community." In *Honor and Grace in Anthropology,* edited by John George Péristiany and Julian Pitt-Rivers. Cambridge Studies in Social and Cultural Anthropology, 103–128. Cambridge, UK: Cambridge University Press, 2005.

Péristiany, John George, and Julian Pitt-Rivers. *Honor and Grace in Anthropology.* Cambridge Studies in Social and Cultural Anthropology, edited by Jack Goody, Stephen Gudeman, Michael Herzfeld, and Jonathan Parry. Vol. 76, Cambridge, UK: Cambridge University Press, 2005.

Perry, R. B. *Realms of Value: A Critique of Human Civilization.* Cambridge, MA: Harvard University Press, 1954.

Piccato, Pablo. "Politics and the Technology of Honor: Dueling in Turn-of-the-Century Mexico." *Journal of Social History* 33, no. 2 (1999): 331–354.

Pierce, John L., Donald G. Gardner, Larry L. Cummings, and Randall B. Dunham. "Organization-Based Self-Esteem: Construct Definition, Measurement, and Validation." *The Academy of Management Journal* 32, no. 3 (1989): 622–648.

Pitt-Rivers, Julian. "Honor." In *International Encyclopedia of the Social Sciences,* 503–11. New York, NY: Macmillan, 1968.

———. "Honour and Social Status." In *Honor and Shame: The Values of Mediterranean Society,* edited by John George Péristiany. 19–78. Chicago, IL: University of Chicago Press, 1966.

———. "The Place of Grace in Anthropology." In *Honor and Grace in Anthropology,* edited by John George Péristiany and Julian Pitt-Rivers. Cambridge Studies in Social and Cultural Anthropology, 215–246. Cambridge, UK: Cambridge University Press, 2005.

Plato. "The Apology." In *The Complete Works of Plato,* edited by Benjamin Jowett. The Complete Works Collection: Amazon Digital Editions, 2011.

———. "Parmenides." In *The Complete Works of Plato,* edited by Benjamin Jowett. The Complete Works Collection: Amazon Digital Editions, 2011.

———. "The Republic." In *Everyman's Library,* edited by Renford Bambrough. New York, NY: Alfred A. Knopf. Reprint, 1992.

Pratchett, Terry. *The Wee Free Men.* New York, NY: Harper Collins, 2004.

Prozorov, Sergei. *Foucault, Freedom, and Sovereignty.* Burlington, VT: Ashgate, 2007.

———. "Generic Universalism in World Politics." *International Theory* 1, no. 2 (2009): 215–248.

"Rate My Professors." RateMyProfessors.com, LLC, blog.ratemyprofessors.com.

Rawls, John. *A Theory of Justice.* Kindle ed. Cambridge, MA: Belknap, 1971.

Ricoeur, Paul. *Fallible Man.* Chicago, IL: Henry Regnery, 1965.

————. *Oneself as Another*. Translated by Kathleen Blamey. Chicago, IL: University of Chicago Press, 1995.

Rokeach, Milton. *The Nature of Human Values*. Kindle ed. New York, NY: The Free Press, 1973.

————, ed. *Understanding Human Values: Individual and Societal*. Kindle ed. New York, NY: The Free Press, 1979.

Rousseau, Jean Jacques. *A Discourse on Inequality*. Translated by Maurice Cranston. London, UK: Penguin Books, 1984.

Sartre, Jean-Paul. *Being and Nothingness: An Essay on Phenomenological Ontology*. London, UK: Routledge, 2010.

————. *Existentialism Is a Humanism*. New Haven, CT: Yale University Press, 2007.

————. *Nausea*. Translated by Lloyd Alexander. New York, NY: New Directions, 2007.

Scheler, Max. *On Feeling, Knowing, and Valuing*. Translated by Harold J. Bershady. The Heritage of Sociology. edited by Donald N. Levine Chicago, IL: University of Chicago Press, 1992.

————. *Ressentiment*. Marquette Studies in Philosophy. edited by Andrew Tallon Milwaukee, WI: Marquette University Press, 2007.

Schmitt, Carl. *The Concept of the Political*. Translated by George Schwab. Chicago, IL: University of Chicago Press, 1996.

————. *Political Theology: Four Chapters on the Concept of Sovereignty*. Translated by George Schwab. Chicago, IL: University of Chicago Press, 2005.

————. *Roman Catholicism and Political Form*. Translated by G. L. Ulmen. Westport, CT: Greenwood Press, 1996.

Schneider, Joseph. "Social Class, Historical Circumstances and Fame." *American Journal of Sociology* 43, no. 1 (1937): 37–56.

Schopenhauer, Arthur. *The Wisdom of Life*. The Essays of Arthur Schopenhauer. Kindle ed. Public Domain Books, 2004. 1851.

Schwartz, Shalom H. "Are There Universal Aspects in the Structure and Contents of Human Values?" *Journal of Social Issues* 50, no. 4 (1994): 19–45.

————. "Universals in the Content and Structure of Values: Theoretical Advances and Emprical Tests in 20 Countries." In *Advances in Experimental Social Psychology*, edited by Mark P. Zanna. 1–65. San Diego, CA: Academic Press, 1992.

Schwartz, Shalom H., and Wolfgang Bilsky. "Toward a Theory of the Universal Content and Structure of Values: Extensions and Cross-Cultural Replications." *Journal of Personality and Social Psychology* 58 (1990): 878–891.

————. "Toward a Universal Psychological Structure of Human Values." *Journal of Personality and Social Psychology* 53, no. 3 (1987): 550–562.

Schweller, Randall L. *Deadly Imbalances: Tripolarity and Hitler's Strategy of World Conquest*. New York, NY: Columbia University Press, 1998.

Sen, Amartya. *Identity and Violence*. Issues of Our Time. edited by Henry Louis Gates, Jr. New York, NY: W. W. Norton and Co., 2006.

Sessions, W. L. *Honor for Us: A Philosophical Analysis, Interpretation and Defense*. Continuum Intl Pub Group, 2010.

Sheikh, Aziz. "Publication Ethics and the Research Assessment Exercise: Reflections of the Troubled Question of Authorship." *Journal of Medical Ethics* 26, no. 6 (2000): 422–426.

Shryock, Andrew J. "Autonomy, Entanglement, and the Feud: Prestige Structures and Gender Values in Highland Albania." *Anthropological Quarterly* 61, no. 3 (1988): 113–118.

Simmel, Georg. *Conflict and the Web of Group-Affiliations*. Translated by Kurt H. Wolff and Reinhard Bendix. New York, NY: The Free Press, 1964.

Skinner, B. F. *Beyond Freedom and Dignity.* Kindle ed. Indianapolis, IN: Hackett, 1971.

Snell, William E., and Dennis R. Papini. "The Sexuality Scale: An Instrument to Measure Sexual-Esteem, Sexual-Depression, and Sexual-Preoccupation." *The Journal of Sex Research* 26, no. 2 (1989): 256–263.

Speier, Hans. "The Changing Function of Communication." Chap. 6 In *The Truth in Hell and Other Essays on Politics and Culture, 1935–1987.* 137–142. New York, NY: Oxford University Press, 1989.

———. "The Communication of Hidden Meaning." Chap. 9 In *The Truth in Hell and Other Essays on Politics and Culture, 1935–1987.* 189–212. New York, NY: Oxford University Press, 1989.

———. "Democracy and the Social Insecurity Level." Chap. 3 In *Social Order and the Risks of War.* 27–35. Cornwall, NY: George W. Stewart, Publisher, Inc., 1952.

———. "Freedom and Social Planning." Chap. 1 In *Social Order and the Risks of War.* 3–18. Cornwall, NY: George W. Stewart, Publisher, Inc., 1952.

———. "Freedom and Social Planning." *The American Journal of Sociology* 42, no. 4 (1937): 463–483.

———. "Honor and Social Structure." Chap. 4 In *Social Order and the Risks of War.* 36–52. Cornwall, NY: George W. Stewart, Publisher, Inc., 1952.

———. "Honor and Social Structure." Chap. 4 In *Social Order and the Risks of War: Papers on Political Sociology.* 36–52. Cornwall, NY: George W. Stewart, Publisher, Inc., 1952.

———. "Morale and Propaganda." Chap. 15 In *War in Our Time*, edited by Hans Speier and Alfred Kahler. 299–326. New York, NY: W. W. Norton & Co., 1939.

———. "Psychological Warfare." Chap. 8 In *The Truth in Hell and Other Essays on Politics and Culture, 1935–1987.* 162–188. New York, NY: Oxford University Press, 1989.

———. "'Reeducation'—the U.S. Policy." Chap. 17 In *The Truth in Hell and Other Essays on Politics and Culture, 1935–1987.* 303–321. New York, NY: Oxford University Press, 1989.

———. *Social Order and the Risks of War: Essays in Political Sociology.* Library of Policy Sciences. edited by Harold D. Lasswell and Saul K. Padover. Cornwall, NY: George W. Stewart, 1952.

———. "Social Stratification." Chap. 2 In *Social Order and the Risks of War.* 19–26. Cornwall, NY: George W. Stewart, Publisher, Inc., 1952.

———. "The Social Types of War." *The American Journal of Sociology* 46, no. 4 (1941): 445–454.

———. "Wit and Politics: An Essay on Laughter and Power." *The American Journal of Sociology* 103, no. 5 (1998): 1352–1401.

Stewart, Frank Henderson. *Honor.* Chicago, IL: University of Chicago Press, 1994.

Stirner, Max. *The Ego and Its Own.* Cambridge Texts in the History of Political Thought. edited by Raymond Geuss and Quentin Skinner. Cambridge, UK: Cambridge University Press, 1995.

Tacticus, Aineias. "How to Survive under Siege." In *Aineias the Tactician: A Commentary*, edited by John H. Betts, 218. London, UK: Bristol Classical Press. Reprint, 2002.

Toops, Stanley W. "Peoples, Places, and Patterns: Geography in International Affairs." Chap. 4 In *International Studies: An Interdisciplinary Approach to Global Issues*, edited by Sheldon Anderson, Jeanne A. K. Hey, Mark Allen Peterson, and Stanley W. Toops. Bouler, CO: Westview Press, 2007.

Tschirhart, Mary, Robert K. Chrsitensen, and James L. Perry. "The Paradox of Branding and Collaboration." *Public Performance and Management Review* 29, no. 1 (September 2005): 67–84.

Tshering, Ang. "Tribute to Sir Ed Hillary from Nepal." In *Alpinist*. Jeffersonville, VT, 2008.

Turner, John, and Penny Oakes. "The Significance of the Social Identity Concept for Social Psychology with Reference to Individualism, Interactionism, and Social Influence." *British Journal of Social Psychology* 25, no. 3 (1986): 237–252.

Walt, Stephen M. *The Origins of Alliances*. Cornell Studies in Security Affairs, edited by Robert J. Art, Robert Jervis, and Stephen M. Walt. Ithaca, NY: Cornell University Press, 1987.

Waltz, Kenneth. "Anarchic Orders and Balances of Power." Chap. 5 in *Neorealism and Its Critics*, edited by Robert O. Keohane. 98–130. New York, NY: Columbia University Press, 1986.

Weber, Max. *From Max Weber: Essays in Sociology*. Translated by H. H. Gerth and C. Wright Mills. New York, NY: Oxford University Press, 1946.

Weinstein, Michael A. *Finite Perfection: Reflections on Virtue*. University of Massachusetts Press, 1985.

———. *Meaning and Appreciation: Time and Modern Political Life*. Google E-book ed. West Lafayette, IN: Purdue University Press, 1978.

Weldon, S. Laurel. "Intersectionality." In *Politics, Gender, and Concepts: Theory and Methodology*, edited by Gary Goertz and Amy G. Mazur. 193–218. Cambridge, UK: Cambridge University Press, 2008.

Welsh, Alexander. *What Is Honor? A Question of Moral Imperatives*. New Haven, CT: Yale University Press, 2008.

Wendt, Alexander. *Social Theory of International Politics*. Cambridge, UK: Cambridge University Press, 1999.

———. "Why a World State Is Inevitable." *European Journal of International Relations* 9, no. 4 (2003): 491–542.

Wikan, Unni. "Shame and Honour: A Contestable Pair." *Man* 19, no. 4 (1984): 635–652.

Williams, Robin M., Jr. "Change and Stability in Values and Value Systems: A Sociological Perspective." Chap. 2 In *Understanding Human Values: Individual and Societal*, edited by Milton Rokeach. 15–46. New York, NY: The Free Press, 1979.

Yutang, Lin. *On the Wisdom of America*. New York, NY: John Day, 1950.

Zamoyski, Adam. *Rites of Peace: The Fall of Napoleon and the Congress of Vienna*. New York, NY: Harper Collins, 2007.

Zizek, Slavoj. *The Parallax View*. Short Circuits. edited by Slavoj Zizek. Kindle ed. Cambridge, MA: MIT Press, 2006.

———. *The Sublime Object of Ideology*. Brooklyn, NY: Verso Books, 1989.

（Murray Edelman）著

《政治的象征作用》（*The Symbolic Uses of Politics*） 默里·埃德尔曼
（Murray Edelman）著

《政治世界现象学》（*Phänomenologie der politischen Welt*） 克劳斯·黑尔
德（Klaus Held）著